Interpretación Bíblica
Una introducción

EDITORIAL
PATMOS

Interpretación bíblica
Una introducción

©2011 Howard G. Hendricks y William D. Hendricks

Publicado por Editorial Patmos
Weston, Florida, EE.UU.

Originalmente publicado en inglés con el título *Living by the Book*
por Moody Publications, Chicago, Illinois, U.S.A.
©1991, 2007 por Howard G. Hendricks y William D. Hendricks

Las citas bíblicas utilizadas en este libro han sido tomadas en su mayoría de la Nueva Versión Internacional – NVI – 1,999 de la Sociedad Bíblica Internacional.

Traducido por Sergio Ramos
Edición: David Gómez R.

ISBN 10: 1-58802-440-7
ISBN 13: 978-1-58802-440-4

Categoría: Estudio bíblico

Impreso en Brasil

CONTENIDO

PRIMER PASO: OBSERVACIÓN

Diez estrategias para la primera lectura

Seis cosas en la cuales fijarse

PRÓLOGO

Ainicio de 1960, mientras estaba culminando mi primer año en el Dallas Theological Seminary, tomé un curso con el doctor Howard Hendricks que marcaría mi vida para siempre. Día tras día escuché sus presentaciones. Luego me retiraba a nuestro apartamento para realizar con entusiasmo las tareas que él nos asignaba. Las semanas se transformaron en meses, y la niebla que rodeaba a las Escrituras comenzaba a despejarse. Los pasajes complejos no parecían tan intimidantes. Progresivamente me sentía más cómodo con la Palabra de Dios. Me di cuenta que estaba llegando a ser "lámpara a mis pies y lumbrera a mi camino" (Sal. 119:105).

En términos contemporáneos, la Biblia llegó a ser "amigable al usuario", accesible, gracias al curso que estaba destinado a transformar mi vida. El doctor Hendricks nos convenció que la Biblia podía ser comprendida. Desafortunadamente, con frecuencia parece ser intimidante para el lector promedio; es un libro bastante largo, con letras pequeñas y pocos atractivos visuales. Él nos dio a sus estudiantes las técnicas que, con el perfeccionamiento de la práctica, nos abrían la Biblia. Antes de terminar aquel año, el misterio se disolvió en verdades razonables y significantes. Pronto descubrí que mi esposa, Cynthia, y yo, no estábamos meramente hablando acerca del Libro de Dios, sino que viviendo el Libro.

Más de treinta años ya han pasado desde que mi perspectiva completa cambió, y recientemente me he enterado que otros ahora tienen disponible las mismas técnicas y principios necesarios para cultivar su propia espiritualidad que yo tuve.

El doctor Hendricks y su hijo Bill, decidieron colocar sus enseñanzas sobre cómo estudiar la Biblia en este libro. No puedo expresarle cuánto entusiasmo me provoca ver este trabajo. En mi opinión, el volumen que usted sujeta en sus manos, tiene el potencial de darle un giro completo a la vida de muchísimas personas.

En un simple modelo de paso a paso, ellos explican cómo obtener la verdad de la Escritura. Emplean palabras que todos pueden entender. Estas más de trescientas páginas le guiarán a través del proceso que removerá los misterios del texto bíblico. Este libro le permite desarrollar su propio pensamiento original; Dios le ha dado a usted una mente y un marco de referencia. Estas son razones por las cuales *Interpretación Bíblica* es de tanta ayuda, le da el marco para estudiar la Biblia a su propio paso. Es práctico, comprensible y práctico. Actualmente, no conozco nada como este libro.

Si digiere estas páginas y las pone en práctica, le garantizo a usted que pronto estará *viviendo* por el Libro, y no sólo oyendo a otros enseñarlo.

CHUCK SWINDOLL
Pastor, autor, maestro bíblico radial, y canciller de Dallas Theological Seminary

1

PORQUÉ LA GENTE NO ESTUDIA LA BIBLIA

Poco después que me hice cristiano, alguien escribió en el margen de mi Biblia las siguientes palabras: "Este libro te mantendrá alejado del pecado, o el pecado te mantendrá alejado de este libro." Eso era cierto en aquel entonces, y todavía continúa siendo cierto. Las Biblias polvorientas siempre están conectadas con vidas sucias. De hecho, o bien usted está en la Palabra y la Palabra le conforma según la imagen de Jesucristo, o usted está en el mundo, y el mundo le presiona dentro de su molde mundano.

La gran tragedia entre los cristianos de la actualidad es que demasiado de nosotros escuchamos la Palabra de Dios, pero no la escudriñamos por nosotros mismos. Conocí a un hombre que cruzó en automóvil todo el país con su familia para asistir a una conferencia bíblica.

Maravillado, le pregunté, "¿Por qué ha venido a un lugar tan distante?"

"Porque quiero estar escuchar la Palabra de Dios", dijo él.

Superficialmente, aquello suena maravilloso. Pero después me puse a pensar: Éste hombre está dispuesto a conducir dos mil seiscientos kilómetros para escuchar la Palabra de Dios, ¿pero estaba él dispuesto a caminar a través de su sala, tomar su Biblia, y estudiarla por sí mismo?

Entienda esto, no tengo dudas que los creyentes necesitan sentarse a los pies de otros para aprender la Palabra de Dios. Pero eso debe ser un estímulo, no un sustituto de que se sumerjan por sí mismos. Si bien es cierto que la Biblia sigue siendo el libro más vendido en el mundo, es también uno de los más descuidados. El Grupo de Investigaciones Barna de Glendale, California reporta que en una semana típica, sólo 10 por ciento de los estadounidenses leen sus Biblias a diario. Aún esa figura, pudiera ser demasiado alta, declara George Barna, presidente de la firma de investigaciones. Muchas personas que pretenden leer la Biblia una vez a la semana o más, admiten que no la han leído la semana anterior, de acuerdo con una encuesta nacional.

Datos de Gallup confirman dichos hallazgos. Una encuesta encontró que el 82 por ciento de los estadounidenses creen que la Biblia es la Palabra de Dios literal o "inspirada". Más de la mitad dijeron que leían la Biblia, por lo menos, mensualmente. Sin embargo, no podían nombrar ni siquiera uno de los cuatro evangelios, Mateo, Marcos, Lucas y Juan. Menos de la mitad no sabía quien había predicado el Sermón del monte.¿Ha visto usted alguna vez una Biblia "estacionada" en la ventana trasera de un automóvil? Esto es común de donde yo vengo. Un hombre sale de la iglesia, sube a su auto, coloca su Biblia en la ventana trasera y la deja allí hasta el próximo domingo. Eso es una declaración de fe acerca de la Palabra de Dios. En efecto, en relación a la Biblia es un analfabeto, seis de los siete días de la semana.

La Biblia es comprada, leída ocasionalmente, llevada a la iglesia –pero no estudiada. ¿Por qué? ¿Por qué las personas no se interiorizan en la Biblia por sus propios medios, para entenderla y hacer una diferencia en sus vidas? Descubrámoslo por medio de escuchar las experiencias de seis cristianos, en relación a este asunto.

KEN: "NECESITO ALGO QUE FUNCIONE"

HGH: Ken, usted es un ejecutivo con muchas responsabilidades, bien educado, y sé que ama al Señor. ¿Cómo calza la Biblia en su vida?

Ken: Hace años atrás, cuando mis hijos eran jóvenes, solíamos leer uno o dos versículos cada mañana durante el desayuno o la cena. Pero no puedo decir que siempre estudiábamos la Biblia. Por supuesto, que no es la clase de cosas que uno hace durante su trabajo.

HGH: ¿Por qué no?

Ken: Bueno, el trabajo es trabajo. A uno le pagan para hacer su trabajo. En el trabajo pienso en los salarios, los clientes, las cuentas por pagar, y qué están haciendo nuestros competidores. La Biblia es una de las últimas cosas que pasan por mi mente.

Pero no me mal entienda. No soy el tipo de personas que actúan de una forma en la iglesia y de otra en la oficina. Pero encaremos la situación –el mundo de los negocios no es el salón de la Escuela Dominical. Usted se enfrenta a cosas que no son abordadas por la Biblia. Así que no se aplica a mis situaciones del día a día.

HGH: Ken, usted ha puesto el dedo en un problema de relevancia y tal vez, esa sea una de las razones por las cuales mucha gente, en el mundo actual, no esté estudiando la Biblia. Ellos piensan que es arcaica, pasada de fecha. Consideran que tal vez tuvo algo que decirle a generaciones pasadas, pero cuestionamos si tiene alguna relación con la suya. Pues tal cual veremos, la revelación de Dios está tan viva hoy como lo estuvo la primera vez que fue entregada.

WENDY: "YO NO SÉ CÓMO"

HGH: Pasemos a Wendy, quien es una publicista para una agencia publicitaria. Wendy, usted parece tener bastante energía e iniciativa. Yo apostaría que usted puede ser una gran estudiante de la Biblia.

Wendy: En verdad, estoy cansada; ya que simplemente no me ha dado los resultados que esperaba.

HGH: Explíqueme a qué se refiere.

Wendy: Bueno, en cierta ocasión tomé una frase para comenzar realmente a estudiar la Biblia. Alguna vez escuché decir a un seminarista que no es posible conocer a Dios, aparte de su Palabra. Yo sabía que quería estar más cerca del Señor, así que decidí estudiar la Palabra de Dios. Compré todo tipo de libros acerca de la Biblia. Cada tarde, luego del trabajo, pasaba alrededor de una hora leyendo y tomando notas para entender mejor lo que leía.

Pero me di cuenta que yo no sabía griego ni hebreo. Además, había un montón de cosas que los escritores decían que no tenían sentido para mí. Es decir, leía lo que alguien decía que significaba cierto texto, entonces yo leía el texto bíblico, pero no lograba darme cuenta de cómo los escritores derivaban aquellas ideas a partir de dicho texto. Finalmente, quedé tan confusa, que dejé el estudio de lado.

HGH: Ah, ya veo, es un problema de técnica. Eso es común para muchas personas de hoy día. Son reticentes a lanzarse al agua, porque no saben cómo nadar. La cultura circundante no ayuda mucho, tampoco. Con la televisión, las computadoras y cosas semejantes, hemos sido orientados visualmente, y francamente, perdimos la habilidad de leer. Por este motivo es que en la siguiente sección vamos a recobrar las habilidades de cómo leer un libro como la Biblia.

ELLIOT: "SOY UN SIMPLE LAICO"

HGH: Muy bien, oigamos acerca de Elliot. Él es la persona que usted querría en caso de tener una piscina. Elliot puede mostrarle cómo mantener el agua clara como el cristal. Además, él tiene una fuerte ética laboral que contribuye a su trabajo, yo pienso que su fe tiene mucho que ver con eso. Elliot, algo me dice que usted le presta bastante atención a su Biblia.

Elliot: Bueno, permítame decirlo de la siguiente manera: yo le doy atención a lo que entiendo de la Biblia. Los diez mandamientos. La regla de oro. "El Señor es mi pastor." Asuntos similares a estos. El resto, mayormente, se lo dejo a mi pastor. Es decir, él entiende todas esas cosas, y si yo en algún momento tengo un problema, simplemente le consulto. Él parece entender lo que significa todo eso en la Biblia. Yo, apenas trato de vivir lo mejor que puedo.

HGH: Suena alentador. Usted trata de practicar la verdad que entiende. Pero Elliot, yo le escucho decir lo que miles de cristianos dicen: "yo soy un simple laico"; o "yo soy una simple ama de casa". No soy un profesional. Usted no puede pretender que una persona que carece de entrenamiento teológico, que tal vez nunca terminó la universidad, pueda estudiar un libro como este.

Así era como me sentía cuando comencé como nuevo creyente. Alguien me dijo: "Howard, usted necesita pasar más tiempo con la Palabra."

Yo pensé, *¿Cómo se supone que puedo lograrlo? Yo nunca asistí al seminario. Yo no soy un ministro. No puedo comprender todas esas cosas.* Pero como ya veremos, usted no necesita entrenamiento profesional para comprender la Biblia. Usted no necesita saber griego ni hebreo. Si usted puede leer, puede sumergirse en las Escrituras por usted mismo. En el presente libro, le ayudaremos a aprender cómo hacerlo.

Ya de paso le digo, no se deje intimidar por la palabra estudio. Quisiera yo que tuviéramos un mejor término que "estudio bíblico", porque para la mayoría de nosotros, "estudio" es una tarea de mala fama. Sabemos que deberíamos, pero... de hecho, vamos a descubrir que el estudio bíblico puede ser fascinante e incluso divertido. Así que, prepárese.

LINDA: "SIMPLEMENTE, NO TENGO TIEMPO"

HGH: Al hablar de amas de casas, supongo que la describe a usted, Linda. Usted está en casa todo el tiempo, con sus tres niños pequeños. ¿Cómo se siente respecto al estudio bíblico?

Linda: Oh, me encanta estudiar la Biblia. En verdad me gusta mucho. Pero como usted acaba de mencionar, tengo tres niños pequeños que cuidar, y en ocasiones, daría lo que fuera por tomar un descanso. Mi esposo trabaja noche y día para que yo pueda estar en casa. Eso significa que tengo los niños conmigo el día completo, y que con suerte puedo tomar veinte minutos para mí misma. Aún si puedo, usualmente intento recobrar el aliento. No tendría la energía suficiente.

HGH: Entiendo perfectamente a lo que se refiere. Mi esposa, Jeanne, y yo criamos cuatro niños. El cuidado de los hijos es una tarea por demás demandante. Para nosotros fue una prioridad. Supongo que es un verdadero dilema el que surge de su situación –¿qué lugar ocupa el estudio bíblico en mi lista de prioridades? Desafortunadamente, para muchos de nosotros es la prioridad número veinte en una lista de veintisiete cosas. No desespere, que en el próximo capítulo descubriremos que el estudio bíblico no es una opción –es esencial.

TONI: "TENGO MIS DUDAS ACERCA DE LA BIBLIA"

HGH: Toni, estoy deseoso de escuchar sus comentarios. Usted es un estudiante universitario. ¿Hay aún un lugar para el estudio de las Escrituras en su ambiente?

Toni: Sí, supongo que la gente debe leer la Biblia. Tiene algunos pasajes muy inspiradores. No estoy seguro respecto de los milagros, las predicciones y asuntos similares. Es decir, Jonás y la ballena –ese tipo de cosas es difícil de creer. Sé de gente que menciona las Escrituras para determinar si algo es correcto o incorrecto. Pero parece que uno mismo puede hacer decir a la Biblia lo que uno quiere que ella diga.

Así que, pienso que uno debería leer la Biblia de vez en cuando, simplemente para saber qué es lo que contiene, o tal vez para sentirse mejor si se está desanimado. ¿Pero estudiarla? No estoy seguro.

HGH: Usted ha puesto sobre la mesa algunos asuntos de legítima consideración. ¿Es este libro confiable? ¿Es autoritativo? ¿Podemos basar nuestras vidas en él? ¿Tiene credibilidad? Cuando lo leemos, ¿debemos dejar de lado nuestra inteligencia, y aferrarnos a las creencias que, muy en lo profundo, consideramos absurdas? Vamos a descubrir que las Escrituras son completamente confiables, y que cuanto más las estudiamos, más consistentes y razonables se tornan.

GEORGE: "NO LOGRO HACERLA INTERESANTE"

HGH: Tomemos un último comentario. George, su interés en la Palabra tiene mucho que ver con el hecho de que cada domingo, usted enseña a una clase de escuela dominical para adultos, en su iglesia.

George: Sí, supongo que yo tengo más razones que la mayoría de las personas para estudiar la Biblia. Cuando leo un pasaje bíblico, siempre estoy pensando en mi clase, y cómo voy a enseñarles sobre ese pasaje. Pero voy a serle honesto, es difícil interesar a las personas en la Biblia. Parece que ellos gustan más hablar sobre deportes, o lo que les sucede en su trabajo, en vez de las grandes doctrinas de la fe.

Yo no tengo la expectativa de llegar a ser un gran teólogo. Pero 2 Timoteo 3:16 dice que la Biblia es útil, y parece que muchos de los problemas que aquejan a las personas podrían remediarse si le dieran algo más de atención a lo que la Biblia tiene que decir.

HGH: Pienso que usted está descubriendo por lo que pasan todos lo que quieren comunicar verdades espirituales: es muy difícil lograr que la gente se emocione acerca de nuestro discernimiento de la Palabra. Al menos que ellos mismos estén realizando sus propios descubrimientos, de temas relacionados directamente con sus experiencias, el estudio bíblico será un aburrimiento. No se sentirán motivados a invertir tiempo en ello. Así que ese es su verdadero desafío como maestro –ofrecerles un proceso por medio del cual ellos puedan descubrir la verdad por sí mismos. Espero que usted aprenda algunas formas de lograrlo mediante este libro.

De paso, le digo que una de las maneras que se deben evitar es usando la culpa. La culpa es un motivador pobre. Es muy poderoso, pero también venenoso para el proceso de aprendizaje. Mata el gozo que debe marcar el conocimiento de la Palabra de Dios. La culpa aleja a más personas de las Escrituras de las que trae a ella.

¿QUÉ DE USTED?

Bueno, hemos visto un conjunto de razones por las cuales las personas no estudian la Biblia. ¿Cuál(es) de esas se aplican a usted? ¿Cuestiona la validez práctica de la revelación bíblica? ¿Está usted fuera del proceso debido a la carencia de técnicas y habilidades básicas? ¿Está usted convencido que este libro es para profesionales, no para laicos, que se necesita tener un entrenamiento especial para entenderlo? ¿Es el estudio de la Biblia una prioridad baja (o no es una prioridad)? ¿Tiene usted dudas acerca de la confiabilidad de la Biblia y cómo determinar su verdadero significado? ¿Percibe usted al estudio bíblico como aburrido e indigno de su atención?

Si usted se identifica con cualquiera de estas razones, entonces este libro es para usted. Yo iré a abordar todos estos obstáculos y varios más. Cada uno de ellos puede superarse.

Pero primero, luego de haber visto lo negativo –¿por qué no estudiar la Biblia?– veamos la otra cara de la moneda y preguntemos, ¿por qué debemos estudiar la Biblia? En el próximo capítulo, le daré tres razones importantes por las cuales el estudio bíblico no es una opción, sino esencial.

¿QUÉ ACERCA DE USTED?

La mayor tragedia entre los cristianos de hoy en día es que muchos de nosotros nos sujetamos a la Palabra, pero no la estudiamos por nosotros mismos.

¿Qué acerca de usted? ¿Lee usted y estudia con regularidad la Biblia personalmente? ¿Es parte de la mayoría, que raramente estudian la Biblia por ellos mismos? Acá tiene un simple ejercicio que le ayudará a evaluar sus hábitos de estudio bíblico.

¿Qué tan seguido lee usted la Biblia? (circule uno)

Nunca Mensualmente Semanalmente Dos o tres veces a la semana Cada día

Cuándo la lee, ¿durante cuánto tiempo la lee?

5 min.   o menos.   15 min.   30 min.   45 min.   1 hr. o más.

Abajo hay algunas razones que la gente da, para no leer la Biblia. Marque las que expresan el porqué usted no lee la Biblia más de lo que usted lo hace:

_____ La Biblia no es relevante para mi vida.
_____ La Biblia parece confusa y difícil de entender. No sé como encontrarle sentido.
_____ Yo solía leer la Biblia, y me hacía sentir bien. Pero después de un tiempo, ya no pareció tener el mismo impacto, así que finalmente, me rendí.
_____ Me siento culpable cuando leo la Biblia.
_____ La Biblia está desactualizada. Tal vez tenga algunas historias interesantes, pero tiene poco relacionado a la vida actual.
_____ Me apoyo en mi pastor, que él me explique la Biblia a mí. Yo necesito saber algo, él me lo dirá.
_____ Tengo dudas acerca de la confiabilidad de la Biblia.
_____ No tengo tiempo. Estoy demasiado ocupado.
_____ La Biblia es aburrida para mí.
_____ Yo no tengo una Biblia.
_____ La Biblia está llena de mitos y medias verdades. ¿Por qué estudiar algo que carece de credibilidad?
_____ Yo no leo, ¡punto final! No es sólo la Biblia, yo no leo nada.

2

¿POR QUÉ ESTUDIAR LA BIBLIA?

En el capítulo anterior consideramos seis razones comunes por las cuales la gente no se sumerje en las Escrituras por sí mismas. Permítame agregar una séptima: Nadie les ha dicho lo que obtendrán. ¿Cuáles son los beneficios del estudio bíblico? ¿Qué tiene para mí? Si yo invierto mi tiempo en esta tarea, ¿cuál es la ganancia? ¿Qué diferencia hará en mi vida?

Deseo sugerir tres beneficios que usted puede esperar cuando invierte en el estudio de la Palabra de Dios, que no están disponibles en ninguna otra parte. Además, francamente, no son lujos sino necesidades. Démosle una mirada a los tres pasajes que contribuyen a la construcción de un sólido caso, respecto al porqué estudiar la Biblia. No es una opción –es esencial.

EL ESTUDIO BÍBLICO ES ESENCIAL PARA EL CRECIMIENTO

El primer pasaje se encuentra en 1 Pedro 2:2

Deseen con ansias la leche pura de la palabra, como niños recién nacidos. Así por medio de ella, crecerán para salvación.

Permítame darle tres palabras para abrir la verdad contenida aquí. Escríbalos en el margen de su Biblia, próximo al versículo. El primero es actitud. Pedro describe la actitud de un recién nacido. Así como un niño pequeño toma su leche, así usted agarre el Libro. El bebé debe tomar su leche para sostener su vida física, usted necesita tomar las Escrituras para sostener su vida espiritual.

Yo tengo cuatro hijos, y aprendí temprano que cada tres o cuatro horas se enciende una alarma en el recién nacido –y no se puede ignorar. Es mejor darle su leche lo antes posible. Tan pronto como se haga, hay una gran calma. Pedro toma esa expresiva figura y dice que esa debe ser su actitud hacia las Escrituras.

Pero él también da una palabra acerca del apetito por la Palabra. Usted debe "desear" la Palabra. Debe ansiar la leche espiritual de la Palabra de Dios.

Ahora, para ser honesto, eso es un gusto refinado, cultivado. De vez en cuando alguien me dice, "Usted sabe, Profesor Hendricks, yo no estoy recibiendo mucho de la Biblia." Pero eso dice más acerca de la persona, que acerca del Libro.

El Salmo 19:10 dice que las Escrituras son más dulce que la miel, pero uno nunca se daría cuenta, según el parecer de algunos creyentes. ¿Cómo se cultiva el gusto por la Palabra? Por medio de cultivar lo que el apóstol Pedro describe como –un apetito insaciable por la verdad espiritual.

Ahora llegamos a la tercera palabra, propósito. ¿Cuál es el propósito de la Biblia? El texto nos dice: para que por medio de ella, se logre el crecimiento. Por favor, note que no se trata de lo que usted llegue a saber. Ciertamente no se puede crecer sin conocer. Pero se puede conocer y no crecer. La Biblia no fue escrita para satisfacer la curiosidad, sino para ayudarnos a crecer conforme a la imagen de Cristo. No para hacerle un pecador inteligente, sino para hacerle como su Salvador. No para llenar su mente con una colección de hechos bíblicos, sino para transformar su vida.

Cuando nuestros hijos eran pequeños, iniciamos a medir su crecimiento, en la parte posterior de la puerta del closet. A medida que crecían, nos rogaban que los midiéramos para ver cuánto habían crecido y lo marcáramos en la puerta. Sin importar cuan pequeño hubiera sido el incremento, saltaban de alegría al ver su progreso. En cierta ocasión, luego de medir a mi hija, ella me realizó una pregunta que generalmente los niños no hacen: "Papi, ¿por qué la gente adulta deja de crecer?"

¿Cómo puedo explicar que la gente adulta no deja de crecer, y que continúan creciendo en diferente manera? No recuerdo lo que le respondí, pero hasta este día el Señor me continúa preguntando, "Hendricks, ¿estás envejeciendo, o estás creciendo?" ¿Qué de usted? ¿Cuántos años tiene como cristiano? ¿Nueve meses? ¿Siete u ocho años? El asunto principal es notar cuánto hemos crecido. Establezca una tabla de medida espiritual, y mida su progreso. Eso es lo que enseña este pasaje.

Así que la primera razón para estudiar las Escrituras es que ellas son un medio de crecimiento espiritual. No existe nada más aparte de la Palabra. Es la herramienta primordial de Dios para desarrollarle como individuo.

EL ESTUDIO BÍBLICO ES ESENCIAL PARA LOGRAR MADUREZ ESPIRITUAL

El segundo pasaje que necesitamos mirar es Hebreos 5:11-14:

Sobre este tema tenemos mucho que decir aunque es difícil explicarlo, porque a ustedes lo que les entra por un oído les sale por el otro. En realidad, a estas alturas ya deberían ser maestros, y sin embargo necesitan que alguien vuelva a enseñarles las verdades más elementales de la palabra de Dios. Dicho de otro modo, necesitan leche en vez de alimento sólido. El que sólo se alimenta de leche es inexperto en el mensaje de justicia; es como un niño de pecho. En cambio, el alimento sólido es para los adultos, para los que tienen la capacidad de distinguir entre lo bueno y lo malo, pues han ejercitado su facultad de percepción espiritual.

Este es un pasaje instructivo en términos de estudio bíblico. El escritor expresa que tiene algo que decir, pero que es "difícil de explicar". ¿Por qué? ¿Es alguna cuestión difícil de la revelación? No, es la densidad de los receptores. Tiene deficiencias de aprendizaje. "les entra por un oído y les sale por el otro", queriendo decir que son lentos para aprender.

La palabra clave del pasaje es "a estas alturas". Subráyelo en su Biblia. El escritor les dice a sus lectores, que con el paso del tiempo ya deberían estar en la universidad, pero que todavía continúan en preescolar, aprendiendo el abecedario, una y otra vez. Cuando deberían estar comunicando la verdad a otros, necesitan que alguien les comunique la verdad a ellos.

De hecho, él dice que todavía necesitan leche, no alimento sólido. El alimento sólido es para los maduros. ¿Quiénes son los maduros? ¿Son las personas que asistieron al seminario? ¿Quiénes saben más versículos bíblicos?

No, el escritor dice que alguien es maduro si ha aprendido por sí mismo mediante el constante uso de las Escrituras a distinguir entre el bien y el mal. La marca de la madurez espiritual no es cuánto usted entiende, sino cuánto aplica en su vida lo que aprendió. En la dimensión espiritual, el opuesto a la ignorancia no es el conocimiento sino la obediencia.

Así que esta es una segunda razón esencial por la cual estudiar la Biblia. La Biblia es el medio divino para desarrollar la madurez espiritual. No existe otro medio.

EL ESTUDIO BÍBLICO ES ESENCIAL PARA LOGRAR EFICIENCIA ESPIRITUAL

Hay un tercer pasaje, 2 Timoteo 3:16-17. En el capítulo uno, George aludió a el.

Toda la Escritura es inspirada por Dios y útil para enseñar, para reprender, para corregir y para instruir en la justicia, a fin de que el siervo de Dios esté enteramente capacitado para toda buena obra.

"Toda la Escritura." Eso incluye 2 Crónicas. Una vez dije eso y una persona de la audiencia dijo, "yo ni siquiera sabía que había un primer libro de Crónicas."

¿Qué de Deuteronomio? ¿Puede usted encontrarlo? ¿Ha tenido sus devociones en el alguna vez? Cuando Jesús fue tentado en el desierto (Mateo 4:1-11), Él derrotó al diablo en tres ocasiones diciendo, "escrito está". Cada una de las citas fue del libro de Deuteronomio. Seguido he pensado, si mi vida espiritual dependiera del libro de Deuteronomio, ¿cómo me iría?

Pablo dice que todas las escrituras son útiles. ¿Útil para qué? Él menciona cuatro cosas. Primero para la doctrina o la enseñanza. Es decir que, estructurará su pensamiento. Esto es crucial, porque si usted no está pensando correctamente, no está viviendo correctamente. Lo que usted cree determinará su conducta.

Él también dice que es útil para reprender. Eso significa que le dirán a usted dónde se sale de los límites. Es como un árbitro que suena el silbato, y dice "¡está afuera!", o "Esta seguro, continúe." Le dice a usted qué es pecado. Le dice a usted lo que Dios quiere para su vida. Dios es quien determina los límites.

Tercero, es útil para corregir. ¿Tiene usted una habitación donde coloca todas las cosas que ya no utiliza? Amontona y apila las cosas por tiempo. Hasta que un día, tras haber olvidado cuánta cantidad de cosas hay ahí, abre la puerta y... ¡Plumm! Todo se le cae encima, desparramándose por dondequiera. "Mejor lo hubiera limpiado antes", ¿verdad? Así es la Biblia. Abre la puerta en su vida y provee dinámicas purificadoras que le ayudan a limpiar el pecado y a aprender a conformarse a la voluntad de Dios.

Una cuarta ventaja de la Biblia es que es útil para instruir en la justicia. Dios la emplea para mostrarnos cómo vivir. Habiéndole corregido en los aspectos negativos, le da las directivas positivas para continuar la vida.

¿Cuál es el objetivo promedio? Que usted se prepare para realizar toda buena obra. ¿Ha dicho alguna vez, "quisiera que mi vida fuera más útil para el Señor"? Si es así, ¿qué ha hecho para prepararse? El estudio bíblico es un medio primordial para llegar a ser un siervo de Jesucristo efectivo.

Cierta vez le pregunté a un grupo de hombres de negocios, "¿Si no hubiera diferencia entre lo que ustedes conocen de su negocio o profesión y lo que saben del cristianismo, después de estar escuchando lo mismo, por la misma cantidad de años, qué sucedería?

Un hombre respondió, "Me hubieran despedido."

Él estaba en lo correcto. La razón por la cual Dios no puede usarle más de lo que Él quiere es porque usted no está preparado. Quizá usted ha asistido a la iglesia por cinco, diez o veinte años, pero no ha abierto el potencial de su Biblia para estar preparado y ser usado como un instrumento de Dios. Usted ha estado bajo la enseñanza de la Palabra, sujeto a ella, pero no por usted mismo.

Ahora la pelota está en su lado de la cancha. Dios quiere comunicarse con usted en el siglo XXI. Él escribió su mensaje en un Libro. Él le pide que venga y estudie ese libro por tres poderosas razones: Es esencial para el crecimiento. Es esencial para lograr madurez. Es esencial para equiparle y entrenarle, con el fin que usted esté disponible y preparado, como un instrumento afinado en Sus manos, para lograr Sus propósitos.

La pregunta que encara ahora es: ¿cómo puede usted perderse la oportunidad crecer con la Palabra de Dios?

¿PODEMOS CONFIAR EN LA BIBLIA?

Luego de cautivar a la audiencia en la Universidad Yale, un reportero le preguntó al difunto novelista Ayn Rand, "¿Qué anda mal con el mundo de nuestros días?"

Sin dudarlo un instante ella respondió, "Nunca antes el mundo ha estado realizando preguntas tan cruciales, y nunca antes el mundo ha estado frenéticamente comprometido con la idea que no existen respuestas posibles. Para parafrasear la Biblia, la actitud moderna es, "Padre, perdónanos, porque nosotros no sabemos lo que estamos haciendo – ¡y por favor, no nos digas!"

Esa es la perspectiva misma de un agnóstico conciente. Muchos de nosotros queremos una palabra de Dios, pero no queremos La Palabra de Dios. Sabemos suficiente como para poseer una Biblia, pero no tanto como para que la Biblia nos posea a nosotros. En un mundo donde el único absoluto es que no hay absolutos, se deja poco espacio para la autoritativa Palabra de Dios, como está revelada en la Biblia.

La pregunta es, ¿podemos confiar en la Biblia? ¿Es creíble? ¿Es confiable? ¿Es determinante para nuestra época? Considere lo que las mismas Escrituras dicen acerca de sí mismas.

LA BIBLIA ES UNA UNIDAD

Si usted alguna vez estudió en profundidad un tópico complejo o controversial, sabe la frustración de intentar encontrar que dos o tres autoridades concuerden en varios o todos los puntos. Básicamente, nunca sucede.

La Biblia permanece en un marcado contraste. Es única en que sus partes conforman una unidad completa. La Biblia no es un solo libro, sino sesenta y seis libros compilado en un solo volumen. Estos sesenta y seis documentos separados fueron escritos durante un período de mil seiscientos años, por más de cuarenta autores provenientes de muy diferentes trasfondos.

No obstante, la Biblia es una unidad, unida por el tema de Dios y Su relación con la humanidad. Cada libro, sección, párrafo y versículo funciona junto con los otros para revelar la verdad de Dios. Este es el motivo por el cual las Escrituras son mejor comprendidas por medio de relacionar sus partes individuales, con el conjunto total.

LA BIBLIA ES LA REVELACIÓN DE DIOS

La Biblia se presenta a sí misma como la verdad revelada de Dios. La palabra usada para "revelación", significa "descubrir", "quitar la cobertura", como en el acto de quitar una cortina y dejar ver lo que había detrás. Dios. En las Escrituras, Dios ha revelado cosas que de otra manera no se hubieran podido saber. Él ha "quitado el velo" a lo que es absolutamente verdad –no espectacular, conjeturado, o hipotético. Es la verdad enteramente consistente –nunca controvertida, transigida, ni contradecida por las otras partes de la revelación.

LA BIBLIA ES INSPIRADA POR DIOS

El gran teólogo B. B. Warfield dijo: "La Biblia es la Palabra de Dios, de tal modo que, cuando la Biblia habla, Dios habla." Esa es una buena descripción de inspiración. La razón por la cual llamamos a la Biblia la Palabra de Dios, es debido al hecho de que son las palabras mismas que Dios ha querido comunicarnos.

Por supuesto, algunos tienen problemas con este concepto, porque la Biblia fue escrita por autores humanos. Si ellos fueron "inspirados" fue solo como los grandes artistas son "inspirados" para producir una gran obra de arte.

Pero eso no es lo que la Biblia implica por inspiración. Recuerde 2 Timoteo 3:16-17 "Toda Escritura es inspirada por Dios." La palabra traducida "inspirada", significa "soplada por Dios". Contiene la idea que Dios "sopló" las Escrituras. Por cuanto la palabra "soplo" puede traducirse "espíritu", podemos ver fácilmente la obra del Espíritu de Dios como quien dirigió la tarea de escribir.

¿Qué parte de la tarea realizaron los autores humanos? Dios los usó sobrenaturalmente para plasmar las palabras, sin transigir la perfección, integridad, o la pureza del producto final. Es un caso de doble autoría. Como Charles Ryrie lo expresa, "Dios dirigió a los autores humanos para que, mediante sus propias personalidades individuales, compusieran y registraran, sin error alguno en los manuscritos originales, Su revelación para la humanidad."

Pedro emplea una palabra espléndida para describir esta operación, cuando dice que los "hombre movidos por el Espíritu Santo hablaron la Palabra de Dios" (2 P. 1:21). La palabra movido es la misma palabra usada para describir el barco moviéndose bajo la influencia de un poderoso viento. Los escritores bíblicos fueron guiados en sus escritos hacia donde Dios quería, y produjeron lo que Dios quiso que produjeran. Sin lugar a dudas, sus personalidades, estilos literarios, perspectivas y distintivos, están reflejados en sus palabras. Pero sus relatos son más que palabras humanas –son la Palabra de Dios.

¿Ha escuchado hablar de "Proyecto Jesús"? Algunos académicos dudan la confiabilidad de las palabras de Jesús registradas en los evangelios. Así que ellos se reúnen anualmente para discutir esos textos. Para cada oración asignada a Jesús, ellos votan en los méritos relativos de que hallan pertenecido a Jesús, o si los escritores del Nuevo Testamento, pusieron esas palabras en su boca.

El voto puede realizarse de cuatro maneras: El grupo puede decidir que las palabras son "rojas", indicando que definitivamente fueron pronunciadas por Jesús. Por otra parte pueden catalogarlas como "negras", si ellos creen que Él definitivamente no las dijo. En el medio del espectro, están las "rosadas" (Jesús probablemente las pronunció, si bien existen algunas dudas), y las "grises" (Jesús probablemente no las pronunció, si bien es probable que sí lo haya hecho).

¿Cuál es el propósito de este ejercicio? Un vocero dijo que el grupo quiere fortalecer la fe de la gente, mediante dejarles saber qué es confiable y qué no lo es.

Yo no sé que le parece a usted semejante proyecto, pero a mí me parece ridículo, por no decir peligroso. ¿Cómo es posible que un comité de "dudosos" que viven dos mil años después de los eventos puedan estar calificados para juzgar la autoridad de las Escrituras? Supongo que se sujetan a la "inspiración del consenso".

Prefiero la inspiración del Espíritu Santo. El texto de la Biblia no es una idea humana, sino el producto sobrenatural, la misma Palabra de Dios.

LA BIBLIA ES INERRANTE

Para ser autoritativa, la Biblia debe ser verdadera, es decir, sin error. Como alguien ha notado: "O bien la Biblia no tiene ningún error, o es un completo error." No hay lugar para puntos intermedios. Una "inerrancia parcial" es una Biblia con errores.

"Inerrancia" significa sin error –que no contiene errores o equívocos en sus escritos originales, ni error en ninguna otra área. Ese es un concepto difícil para nuestra generación. Tendemos a ser relativistas, nada puede ser verdad en un sentido absoluto. Además, nuestra cultura nos hace pensar que la ciencia moderna ha dejado atrás a la Biblia.

La realidad es que las Escrituras han soportado el examen escrupuloso de la ciencia pura. Efectivamente, muchos de los más eminentes, adelantados científicos de hoy en día, están dándole una "tercera" mirada a la Biblia a la luz de los más recientes descubrimientos y desarrollos.

Creer en una Biblia sin error, no significa que tomamos a cada frase en un sentido rígidamente literal. Tal cual veremos, las Escrituras con frecuencia utilizan el lenguaje figurado. También, aceptamos que a través de los años han ocurrido errores de transmisión de la Biblia de una copia a la otra (sorprendentemente pocos).

De todas maneras, la misma Biblia testifica de su inerrancia. El testigo más poderoso es el Señor Jesucristo. En Mateo 4:11, enfatiza que las palabras escritas pueden ser confiadas, no sólo las ideas que contienen. En Mateo 5:17-18, Él extiende la absoluta confiabilidad de todo el texto, a las palabras individuales, y hasta las partes que forman las palabras.

A través de los evangelios, Jesús se refiere a algunas porciones de las Escrituras, cuestionadas por ciertas "autoridades" actuales. No hay dudas que Él las consideraba como nada menos que acertadas, confiables, y verdaderas (en Mateo sólo, vea 8:4; 10:15; 12:17, 40; 19:3-5; y 24:38-39).

Inerrancia implica que tenemos una Biblia completamente veraz, confiable, y sin error alguno en su forma original. Mientras la estudiamos, podemos anticipar respuestas a preguntas esenciales.

3

Cómo puede este
libro ayudar

Confió que usted ya sea conciente de la necesidad y el valor de sumergirse en la Biblia de primera mano, por sus propios medios. Yo he sido creyente por cinco décadas, y puedo asegurarle que leer la Palabra de Dios ha hecho la gran diferencia en mi experiencia cristiana.

Hará lo mismo por usted. Revolucionará su vida. Tal cual vimos en el último capítulo, es la clave para el crecimiento espiritual, la madurez y la eficiencia.

Pero, por favor, preste atención: el estudio bíblico efectivo requiere un método. Usted no le enseña a un niño cómo nadar arrojándole en la parte profunda de la piscina y diciéndole, "muy bien, nada".

No, usted comienza lento, mostrándole cómo flotar, cómo patear y bracear. Usted le da las directivas y un proceso mediante el cual gradualmente, desarrollará las habilidades requeridas para nadar.

Lo mismo es cierto en el aprendizaje de un método de estudio de la Biblia. Así que en este capítulo, y en el siguiente, quiero introducirle a un método de acercamiento a la Palabra de Dios.

Por "método" me refiero a una estrategia, un plan de ataque, que surtirá los máximos resultados a la inversión de su tiempo y esfuerzo.

Al faltar un método, usted puede frustrarse rápidamente, tal cual sucedió con Wendy en el capítulo uno. También puede terminar sumamente confundido acerca de los términos de interpretación y aplicación –como sucedió con Toni, usted recordará.

¿QUÉ PUEDE ESPERAR DE ESTE LIBRO?

Este libro presenta un método. De entrada quiero decirle cuales son los costos y los beneficios de utilizar un método. Primero, déjeme darle los beneficios. Basado en más de cuarenta años de enseñar este material, he descubierto por lo menos cuatro grandes ventajas de este enfoque.

1. Encontrará un proceso sencillo y comprobado.

Como ya vimos en el capítulo uno, una de las razones principales por las cuales la gente no se sumerge en la Biblia, es porque piensan que es demasiado difícil. "Yo no tengo el entrenamiento", dicen ellos. "Yo no sé griego ni hebreo. Soy un simple miembro de la iglesia." "No soy tan inteligente." Hay todo tipo de excusas. De todos modos, la verdad del asunto es que se hace del estudio bíblico algo más complicado de lo que en realidad es.

El proceso presentado en este libro es uno que todas las personas pueden usar, sin importar el nivel de madurez espiritual o educación. Sin importar si ha estado en la fe por cinco semanas, o cinco décadas –los principios continúan siendo los mismos. Cuanto que usted pueda leer, ya puede estudiar la Biblia. No estoy diciendo que no tendría ninguna ventaja si usted tuviera conocimiento de los idiomas originales. Sin embargo, con todos los recursos disponibles hoy en día, en verdad usted no está en seria desventaja sin esos conocimientos.

Otra ventaja de este proceso es que puede expandirse a medida que la habilidad del estudiante se expande. En otras palabras, mientras usted crece en el conocimiento de la Palabra de Dios, este método irá al mismo ritmo de crecimiento. Después de todos estos años yo todavía lo utilizo. Seguro que le he agregado pericia aquí y allá, y que hago varias cosas mejor ahora que cuando comencé. Pero el enfoque básico permanece siendo el mismo. Es como un conjunto de herramientas que incrementan su utilidad a medida que las habilidades del artesano se expanden.

2. Ganará un valioso sentido de confianza propia, en su habilidad de manejar las Escrituras.

No hay nada como la seguridad que proviene del estudio propio de las Escrituras. Le permite pensar por sí mismo. La mayoría de las personas no lo hacen –simplemente reajustan sus prejuicios. Pero es muy diferente cuando usted sabe lo que dice su Biblia, donde lo dice, y qué significa. Ese tipo de propiedad personal relacionada a las verdades espirituales, libera de las cadenas de la opinión popular.

Después de todo, el estudio bíblico de primera mano le habilita para evaluar los pensamientos de otros. Suponga que yo tengo un problema con un pasaje particular. Así que voy a un comentario para encontrar de qué se trata. Leo el comentario A, y me da una respuesta. ¡Qué emocionante! Pero entonces, decido compararlo con el comentario B, sólo para descubrir que el comentario B es diametralmente opuesto al A. ¿Qué se supone que haga? Si antes estaba confundido, ahora lo estoy más aún. ¿Acepto al comentario A o el B? Así que decido leer otro. Entonces estoy en verdaderos aprietos. El tercer comentario está de acuerdo con A en algunos aspectos, pero no en otros, y totalmente desacuerda con B. ¿Qué debo hacer? ¿Tirar una moneda al aire y tomar una decisión?

Bueno, es maravilloso cuánta luz las Escrituras arrojan en los comentarios. Si he tenido un método que me ha ayudado a trabajar con el texto bíblico y a comprender lo que el texto dice, entonces, cuando voy a un comentario, tengo una base para evaluar lo que se dice.

3. Experimentará el gozo del descubrimiento propio.

Puedo asegurarle que no hay gozo comparable a aquel que viene mediante el estudio de las Escrituras de primera mano. Descubrir por usted mismo lo que Dios le ha revelado le inundará de entusiasmo. Aún así, la mayoría de las personas no se entusiasman con la verdad –la embalsaman.

Suelo enseñar una clase para mujeres y hombres profesionales. Cierta vez hubo un doctor en esa clase que jamás olvidaré. Luego de la sesión el vino hacia mí, con su Biblia en la mano, y me dijo: "Hendricks, permítame mostrarle lo que encontré en este pasaje." Estaba entusiasmado por su propio descubrimiento.

¿Sabe lo que dijo? "Apuesto que Juan Calvino nunca vio esto. Apuesto que Martín Lutero nunca lo escuchó." Si bien no dijo, "Hendricks, apuesto que usted tampoco lo notó antes."

Conocí a su esposa en el estacionamiento de una iglesia, y ella me dijo, "¿Qué le está haciendo a mi esposo?"

"¿Cuál es el problema?, pregunté.

"Tengo que colocar el despertador para decirle a este hombre que es hora de acostarse por la noche. Está que no suelta su Biblia."

¡Ahora tenía una nueva inconveniencia! Pero fue el resultado de que el hombre realizaba sus propios descubrimientos en la Palabra. Yo espero que usted también se contagie con esa enfermedad, en el proceso de bucear este libro.

4. Profundizará su relación con Dios.

El beneficio esencial, definitivo del estudio bíblico de primera mano, es que usted se enamora del autor. Es difícil enamorarse por medio de apoderados. Sermones, libros, comentarios, y similares, pueden ser buenos recursos para ayudar en el crecimiento espiritual. Pero son de segunda mano, fuentes secundarias. Si desea conocer a Dios directamente, necesita encontrarse directamente con Su Palabra.

Aún el estudio bíblico puede convertirse en un fin, si usted lo permite. Uno de los mayores problemas de hoy día, es que con frecuencia los creyentes saben más acerca de las Escrituras, de lo que saben acerca del Dios de las Escrituras. Pero la Biblia me dice: "ningún ojo ha visto, ningún oído ha escuchado, ninguna mente humana ha concebido lo que Dios ha preparado para quienes lo aman" (1 Cor. 2:9).

Dios ha preparado cosas increíbles para usted. Las Escrituras son su medio determinado para traerlas a usted.

COSTOS

Hay costos involucrados. Las riquezas de Dios son gratis, pero no baratas. El estudio bíblico coloca varias expectativas en usted. Permítame mencionar tres.

Esfuerzo.

Las Escrituras no dan fruto al haragán. Como en cualquier otra disciplina de la vida, el estudio bíblico retribuye en proporción al esfuerzo invertido. Cuanto mayor es el esfuerzo, mayor es la ganancia.

Obviamente toma tiempo, la dificultad que mencionara Lidia, la ama de casa, en el capítulo 1. Pero si su estudio bíblico es producti-

LA BIBLIA – 66 LIBROS

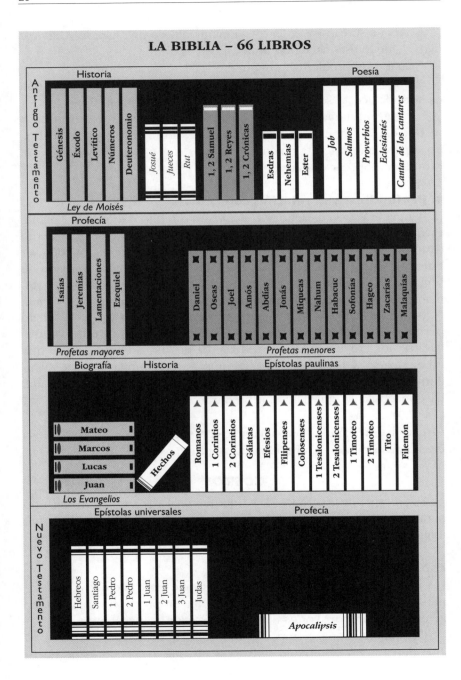

vo, si usted está realizando descubrimientos alentadores, si el proceso está realizando una diferencia en su vida –muy probablemente usted encontrará tiempo para el. De otro modo, siempre encontrará otras cosas que hacer. Deseo que este libro le ayude a comenzar un esfuerzo productivo, para que ese tiempo llegue a ser un preció que pague gustoso, a la luz de los beneficios que otorga.

Apertura a Dios.

Como dije anteriormente, el propósito definitivo del estudio bíblico es conocer a Dios. ¿Conoce usted íntimamente a Dios? ¿Es eso lo que usted procura? Si es así, Él promete honrar su diligencia en la Palabra.

Dichosos lo que me escuchan y a mis puertas están
 atentos cada día, esperando a la entrada de mí casa.
En verdad, quien me encuentra, halla la vida
 y recibe el favor del SEÑOR.

Proverbios 8:34-35

Todos deseamos las bendiciones y la vida prometida aquí. ¿Pero estamos dispuestos a "estar atentos cada día" a la puerta de las Escrituras?

Apertura al cambio

La Biblia fue escrita no para ser estudiada sino para cambiar vidas. El cambio de vida, es el producto que procuramos. El corazón humano a nada resiste tanto como al cambio, pero el crecimiento espiritual está comprometido al cambio.

Romanos 8:29, por ejemplo, dice que Dios intenta conformarnos a la imagen de Jesucristo –en otras palabras, hacernos como Cristo. Si eso es cierto, ¿cuánto cambio cree usted que puede esperar? ¿Está dispuesto a permitirle a Dios que invada su carácter y le conduzca con Su verdad?

El inicio

Estamos a punto de iniciar el proceso. En el próximo capítulo voy a dar una síntesis acerca del método de estudio bíblico. Pero antes de llegar ahí, permítame darle dos sugerencias.

Primera, establezca algunas metas. ¿Qué desea usted de este proceso? ¿Qué necesidades de su vida demandan atención? ¿Existen relaciones que requieren ser sanadas, cultivadas, atendidas? ¿Hay actitudes que necesitan cambiar o reforzarse? ¿Tiene hábitos que requieren una ruptura o un establecimiento? Preguntas similares a estas pueden ayudarle en el establecimiento de las metas directivas para su estudio bíblico.

Segunda, ajuste sus expectativas. Sea realista. Usted puede parecer un tigre, rugiendo con anticipación. No puede esperar el inicio. ¡Qué fantástico! Pero recuerde, no va a dominar el proceso de la noche a la mañana. Toma tiempo. Por otra parte, es posible que se sienta como una tortuga: parece que nunca llega a la meta; parece demasiado difícil. En ese caso, póngale corazón. El asunto del estudio bíblico, no es velocidad, sino dirección. Lo importante no es cuán lejos usted llega, sino lo que recibe manteniéndose en el proceso. La clave es la diligencia.

¿Está listo para comenzar? Entonces, continúe conmigo al próximo capítulo, y comencemos por ver el gran escenario, el panorama en general, de lo que se trata realizar el estudio bíblico por sí mismo.

CÓMO SELECCIONAR UNA BIBLIA

La herramienta más importante necesaria para entrar en el estudio de la Palabra de Dios por sí mismo, es una Biblia de estudio. Si usted no tiene una, consígala. Será digna de la inversión. Utilícela para aplicar los principios cubiertos en este libro.

Hay excelentes Biblias disponibles. Algunas incluso son llamadas "Biblia de estudio." Cuando hablo de una Biblia de estudio, estoy pensando en una Biblia que tiene las siguientes características:

Letras grandes

Conveniencia es sinónimo de nuestra cultura. Las Biblias con letras pequeñas son apropiadas para cargar con uno. Pero las Biblias de letras pequeñas son casi imposibles de estudiar. No solo cansan la vista, sino que hacen difícil escribir en el texto y a su alrededor. Escoja una edición de letra grande para leer y marcar fácilmente.

Márgenes amplios

Si es posible conseguirla, prefiera una Biblia con márgenes ámplios. De este modo, tendrá suficiente espacio donde registrar sus observaciones.

Sin notas

Cuando usted está estudiando la Palabra, lo mejor es llegar al texto sin preconceptos, sin que los comentarios extraños compitan por su atención. Idealmente, usted deseará una Biblia que contenga solamente el texto bíblico.

Sin títulos

Este es un detalle menor, pero el estudio bíblico ideal, el texto apenas tiene indicados los capítulos y versículos, sin los títulos editoriales marcando los párrafos y secciones, tales como "El Padre Nuestro" y "Los diez mandamientos". Dichos títulos pueden ser útiles para ubicar el material del texto, pero tienden a prejuiciar al lector.

Referencias cruzadas

Pueden ser útiles para comparar unos pasajes de las escrituras con otros pasajes.

Encuadernación y papel de calidad

Si usted estudia la Biblia de la manera que sugiero en este libro, le dará a su Biblia bastante actividad. Pasará de un pasaje a otro pasaje, escribirá en los márgenes, usará los mapas y se moverá adelante y atrás entre la Biblia y las fuentes secundarias. Así que necesita una encuadernación y papel que soporte el uso serio, que no se deshoje. Pregúntele a alguien informado en la librería acerca de esto, respecto a la Biblia que esté considerando.

Concordancia al final

La concordancia es una lista de las palabras que aparecen en el texto, con referencia a los lugares que son citadas. Hablaré más acerca de la concordancia en el capítulo 34 y 35. Una concordancia breve al final de la Biblia puede ser sumamente práctica.

Mapas

Para el estudio bíblico serio, usted necesita un atlas, al cual también describiré después. Pero unos pocos mapas al final de la Biblia de estudio pueden servir como una referencia rápida. Siempre es crucial considerar el lugar dónde cierto evento bíblico tomó lugar.

Asegúrese de conseguir una Biblia completa, que incluya el Antiguo y el Nuevo Testamentos. Si usted sólo utiliza el Nuevo Testamento, no podrá ir a los pasajes del Antiguo Testamento que arrojan luz en los del Nuevo. También pudiera ser tentado a convertirse en un cristiano de "un testamento". Recuerde, ambos testamentos son la Palabra de Dios. Ambos son inspirados. Los sesenta y seis libros son útiles (2 Tim. 3:16). En Hebreos 4:12, el autor llama a las Escrituras una espada de dos filos. Pero algunas personas pretenden trabajar con un testamento de bolsillo, reduciendo la efectividad de la espada a una mera navaja.

Usted probablemente preferirá trabajar con una traducción en español, al menos que conozca el griego o el hebreo. Existen docenas disponibles. Cada una de ellas tiene puntos fuertes y débiles. Una de las versiones clásicas es la Reina Valera 1960 o 1995 (RVR 60), también hay otras traducciones más contemporáneas tal como la Nueva Versión Internacional (NVI), y Dios habla hoy (DHH). Hay Biblias que son traducciones más literales, ajustadas al significado de los idiomas originales, y otras que son más parafraseadas, para facilitar el entendimiento al lector contemporáneo. Cualquiera sea la de su elección, asegúrese que cumple con las características presentadas arriba.

Finalmente, no tenga temor de escribir. La gente me dice: "Yo no quiero echar mi Biblia a perder." Bueno, yo lo he hecho, si eso es lo que usted le llama. Escríbale encima. Debería recorrer la Biblia cada dos o tres años, si es diligente en su estudio. Entonces, puede conseguir otra. Es hermoso poder mirar en el tiempo, mirar la Biblias anteriores, y ver el progreso que ha realizado en su vida espiritual.

4

UNA SINOPSIS DEL PROCESO

Jeanne y yo, junto a nuestro hijo Bill, fuimos durante varios años de vacaciones a la costa occidental de los Estados Unidos. Teníamos un amigo allí, propietario de un avión, y cierto día nos preguntó si deseábamos volar con él a la isla Santa Catalina. Aceptamos, y la siguiente mañana estábamos volando sobre los cielos del condado Orange.

Luego de estabilizarnos sobre el Pacífico, nuestro amigo le dijo a Bill, quien iba como copiloto, le gritó por encima del ruido del motor, "¿quieres intentar volar este aparato?

Siempre listo para una aventura, él respondió, "claro que sí". Bill nunca había volado un avión en toda su vida – ¿pero qué diferencia podía hacer eso?

Nuestro amigo le dio unas breves instrucciones en el arte de pilotear. Luego le pasó los controles, y Bill estaba al comando. Las cosas permanecieron sin cambio mientras nos manteníamos en vuelo recto y nivelado. Pero luego de un par de minutos el piloto gritó, "¿por qué no intentas un giro?"

Bill giró a la izquierda, y de pronto, yo me sentí un poco mareado. Un momento después nuestro amigo dijo, "Bien, intenta hacia el otro lado", y el avión giró hacia la derecha. Ahora tanto Jeanne como yo nos sentíamos mareados. Nos sentimos bastante aliviados cuando, eventualmente, el piloto colocó sus manos en los controles y niveló la aeronave una vez más.

"No estuvo mal," le gritó a Bill, quien sonreía de oreja a oreja. "Descendimos sólo unos mil pies."

Obviamente, aprender a volar requiere muchos más que agarrar los controles cuando alguien le grita, "diviértete". Demanda habilidades que se desarrollan a pleno sobre los años. Además de ganar experiencia, usted también toma su vida en sus manos.

El estudio de la Palabra de Dios, no es diferente. Aprender a hacerlo apropiadamente no sucede de la noche a la mañana. Pero eso es exactamente lo que hacemos con los nuevos creyentes cuando les decimos que se metan en las Escrituras, que agarren sus Biblias, y esperamos que continúen de allí en delante. No hay porqué admirarse que haya una cantidad de creyentes frustrados.

En este capítulo quiero darle una sinopsis, una visión panorámica del proceso de estudio bíblico. Primero, deseo definir qué método está involucrado en el estudio de la Biblia. Luego, voy a mostrarle el gran escenario de hacia dónde le lleva el proceso y donde terminará tras seguirlo.

MÉTODO

Comencemos con una definición. En el estudio bíblico, defino método con tres declaraciones. Primera de todas, método es "metodología". Es decir, que envuelve tomar ciertos pasos de un cierto modo particular para garantizar cierto resultado. No solo pasos; no en cualquier orden; no simplemente cualquier resultado.

El resultado gobierna todo lo demás. ¿Cuál es el producto del estudio bíblico metodológico? ¿Qué es lo que busca? Ya he dicho, reiteradamente, que el estudio bíblico personal tiene un propósito definido –llamado, cambio de vida.

Así que, ¿cómo llegar allá? ¿Qué proceso le guiará a dicho resultado? Propongo un enfoque de tres pasos que garantiza el proceso de cambio –tres pasos cruciales en un orden particular.

1. Observación

En este paso, usted pregunta y responde a la interrogante. ¿Qué es lo que veo? Al momento que usted llega a las Escrituras, pregunta, ¿cuáles son los hechos? Usted asume el papel de un detective bíblico que está detrás de las pistas. Pero voy a mostrarle que no comienza allí. Ningún detalle es trivial. Esto lleva al segundo paso.

2. Interpretación

Aquí usted realiza y responde, ¿Qué significa esto? Su búsqueda es de significado. Desafortunadamente, demasiados estudios bíblicos comienzan por la interpretación, y por consiguiente, termina allí. Pero le mostraré que no comienza allí. Antes de comprender, necesita aprender a ver. Tampoco culmina aquí, porque existe un tercer paso, que es...

3. Aplicación

Usted pregunta y responde a la interrogante, ¿Cómo funciona esto?, y no ¿Dará resultado esto? Algunas personas dicen que van a hacer la Biblia "relevante", pero si la Biblia aún no es relevante, nada que usted o yo hagamos va a cambiar el asunto. La Biblia es relevante porque es revelada. Siempre es un regreso a la realidad. Para quienes la leen y le dan atención, ella cambia sus vidas.

DEMANDA CONOCIMIENTO DE PRIMERA MANO

Así que método es metodología. Pero le agregamos una segunda declaración a la definición: Método es metodología, con una vista a ser receptivo y reproductivo.

¿Aún desea hacer un impacto en su sociedad? Primero las Escrituras tienen que hacer un impacto en usted. Es la analogía del esperma y el óvulo. Solos, ni el esperma ni el óvulo son capaces de la reproducción. Únicamente cuando el esperma se une al óvulo sucede la concepción, e inicia el proceso reproductivo.

Así es el reino espiritual. Cuando la Palabra de Dios y un individuo obediente se unen, cosas tremendas suceden. Esa es una combinación que transforma la sociedad. Para eso está designado el estudio bíblico personal –transformar su vida, y como resultado, transformar su mundo.

Una tercera declaración que complementa la definición, es: El método es una metodología, con una vista a ser receptivo y reproductivo, mediante el conocimiento de primera mano de la Palabra de Dios.

Una vez más, no hay nada comparable al estudio personal que nos expone a la Biblia. Es vital. Sin el, nunca se involucrará directamente con lo que Dios tiene que decirle. Siempre dependerá de un intermediario. Imagínese tener que lidiar con su cónyuge de esa modalidad. ¿Cuánto piensa que duraría su matrimonio? Lo mismo es cierto en relación a Dios. No hay un sustituto para la exposición a Su Palabra de primera mano.

COMIENCE CON UNA OBSERVACIÓN

Ahora que usted sabe hacia dónde se dirige, de un vistazo más de cerca a cómo llegar allá, al proceso en sí. Recuerde que el primer paso es la observación. Es cuando se pregunta y responde a la interrogante, ¿qué es lo que veo? Necesita fijarse en cuatro cosas.

1. Términos

Un término es más que una palabra. Es una palabra clave, crucial, en lo que el autor está diciendo. Por ejemplo, en el evangelio de Juan, la palabra creer aparece no menos de setenta y nueve ocasiones, siempre como un verbo y nunca como un sustantivo. Realice cierta investigación, y descubrirá que Juan emplea creer con intencionalidad. Es un término que abre su significado. De hecho, el libro sería muy distinto sin dicho término.

El mismo principio se aplica a cada libro de la Biblia. Todos están llenos de términos. Debe aprender a reconocer y dar especial atención a ellos, porque son elementos básicos de los edificios que construyen los significados.

2. Estructura

Contrario a la opinión popular, la Biblia no es una colección de dichos dispersos e historias desconectadas unas de otras. Lejos de ser así, es una biblioteca de libros cuidadosamente construidos para mostrar –a quienes ponen atención– dos tipos básicos de estructuras.

Primera, hay una estructura gramatical. Casi puedo oír las quejas: "¿tenemos que regresar a todo eso? Dejé atrás esos asuntos en séptimo grado." Pero si desea aprender cómo estudiar las Escrituras efectivamente, debe aprender a leerla con la gramática en mente. ¿Cuál es el sujeto de la oración? ¿Cuál es el objeto? ¿Cuál es el verbo principal? Cuanto más sepa usted sobre gramática, más podrá sacar del pasaje.

También hay estructura literaria. Tiene preguntas y respuestas. Contiene un clímax y una resolución. Hay causas y efectos. Le mostraré una variedad de maneras en que los autores construyen sus trabajos.

(Personajes usados con el permiso de Johnny Hart y Creador Syndicate Inc., con disculpas a Johnny Hart.)

3. Forma literaria

Me admira notar con cuanta facilidad la gente pasa por alto el género literario, en lo que a los libros de la Biblia refiere. Los tratan como si todos fueran lo mismo.

No obstante, existe una vasta diferencia entre la poesía hebrea de los salmos y las argumentativas epístolas de Pablo; entre la narrativa grandiosa y general de Génesis y Éxodo, y las simples y conmovedoras parábolas. Hay alegoría y amor poético, sátira y apocalíptica, comedia y tragedia, y mucho más. El Espíritu Santo utilizó cada una de esas formas para comunicar Su mensaje. Así que si usted desea abrazar el mensaje, debe leer cada forma literaria de acuerdo a las "reglas" propias del género. Le mostraré cómo hacerlo en los capítulos venideros.

4. Atmósfera

Leer la atmósfera envuelve captar el escenario y los sentimientos en torno al texto bíblico. ¿Cómo era estar en los zapatos del autor? Por ejemplo, Pablo dice, "Alégrense siempre en el Señor. Insisto: ¡Alégrense!" (Fil. 4:4). Suena bien. ¿Pero dónde se encontraba él? ¿En las playas de Miami Beach? No exactamente. Él estaba en una asquerosa y maloliente prisión romana. La vida luce bastante diferente mirándola detrás de las rejas.

Usted querrá transportar sus sentidos dentro del pasaje. Si hay un ocaso, véalo. Si hay un olor, huélalo. Si hay un llanto angustioso, siéntalo. ¿Va a estudiar la epístola a los Efesios? Entonces, únase a la iglesia de Éfeso, y escuche a Pablo orar arrodillado (Ef. 3:14-21). Este es un ejercicio para la imaginación, no sólo para el intelecto. Por tanto, capturar la atmósfera de un pasaje bíblico no demanda tener un entrenamiento profesional.

LA INTERPRETACIÓN

Las observaciones llevan a un segundo paso, la interpretación. Aquí se pregunta y responde a la interrogante, ¿qué significa esto? Recuerde, su búsqueda principal es de significado. Deseo sugerir tres cosas que le ayudarán a llegar al significado del pasaje bíblico.

1. Preguntas

Si desea comprender un texto bíblico, tiene que bombardearlo con preguntas. La Biblia nunca se avergüenza ante las preguntas. No significa que encontrará todas las respuestas a las preguntas que realice. Pero de todos modos, necesita preguntar para determinar, si al menos algunas de esas preguntas pueden ser respondidas. Le daré un conjunto de preguntas que le ayudarán a examinar el texto del cual procura descubrir su significado.

2. Respuestas

Obviamente, si usted va a realizar preguntas, también necesitará fijarse en las respuestas. ¿Dónde encontrarlas? En el texto. La observación le dará los bloques de construcción básica, sobre los cuales construir el significado del pasaje. Las respuestas a las preguntas vendrán directamente del proceso de observación.

A esto se debe, que asegure que cuanto más tiempo invierta en las observaciones, menor será el tiempo que necesite emplear para la interpretación, y que los resultados serán más acertados. Cuanto menos tiempo utilice observando, mayor será la demanda de tiempo para interpretar, y menos acertados los resultados que surjan.

3. Integración

Usted no sólo debe hacerse preguntas y buscar respuestas en el texto, también necesita poner las respuestas juntas, de modo que tengan un sentido completo. De otra manera, termina con nada más que fragmentos.

En cierta ocasión me pidieron que predicara en una iglesia. "Predique sobre lo que usted quiera", me dijeron, "excepto de Efesios."

Salí a comer con algunas de aquellas personas, y les pregunté, "¿cuál es el tema de Efesios?"

Ellos no tenían idea. Recibieron un montón de pequeños detalles. Pero su pastor nunca colocó toda la información junta, de modo que tuviera sentido completo. El resultado fue: luego de tres años de enseñanza, su congregación no había descubierto el significado de la epístola a los Efesios.

La integración es la etapa donde usted reconstruye el significado del pasaje, luego de haber separado las partes para examinar los detalles.

LEA, REGISTRE, REFLEXIONE

¿Quisiera usted recibir más de su estudio de las Escrituras? Aquí le presento tres hábitos para cultivar, que incrementarán su productividad. Úselos cada vez que abra su Biblia.

LEA

Este pareciera ser obvio. De todos modos, muchos "lectores" no dan más que un vistazo "a vuelo de pájaro". Dan vuelta las páginas del modo que cambian los canales de la TV, buscando algo que les llame la atención. La Palabra no se ofrece a ese tipo de enfoque. Demanda un esfuerzo concentrado de conciencia. Requiere leer una y otra vez la misma porción. Cuanto más se leen, lo más claro que parecen. Asegúrese de ver los capítulos 8-10, donde escribo una lista de diez estrategias de lectura.

REGISTRE

En otras palabras, escriba algunas notas. Apunte lo que ve en el texto. Mantenga un registro de lo que descubre y de sus preguntas. Ya no recuerdo cuánta cantidad de veces me han dicho, "Profesor, lo que he escrito no es muy bueno." Pero el hecho es que, usted no puede construir sobre lo que no ha hecho. Comience donde se encuentra, pese a que sean cosas bastante elementales. Todos comenzamos por alguna parte. Simplemente, asegúrese de que los escribe. Use un cuaderno para registrar lo que ve. En sus propias palabras, resuma sus observaciones y descubrimientos, para que después pueda regresar a ellos nuevamente. Al proceder de este modo podrá recordar lo que ya ha descubierto y usarlo.

REFLEXIONE

Eso es, tome algún tiempo para pensar acerca de lo que ha visto. Pregúntese: ¿qué sucede en este pasaje? ¿Qué me dice sobre Dios? ¿Qué dice sobre mí? ¿Qué necesito hacer en base a lo que estoy leyendo aquí? Tal cual veremos, la reflexión o meditación, es vital para entender y aplicar la Palabra de Dios.

VAYA HASTA LA APLICACIÓN

La observación y la interpretación guían a un tercer paso en el proceso, el paso crucial de la aplicación. En la aplicación usted pregunta y responde a la interrogante, ¿cómo funciona esto? Una vez más, *no si esto funciona*, sino ¿cómo se pone en práctica? Existen dos áreas que considerar.

1. ¿Cómo funciona para mí?

Esta puede ser una pregunta resbalosa. Como George, el maestro de escuela dominical nos dijo en el capítulo 1, es fácil estudiar la Biblia y luego uno decir, "¡Oh, esto es justo lo que mi clase necesita! No puedo esperar para llegar y contarles a ellos." Pero tomar ese enfoque, es posiblemente ignorar una pregunta más personal, ¿qué tiene esto que ver conmigo? ¿Cómo funciona en mi vida? Porque si no funciona en mi vida, entonces, ¿qué autoridad tengo para compartirlo con alguien más? Habrá carencia de credibilidad.

2. ¿Cómo funciona para otros?

Por supuesto, la Biblia tiene implicancias para otras personas. Es legítimo preguntar, ¿va esto a transformar sus vidas? ¿Afectará a sus matrimonios y familias? ¿Tocará sus negocios y ocupaciones? Así, miremos a cada área de la vida. Indicaré algunas formas de hacer las Escrituras aplicables a otros en su esfera de influencia.

SIEMPRE MANTENGA EL ESCENARIO MAYOR

Esto fue una sinopsis del lugar hacia el cual nos dirigimos, y cómo vamos a llegar allí. Cada vez que se acerque a un lugar de la Palabra de Dios, enfóquese en el escenario mayor:

Observación: ¿Qué es lo que veo?
Interpretación: ¿Qué significa esto?
Aplicación: ¿Cómo funciona?

Ese es el destino. Comencemos esta travesía emocionante.

DESCUBRA CÓMO MANEJAR SU BIBLIA

¿Se ha sentido perdido cuando un predicador o maestro fue a un pasaje particular de la Biblia? Quizá uno de los libros del Antiguo Testamento, que suenan raro, tales como Nahum, Zacarías, o Hageo. Usted dio vueltas por un rato, actuó como si supiera a donde iba, pero eventualmente, debió terminan en la página de contenido para saber la página. Cuando usted encontró el pasaje indicado, el predicador cambió de texto, y usted quedó perdido una vez más.

No saber cómo encontrar un pasaje bíblico puede ser tan frustrante como perderse en una región desconocida, sin un mapa en las manos. Pero hay dos maneras de sobreponerse a esta dificultad.

Memorice los libros de la Biblia

No es tan complicado como usted piensa. Vea los sesenta y seis libros por categorías, según aparecen en uno de los gráficos previos. Es más fácil memorizarlos por grupos, y puede hacerlo tomando de a ratos durante la semana.

Aprenda el funcionamiento de las referencias bíblicas

Una referencia bíblica es como una dirección. Le indica en qué lugar de su Biblia "vive" el versículo. Es mejor que el número de página, ya que un mismo pasaje bíblico variará de número de páginas según la versión y la encuadernación de la Biblia que emplee.

A modo de ilustración, considere la referencia de Juan 8:32. Se lee, "Juan ocho treinta y dos". "Juan" es el nombre del libro, el evangelio de Juan en el Nuevo Testamento. El "8" refiere al capítulo ocho en el libro. El número de versículo es el "32". Eso es todo.

De todos modos, veamos otro ejemplo. Consideremos 1 Corintios 4:2. Se lee "primera de Corintios cuatro dos". El libro es 1 Corintios, "4" es el capítulo, y "2" es el versículo.

Ocasionalmente, pudiera encontrarse con una referencia tal cual, Juan viii.32, o San Juan viii.32, usando números romanos para los capítulos, y un punto, en lugar de dos puntos, para separar el capítulo de los versículos. Esa es una forma antigua de dar la referencia, encontrada mayormente en trabajos publicados en Europa. Pero el sistema es igual.

Para múltiples versículos, encontrará un guión conectando el primero y el último versículo de la referencia. Juan 8:32-42 indica la sección de Juan 8, desde el versículo 32 hasta el 42. Si únicamente hubieran dos versículos involucrados, el autor los separará con una coma, como en Juan 8:32, 42. Pudiera separar dos consecutivos con una coma, en lugar de hacerlo con un guión, como en Juan 8:32, 33.

Una referencia también pudiera indicar una sección que cubre dos o más capítulos. Si usted ve Juan 8:32-9:12, significa que la sección comienza en el versículo 32 de Juan 8, y continúa hasta el versículo 12 de Juan 9. Si la referencia es de capítulos completos, y no hay necesidad de indicar versículos, verá algo así como, Juan 8-9.

Suponga, de todas maneras, que la referencia es a un libro que tiene un solo capítulo, como Habacuc, Filemón o Judas. En ese caso, la referencia mencionada sólo el nombre del libro y el número del versículo. Por ejemplo, Filemón 21 refiere al versículo veintiuno de Filemón.

Algunas veces un escritor quiere indicar solamente una parte del versículo, en lugar de el versículo completo. Para ese caso se suele emplear letras minúsculas a ó b (en pocas ocasiones c, si el versículo es lo suficientemente largo) para especificar la referencia. Romanos 12:1a, por ejemplo, refiere a la primera parte de Romanos 23:1. Isaías 40:8b, refiere a la segunda parte del versículo.

¿Qué acerca de referencias múltiples, indicando más de un pasaje? Las convenciones varían, pero una común es mostrar una lista de referencias en el orden en que aparecen en la Biblia, separadas por punto y coma, mostrando el nombre del libro sólo una vez. Por ejemplo: Génesis 3:17-19; Salmo 8:3-8; Eclesiastés 3:12-13; 5:18; Efesios 4:28; 6:5-9; y Colosenses 3:22-4:1.

Una nota final: Cuando se hace una referencia particular en el libro de los Salmos, use el singular, "salmo", como en Salmo 23 –no Salmos 23. El libro de los Salmos es una colección de salmos (plural); donde cada capítulo individual es un salmo (singular).

Observación

5

EL VALOR DE LA
OBSERVACIÓN

El primer paso en el estudio bíblico es la observación, donde preguntamos y respondemos a la interrogante, ¿qué estoy viendo? Cuando el salmista oraba, "Ábreme los ojos, para que contemple las maravillas de tu ley" (Salmo 119:18), él estaba orando por una mayor capacidad de observación. Rogaba que el Espíritu de Dios quitara las vendas de sus ojos, para que pudiera ver con entendimiento la verdad que Dios ha revelado.

¿Qué hace a una persona un mejor estudiante de la Biblia? Que pueda ver mejor, eso es todo. ¿Ha asistido a un estudio bíblico, o escuchado predicar un mensaje que usted anteriormente ha leído y estudiado –quizá hasta enseñado–? Tal vez se vio forzado a preguntarse, "¿Estamos estudiando el mismo pasaje? ¿Por qué esta persona no puede ver más de lo que yo veo? ¿Por qué se ha ido tanto fuera de contexto?"

La diferencia entre ustedes, es lo que Sherlock Holmes indica al decir: "Usted ve, pero no observa".

La habilidad para ver es una destreza que se desarrolla progresivamente. A Louis Agassiz, el renombrado naturalista de Harvard del siglo XIX, le preguntaron en cierta ocasión, "¿Cuál ha sido su mayor contribución científica?" Su respuesta: "Le he enseñado a hombres y mujeres a observar".

Él empleaba un proceso fascinante para hacerlo. Solía colocar un pescado maloliente en una bandeja de disecación, lo colocaba bajo la nariz de un estudiante, y le ordenaba, "observe este espécimen, y escriba todo lo que ve".

El estudiante comenzaba entusiasmado, y escribía veinte o treinta cosas. Mientras tanto, el profesor se desaparecía hasta el próximo día. Al retornar, le preguntaba al estudiante, "¿cómo está todo?".

"Oh, pude ver treinta y siete cosas", respondía el estudiante ufano.

"Maravilloso –decía el profesor– continúe observando". El estudiante pensaba, ¡hombre, ya he visto todo lo que se puede ver en un pescado! Pero ya que el profesor le dijo que continuara con la tarea, regresaba a dar nuevos vistazos.

Este proceso podría continuar por unas dos semanas. Nada extra además de mirar el pescado. Como puede notar, el genio del profesor era su conciencia que la base de la investigación científica era el proceso de observación. Lo mismo es cierto para el estudio bíblico.

En las siguientes páginas, voy a darle un número de consejos que detonarán sus poderes de observación para cuando lea las Escrituras. Le daré abundantes oportunidades para probar sus habilidades en varias porciones de la Palabra. Pero por ahora, acá tiene un pequeño ejercicio para recalcar que mirar no es lo mismo que observar. Responda las siguientes preguntas de memoria. Después, compruebe si sus percepciones eran correctas o no:

1. Piense en las escaleras o los escalones de un edificio que usted use regularmente. ¿Cuántos escalones tiene?

2.¿ Cuántos semáforos pasa camino a su trabajo?

3. Piense en alguien con quien usted vive o trabaja de cerca. Describa con detalle lo que la persona vestía la última vez que usted le vio.

4. ¿Cuántas páginas tiene este libro? ¿Dentro de diez páginas más?

Sin levantar la punta del lápiz del papel, trace cuatro líneas rectas, conectadas, que pasan una sola vez por cada punto. Luego que intente de dos diferentes maneras, considere las restricciones que debería colocar usted mismo para resolver el problema.

¿Cuántos cuadros ve usted?

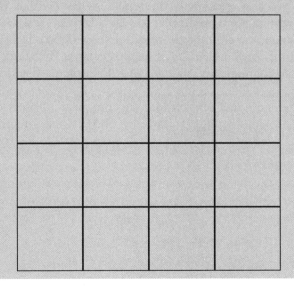

5. ¿Cuál fue el título del sermón que predicó su pastor el domingo pasado? ¿Cuál fue el texto, si usó alguno?

6. ¿Era su madre diestra o siniestra? ¿Qué de su padre?

7. Si usted está casado: ¿Cuál lado de la cara comienza su esposo a afeitarse? O, ¿por cuál lado del rostro comienza su esposa a maquillarse?

8. ¿Cuántos kilómetros han pasado desde la última vez que le cambió el aceite a su automóvil? ¿Cuántos desde que cambió las ruedas?

10. ¿En cuál fase estaba la luna anoche: nueva, cuarto creciente, llena, o cuarto menguante?

¿Cómo le fue? ¿Tiene usted un ojo de águila para los detalles? ¿O es ciego como un murciélago? Claro, ninguno de los temas en esas nueve preguntas es un asunto de vida o muerte (excepto, tal vez, el cambio de aceite de su automóvil).

Aún así, es gracioso considerar cómo los pequeños detalles, seguido, son quienes realizan la diferencia en las novelas de misterio o en las investigaciones policiales de la vida real. Todo se tornó en un detalle "menor" –el color de ojos del sospechoso, la hora del día, una palabra mal pronunciada. Los hechos están a la vista de todos, no obstante, sólo los maestros son quienes los notan. "Usted mira, pero no observa".

Permítame darle una oportunidad de comenzar a observar las Escrituras. En el próximo capítulo miraremos un versículo y realizaremos la pregunta, ¿qué estoy viendo? Tal vez se sorprenda de los resultados.

AHORA INTÉNTELO USTED

La observación es una de las destrezas más útiles que pudiera adquirir. Además, puede ser bastante divertido. A continuación tiene un ejercicio que puede usarse con gente joven. Desarrollará sus poderes de observación, y le enseñará mucho acerca del proceso de observación.

Además de la presencia del niño, ordene un conjunto de objetos sobre la mesa, tales como:

Una roca
Un libro
Un lápiz
Dos o tres tenedores
Un auto de plástico
Cinco crayolas
Un bloque "Lego"
Una hoja
Un imán con la forma de un número o de una letra
Una bufanda multicolor
Un cepillo dental

En realidad no es tan importante lo que usted seleccione para colocar sobre la mesa. Únicamente, asegúrese de que sean objetos que los niños puedan reconocer. Escoja objetos que sean distintivos, con características interesantes, y además, formas y colores únicos.

Una vez que haya dispuesto los objetos sobre la mesa, cúbralos con una sábana o algo similar. Entonces, llame a los participantes y entrégueles hojas y lápices. Pídales que escriban lo que ven sobre la mesa. Quite la cobertura, revelando los objetos por unos sesenta segundos. Vuélvalos a cubrir.

Pídales que le diga qué es lo que ven –y qué piensan que vieron. Requiera que le den descripciones específicas, tamaño, color, marcas y aspectos similares. Haga una lista de las observaciones. Retire la cobertura y permita que el grupo los vea. Todos se admirarán de notar las cosas que se observaron y las que no. Se darán cuenta que existe una basta diferencia entre una mera mirada y la observación cuidadosa.

EL RELOJ

"He escuchado decir que es difícil para un hombre tener un objeto de uso diario, sin dejarle la impresión de su individualidad en el, de tal manera que un observador entrenado pudiera leerlo. Ahora bien, tengo un reloj que adquirí recientemente. ¿Sería usted tan amable de permitirme dar una opinión acerca del carácter del propietario anterior?"

Le alcancé el reloj con cierta tentación a reírme, porque la prueba era, según pensaba, imposible, y la procuré como una lección en contra de aquel tono algo dogmático, que ocasionalmente asumía. Balanceó el reloj en su mano, miró con firmeza las agujas, abrió la parte posterior, examinó los trabajos, primero a simple vista y luego con unos poderosos lentes convexos. Yo, difícilmente podía contener la risa ante su rostro abatido, cuando finalmente cerró la caja y me lo regresó.

"Hay pocos datos", remarcó. "El reloj ha sido recientemente limpiado, lo que quita mis más sugestivos elementos".

"Usted está en lo correcto", le respondí. "Fue limpiado antes que me lo enviaran". En mi corazón, acusé a mi compañero, poniendo por delante una excusa fabricada, para cubrir su fracaso. ¿Qué datos esperaría el encontrar él en un reloj sin limpiar?

"Si bien insatisfactoria, mi investigación no ha resultado del todo inútil", observó, mirando hacia el cielorraso como soñando, con ojos sin lustre. "Sujeto a su corrección, podría juzgar que el reloj pertenecía a su hermano mayor, heredado de su padre".

"Eso lo sabe, sin duda alguna, de las iniciales H.W. de la parte trasera".

"Exactamente. La letra W., me sugiere su propio nombre. La fecha del reloj es alrededor de cincuenta años atrás, y las iniciales son tan antiguas como el reloj: así que fueron hechas para la última generación. Las joya, usualmente, descienden al hijo mayor, y generalmente, él tiene el mismo nombre que el padre. Su padre tiene, si recuerdo correctamente, varios años de fallecido. Ha estado, por lo tanto, en las manos de su hermano mayor".

"Hasta aquí está en lo correcto", respondí. "¿Algo más?"

"Él era un hombre de hábitos desorganizados –bastante descuidado. Quedó en buena situación, pero desaprovechó sus oportunidades, vivió por algún tiempo en pobreza, con ocasionales intervalos de prosperidad, y finalmente, tras dedicarse a la bebida, murió. Eso es todo lo que puedo recabar".

Salté de mi silla y caminé impaciente en la pieza, con considerable molestia en mi corazón.

"Esto es injusto de su parte, Holmes", le dije. "No puedo creer que usted haya descendido a esto. Usted ha hecho investigaciones acerca de la vida de mi infeliz hermano, y ahora, pretende deducir estos conocimientos de modo rebuscado. ¡Usted no puede esperar que le crea que ha podido leer todo esto de un reloj! Es inconsiderado, o para decirlo llanamente, tiene un toque de charlatanería".

"Mi querido doctor", dijo suavemente, "por favor, acepte mis disculpas. Viendo el problema como un asunto abstracto, olvidé cuán personal y doloroso, puede ser para usted algo así. Le aseguro, de todos modos, que nunca supe que usted tuviera un hermano, sino hasta que me alcanzó el reloj".

"Entonces, ¿de qué manera maravillosa recabó usted todos esos datos? Son absolutamente correctos en cada particular".

"Ah, eso es buena suerte. Únicamente puedo decir que fue el balance de probabilidades. No esperaba que todas fueran acertadas".

"¿Pero, fue todo una amera conjetura?"

"No, no; nunca adivino. Es un hábito terrible –destructivo de la facultad lógica. Lo que a usted le parece sorprendente, es debido a que no sigue mi tren de pensamiento, ni observa los pequeños detalles sobre los cuales reposan las inferencias mayores. Por ejemplo, comencé por decir que su hermano era descuidado. Cuando observa la parte inferior del estuche, nota que no sólo está abollado en dos lugares, sino que está cortado y marcado por todas partes, debido al hábito de mantenerlo con otros objetos duros, tales como monedas y llaves, en el mismo bolsillo. Seguramente que no es un acto notable asumir que un hombre que trata así un reloj de cincuenta guineas [moneda británica entre 1663 y 1813] tan descuidadamente, debe ser una persona descuidada. Tampoco es una inferencia descabellada asumir que un hombre que hereda un artículo de semejante valor, debió haber heredado otros bienes valiosos".

Yo asentí con mi cabeza para que él supiera que seguía su razonamiento.

"Es bastante común que en las casas de empeño de Inglaterra, al recibir un reloj, le marquen la numeración en la parte interior de la tapa. Es más manuable que una etiqueta ya que no se corre el riesgo de perderlo o traspapelarlo. Hay no menos de cuatro de tales numeraciones, visibles a mi lente, dentro de la tapa. Inferencia –su hermano estuvo varias veces "en la lona". Segunda inferencia –tuvo repetidos rebrotes de prosperidad, de otro modo, no hubiera podido recuperar el reloj empeñado. Finalmente, yo le pedí a usted que mirara el plato interior, que contiene la cerradura. Mire el millar de rayones que hay alrededor el orificio –marcas donde la llave se ha deslizado. ¿Qué hombre sobrio pudiera haber provocado tantas marcas debido a los deslices? Pero nunca se ve el reloj de un ebrio sin ellas. Lo giraba durante la noche, dejando los trazos de su mano temblorosa. ¿Cuál es el misterio de todo esto?".

FUENTE: Sir Arthur Conan Doyle, *The Sign of the Four*

6

COMENCEMOS CON UN VERSÍCULO

¿Está listo para meterse en las Escrituras por sus propios medios? Espero que sí. En este capítulo quiero comenzar lentamente por observar un versículo, Hechos 1:8. Voy a demostrar el proceso de observación para que usted pueda verlo en acción. Siga de cerca con su Biblia mientras le realizo preguntas al texto, para ver lo que puedo descubrir. Recuerde que mi tarea centrada en la observación es, ¿qué veo?

Notará en las siguientes páginas que yo he re-escrito el texto de una manera que pueda facilitar el proceso. Clarifica no solo la gramática, sino también las ideas que el escritor quiere comunicarnos.

COMIENCE CON LOS TÉRMINOS

Dijimos en el capítulo 4 que cuando observamos, necesitamos comenzar por algunos de los términos. ¿Cuál es el término más importante en este texto? Es la primera palabra que veo, Pero. Marque esa palabra en su Biblia.

La palabra pero indica contraste. Luego veremos que los contrastes siempre son importantes en las Escrituras. Indican un cambio de dirección. Aquí, ¿a qué me lleva la palabra pero? Demanda retroceder al contexto precedente, que es otro aspecto crucial del estudio bíblico que veremos más tarde. Estoy entrando en este capítulo en el versículo 8. Nunca querremos estudiar algo aislado, sino en relación con algo más. Debido a que estamos bastante próximos al inicio del libro de los Hechos, vayamos atrás y tomemos el contexto desde el principio.

El versículo 1 comienza por mencionar "el primer tratado" o libro, que luego de investigar, resulta ser el evangelio de Lucas. Inmediatamente descubro que Hechos fue escrito por el mismo autor, el Doctor Lucas (Una pregunta importante que realizaré luego es, ¿quién fue Lucas? Haga una lista de todo lo que puede descubrir de sobre él). Lucas-Hechos forma un conjunto de dos volúmenes. El evangelio de Lucas inicia la historia, Hechos es la secuencia.

Además, encuentro que Lucas y Hechos tienen el mismo tema: "todas las cosas que Jesús comenzó a hacer y a enseñar". Esa es una pista que Hechos va a darme una continuación del ministerio de Cristo y sus apóstoles.

Lucas y Hechos no sólo tienen el mismo tema, también son dirigidos al mismo destinatario, un hombre llamado Teófilo. ¿Quién fue Teófilo? Si regreso a Lucas 1:3, encuentro que es llamado "excelentísimo Teófilo", lo que parece indicar que tenía un título y posición de prominencia en la sociedad romana. Pero aquí llamado simplemente Teófilo. Tal vez, en el período intermedio entre Lucas y Hechos, llegó a conocer a Cristo y perdió su posición; o quizá, Lucas ya familiarizado con él, utiliza una designación más corta. De cualquier modo, Lucas tiene una persona en particular en mente mientras escribe.

El relato de Hechos comienza con una discusión. En el versículo 6, encuentro al Señor y sus discípulos hablando acerca del reino de Dios. El texto dice, "Entonces los que estaban reunidos con él le preguntaron…" La primera cosa que hicieron fue realizarle una pregunta. "–Señor, ¿es ahora cuando vas a restablecer el reino a Israel?"

Jesús respondió a la pregunta. Primero, Él respondió de modo negativo, al decir, en efecto, "–No les toca a ustedes conocer la hora" (v. 8). Luego, positivamente (v. 8), –y aquí es donde aparece la palabra pero, que figura prominentemente– "esta es la responsabilidad de ustedes". Así que el versículo 8 es parte de un diálogo en el cual los discípulos estaban realizando una pregunta, y el Señor le dio una respuesta.

Ese es el contexto precedente. Ahora veamos lo que prosigue en los versículos 9-11, porque relatan la ascensión del nuestro Señor. Recuerde que en adición a los términos, usted debe fijarse en la atmósfera. Estos versículos crean una atmósfera tremenda, porque si esta es la ascensión, entonces las palabras de Jesús en el versículo 8 son Sus últimas palabras a Sus discípulos. Él les está entregando las órdenes finales. "Ahora este es su trabajo", les está diciendo. Mientras ellos miran, Él es ascendido al cielo. Él se ha ido –y ellos están aquí.

Cualquiera sea el lugar que usted estudie un versículo de las Escrituras, confirme que lo coloca en su contexto. Véalo tanto en términos de lo que está antes, como de lo que sigue después.

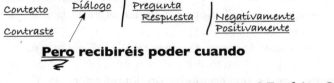

Pero recibiréis poder cuando

haya venido sobre vosotros el Espíritu Santo,

y me seréis testigos

en Jerusalén,

en toda Judea,

en Samaria,

y hasta lo último de la tierra.

Hechos 1:8 (RVR 60)

¿QUIÉNES SON LAS PERSONAS INVOLUCRADAS?

Habiendo hecho esto, regresemos al versículo 8. Resalté la importancia de pero como un contraste. Hay un segundo término que puede notar, ¿cuál es? Es la palabra ustedes o vosotros (recibiréis). Como aparece en la Nueva Versión Internacional, "Pero cuando venga el Espíritu Santo sobre ustedes…" Preste atención que aparece repetidas veces, "recibiréis… sobre vosotros… me seréis testigos".

Entonces surge la pregunta, ¿Quién es esta gente? El contexto nos responde que eran los apóstoles (v. 2). A partir de allí puedo hacer una lista de información general, de lo que ya se sobre estos individuos. Por ejemplo:

1. Habían caminado con Jesús durante los tres años y medios de Su ministerio terrenal.
2. Jesús los escogió.
3. Estaban ansiosos, motivo por el cual probablemente realizaron la pregunta acerca del reino.
4. Eran todos judíos.
5. Muchos de ellos eran, o habían sido, pescadores.

Puedo agregar más. Pero el punto es que, cuando usted llega a algo como esto, debe re-crear en su mente a dichas personas. En este caso, son personas que han escuchado la enseñanza, han visto los milagros, y pasaron mucho tiempo con el Señor. Ahora ellos tienen la oportunidad de realizarle la pregunta más importante de sus vidas.

Otra pregunta a realizar es, ¿Cuál es el verbo principal en este versículo? Aquí es "recibiréis". ¿En qué tiempo está conjugado? Tiempo futuro. Enfoca el acontecimiento en un tiempo que está por venir después.

¿Qué es lo que van a recibir? "Poder". Esa palabra puede ser traducida, "habilidad". Jesús no se está refiriendo a un poder físico; Él está hablando de la habilidad de los apóstoles para completar la obra que Él quiere que ellos realicen.

EXAMINE LAS RELACIONES DE CAUSA-EFECTO

El siguiente es un punto crucial: "cuando venga sobre vosotros el Espíritu Santo". ¿Qué agrega esto al versículo? Primero, indica una relación de causa-efecto. El poder no llegará hasta que venga el Espíritu Santo. Segundo, responde a la pregunta del tiempo. Nos dice que la recepción del poder sucedería cuando el Espíritu Santo viniera sobre ellos.

Anteriormente observé que la palabra vosotros indica a los apóstoles. Aquí entra otra persona en acción, el Espíritu Santo. ¿Quién es el Espíritu Santo? Nuevamente, puedo generar una lista de lo que sé sobre Él. Es la tercera persona de la trinidad; es sobrenatural; y, es la persona conectada con el poder.

¿Necesitaban los apóstoles esto? Definitivamente. Lo último que habían hecho era abandonar a su Señor en la crucifixión, en un momento crucial. Por lo tanto necesitaban la habilidad –el poder– que solo el Espíritu Santo podía darles.

Preste atención que Jesús dijo que el Espíritu Santo vendría "sobre" ellos. El poder no existía dentro de ellos, sino que llegaría desde fuera. Habría una invasión de habilidad sobrenatural, sobre quienes de otro modo, eran seres humanos ordinarios. Eso dice mucho respecto a la tarea que Jesús les ha llamado a realizar.

Unos momentos atrás vimos la relación causa-efecto en términos de tiempo. Aquí deseo verla en términos de dos declaraciones. "recibiréis poder", y la próxima frase, "y me seréis testigos". Los apóstoles van a recibir poder; esa es la causa. El efecto es que ellos van a ser algo —"testigos".

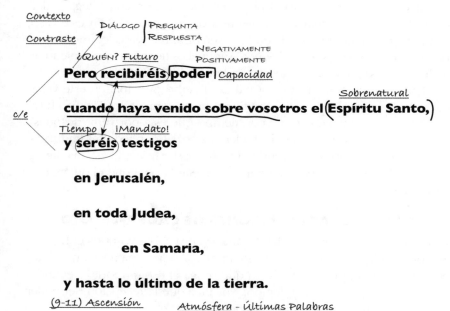

Hechos 1:8 (RVR 60)

Destaco que también está en tiempo futuro, es muy significante. No dice, "van a recibir poder, como resultado de que, van a ser testigos".

Este es un punto interesante, porque con frecuencia nosotros pasamos bastante tiempo urgiendo a las personas que testifiquen acerca de su fe. Sin embargo no hay nada dentro de ellos que garante que puedan hacerlo. Ellos no tienen nada que compartir con otros, y si lo intentaran, no estarían haciendo nada más que actuar.

En contraste, suponga que una de mis estudiantes del seminario se compromete con su novio durante las vacaciones de verano. En el otoño, entra a mi clase y la primera cosa que ostenta en mi cara es el anillo de compromiso. No tengo que rogarle que me muestre el anillo. No, hay algo dentro de ella que la compele a tomar la iniciativa. Está enamorada de un hombre, y quiere compartir su alegría. Ella no lo puede ocultar.

Ese es el tipo de dinámica que Lucas quiere que veamos en este pasaje. Como resultado de lo que los apóstoles recibirán, van a ser testigos. ¿Testigos de quién? Testigos de Cristo. Sus testigos por identificación personal. Ellos van a presentarle a Él.

DEFINA LOS TÉRMINOS

¿Qué es un testigo? Una definición sencilla pudiera ser que un testigo es alguien que ha visto algo y puede contarle a otros acerca del evento, persona o circunstancias. Un testigo es alguien que ha experimentado algo. Eso es exactamente lo que estos apóstoles van a ser. Durante tres años y medio han vivido íntimamente con su Salvador. Ahora, como resultado de su contacto con el Espíritu Santo, y la provisión de Su poder, ellos van a ser unas personas completamente diferentes.

Hasta ahora, han vivido mayormente en sus propias fuerzas. De hecho, su trabajo no ha sido para nada impresionante, considerando el relato de los evangelios. Han caído de plano sobre sus caras, una y otra vez, especialmente en los momentos críticos. No obstante, ahora el Espíritu va a darles poder, y van a ser testigos del Salvador.

¿Cómo comienza la próxima frase? "en Jerusalén" o "tanto en Jerusalén" (NVI). Más adelante diré más acerca de los comentarios, bajo el Segundo Paso: Interpretación. Pero aquí, me fijé para aclarar el término "tanto". En el griego, la palabra traducida "tanto", es un término interesante. Indica el inicio de una serie. Puede ser una serie de dos, o una de veintidós. Aquí hay sólo cuatro. "Tanto" comienza con una serie de cuatro lugares donde los apóstoles van a ser testigos de Cristo.

LA IMPORTANCIA DEL LUGAR

El primer lugar es Jerusalén. ¿Qué sabe usted acerca de Jerusalén? Comencemos una lista:
1. Es una ciudad.
2. El Templo está allí.
3. Es donde ellos están en este momento.

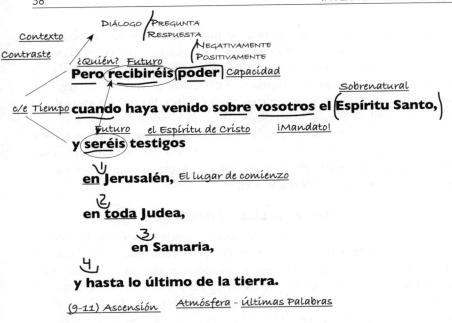

Hechos 1:8 (RVR 60)

4. Ha llegado a ser su hogar. Deben comenzar a testificar en su casa. Un lugar fácil por donde comenzar. ¿cierto? ¡Difícil! ¿Ha probado compartir su fe con gente de su casa alguna vez? Una cosa es caminar por la calle y hablarle a un extraño acerca de Jesucristo; pero inténtelo con sus hijos, o sus padres, o alguien que le conoce de cerca. Es posible que ellos reaccionen: "no me vengas con tu religión ahora". De todos modos, Jesús les dijo a los apóstoles que ellos van a comenzar allí mismo en Jerusalén, lo que es especialmente interesante, debido al quinto punto:

5. Es el lugar donde la crucifixión tuvo lugar. Ellos son conocidos allí. Así que un ambiente hostil es el lugar por donde deben comenzar el evangelismo.

Luego de comenzar por Jerusalén, de todos modos, deberían continuar con Judea. ¿Cómo puedo relacionar Jerusalén con Judea? Una rápida mirada a un atlas me muestra que tenían una relación de ciudad capital-provincia. Jerusalén era la ciudad dentro de una provincia mayor, llamada Judea. El Señor se está moviendo de la ciudad a la provincia.

Tres eran las provincias centrales en el pensamiento de los apóstoles: Judea en el sur; Galilea en el norte; y Samaria entremedio. Había una cuarta en el lado occidental del río Jordán, llamada Perea. Jesús le dice que comiencen por Jerusalén y luego vayan a Judea.

Luego debían continuar por un tercer lugar –Samaria. Ellos amaban Samaria, ¿cierto? De ninguna manera.

¿Recuerda a la mujer samaritana, junto al pozo en Juan 4? El texto dice que Jesús tenía que pasar por Samaria (v. 4). Él estaba en el sur, y deseaba ir a Galilea, que está al norte. Los judíos le hubieran dicho, "no, no debe ir a través de Samaria". Le hubieran indicado ir hacia el este, cruzar el río Jordán, ir hacia el norte y eventualmente, girar al oeste nuevamente para llegar a Galilea. Para regresar, debería volver por el mismo camino. En otras palabras, se suponía que tomara el camino más largo. Bajo ninguna circunstancia debería pasar por Samaria. ¿Por qué? Juan 4:9 explica, "porque los judíos y los samaritanos no se tratan entre sí".

Pero en Hechos 1:8, Jesús les dice a los apóstoles que la misma área que ellos procuraban evitar, era la que debían invadir con el evangelio.

La próxima frase dice adónde debían ir después, "hasta lo último de la tierra". Jesús usó una palabra para "tierra" que significa la tierra habitada. Consultando un diccionario bíblico, encuentro que hay varias palabras para "tierra" usadas en el Nuevo Testamento. Más adelante le mostraré cómo buscar palabras y descubrir los significados y las diferencias entre ellas. Aquí, Jesús refiere a la tierra poblada. No les está diciendo que vayan a cualquier parte, sino a cualquier lugar del mundo donde haya personas.

RELACIONE EL TEXTO AL LIBRO COMO UN TODO

Digamos que esta es la primera vez que estudio este versículo. ¿Qué he descubierto? Bueno, dos cosas están generalmente separadas –Judea y Samaria– si bien unidas una junto a la otra. También veo que los apóstoles no deben parar hasta que no hayan ido a toda tierra habitada. Además, noto que estas son las últimas palabras del Señor.

Ahora la pregunta que realizo es, ¿Es posible que este versículo sea de alguna manera un bosquejo para todo el libro? ¿Siguieron los apóstoles este esquema de trabajo? Cuando estudio el libro como un todo, encuentro que la respuesta a ambas preguntas es, sí. ¿Comenzaron por Jerusalén? Hechos 2 nos muestra que lo hicieron. ¿Continuaron por Judea? Exactamente –pero no por elección. La persecución les empujó afuera

(8:1), hacia el final del libro están sobre la marcha para alcanzar toda la tierra habitada de sus días.

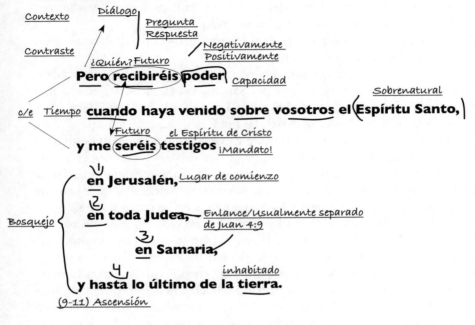

Atmósfera - Últimas Palabras

AHORA INTÉNTELO USTED

Ahora que usted me ha visto observar Hechos 1:8, intente el proceso por usted mismo. Observe el siguiente pasaje, Josué 1:8:

Nunca se apartará de tu boca este libro de la ley,

Sino

Que de día y de noche meditarás en él,

para que

guardes y hagas conforme a todo lo que en él está escrito;

porque

entonces harás prosperar tu camino

y

todo te saldrá bien.

Recuerde, en la observación su principal interés es, ¿qué veo? Ponga especial atención a los términos y la estructura gramatical. También vea el contexto. Use un lápiz para registrar sus observaciones en el texto y alrededor de él. Vea lo que pude encontrar en este pasaje fascinante.

7

DEBE APRENDER
A LEER

¿Ha mirado alguna vez su Biblia frustrado, preguntándose por qué usted no recibe más de su estudio bíblico? En el capítulo 1 Wendy nos contó acerca de su experiencia. Quizá como ella, usted también ha realizado esfuerzos honestos para estudiar la Palabra de Dios. Usted ha escuchado hablar acerca de excavar las minas de sus riquezas, y desearía recoger algunas gemas para usted mismo. Pero luego de poner bastante tiempo y energía en el proceso, las cosas no parecieron surtir resultados. Las pocas pepitas de oro que encontró no valían de tanto esfuerzo. Así que finalmente, se alejó del estudio bíblico. Tal vez otros recibían ganancias de él, pero no usted.

Puedo sugerirle dos razones por las que fracasó en dar en el blanco: Primero, no supo cómo leer. Segundo, no supo qué buscaba.

No me mal entienda, no pretendo insultarle, sino instruirle. Nuestra cultura ha dado un giro rotundo durante el último siglo, de una sociedad de lectores a una sociedad miradores de imágenes. Los medios de nuestro tiempo son la televisión, no los libros. Como resultado, diferente a nuestros ancestros de unas pocas generaciones anteriores, nosotros no sabemos cómo leer. En términos generales, hemos perdido el arte.

La Biblia es un libro, lo que implica que debe ser leído para ser comprendido y apreciado. Debemos recapturar las destrezas de lectores, si queremos llegar a ser estudiantes efectivo de la Biblia. Por lo tanto, en el presente capítulo y el siguiente, deseo ofrecerle instrucción acerca de cómo leer. Después, le hablaré acerca de lo que necesita buscar.

En once diferentes ocasiones, Jesús le dijo a las personas más educadas de su tiempo, "¿nunca habéis leído?" Claro que lo habían leído. Habían pasado sus vidas leyendo. Pero no entendían lo que leían.

Eran como un estudiante que en cierta ocasión me encontré en la biblioteca, profundamente dormido frente a un libro. Pensé que podía divertirme con él, así que incliné mi cabeza y le dije a su oído: "¡Buuh!" Él saltó hasta el cielorraso.

"¿Qué estás leyendo?" –le pregunté luego que se despabiló– "si es tan emocionante quisiera recomendarlo a otros de mis estudiantes".

Rió.

"¿Es divertido?", le pregunté.

"Es trágico", me respondió.

"¿Qué quieres decir?"

"Bueno, me acabo de dar cuenta que recién estoy en la página treinta y siete, y no tengo ni la más remota idea de lo que estoy leyendo".

Él estaba en lo correcto. Eso es una tragedia. Si usted no entiende lo que lee, entonces no está leyendo –está perdiendo su tiempo. Me temo que muchas personas se alejan de la Palabra de Dios, habiendo básicamente derrochado su tiempo, porque si sus vidas dependieran de esto, ellos no podrían decirle qué leyeron.

¿Es ese también su caso? Si fuera así, permítame darle tres sugerencias para ayudarle a aprender cómo leer.

APRENDA A LEER MEJOR Y MÁS RÁPIDO

Existe una relación directa entre la habilidad de observar las Escrituras y su habilidad para leer. Por lo tanto, cualquier cosa que usted pueda hacer para mejorar su destreza para leer, serán avances hacia el mejoramiento de sus habilidades para realizar observaciones como estudiante de la Biblia.

He descubierto que una cantidad creciente de quienes culminan sus estudios secundarios en nuestra nación tienen serias dificultades para leer. De hecho, le pregunté a uno de mis estudiantes del seminario, "Si te gradúas de una universidad y no sabes leer, ni puedes escribir, y tampoco puedes pensar, ¿qué irás ha hacer?"

Él exclamó, "¡Mirar televisión!"

Triste, pero cierto. Uno de mis hijos estaba en la mitad de su primer año escolar, cuando me percaté que no le estaban enseñando a leer. Así que fui a quejarme a su maestra.

"Usted no entiende, Sr. Hendricks", me dijo. "Lo más importante no es que su hijo sepa cómo leer, sino que sea feliz".

Contra mi criterio propio, pasé por alto el asunto durante algún tiempo. Pero al final del año descubrí que mi hijo estaba asquerosamente feliz, y sin saber leer. Regresé a la maestra y le dije, "¿Nunca se le ha ocurrido a usted que los niños serían más felices si supieran cómo leer?"

Me costó un mes de sueldo poner a mi hijo menor en clases de tutoría para que aprendiera a leer. Pero fue una de mis mejores inversiones. Hoy en día él puede leer más rápido y mejor que yo, lo que equivale a decir muy rápido y razonablemente bien. Por eso creo que una de las cosas más importantes que uno puede hacer por las personas es ayudarles en el proceso de lectura.

Suponga que desea estudiar el libro de Efesios. Dado que usted es un lector lento le toma media hora leer los seis capítulos. Pero suponga que ha aprendido a leer en quince minutos y también ha duplicado su comprensión. Entonces, en la misma cantidad de tiempo –media hora– ha cuadruplicado su eficiencia. Vale la pena la inversión.

Deseo recomendarle un libro que le ayudará a comenzar el proceso. Es un libro que cambió el curso de mi vida, el clásico de Mortimer J. Adler How to Read a Book [Cómo leer un libro]. Es un recurso que usted no puede darse el lujo de no tener. Revolucionará su vida.

Yo gradué de mis estudios secundarios con honores. Incluso recibí el premio en la clase de inglés. Luego fui a la universidad –una de esas escuelas extrañas donde esperar que uno estudie. Desafortunadamente, yo nunca estudié durante el secundario, ni siquiera llevaba un libro a la casa. Por lo cual, una vez que llegué a la universidad, tomé un examen de aptitud, y me colocaron en el nivel más bajo en la sección de inglés. Eso, a pesar de mi premio en inglés. Fue bastante humillante. (Pero resultó ser lo mejor que me sucediera, porque a los estudiantes atrasados, nos dieron el mejor profesor).

Bueno, todo lo que hice durante las primeras seis semanas fue estudiar. No citas románticas, nada de deportes, y, de todas maneras, me las arreglé para reprobar en tres cursos. Eso me llamó la atención poderosamente. Pensé, nunca voy a lograrlo. Así que fui a ver a mi profesor. Él fue muy directo conmigo: "Howie, su problema es que usted no sabe cómo leer". Por lo que me informó acerca del libro de Mortimer Adler. Leí el libro, y transformó mis destrezas de lectura, y el curso de mi vida. Eso mismo es lo que puede hacer por usted en términos del estudio bíblico.

Adler cubre habilidades prácticas, tales cómo clasificar libros, cómo descubrir las intenciones del autor, cómo bosquejar un libro, cómo encontrar los términos claves. Le dice cuales son las cuatro preguntas que cada lector debe realizar, qué diferencia hay entre oraciones y proposiciones, y qué pueden hacer por usted los buenos libros. Le dice cómo leer los libros prácticos, los libros imaginativos, y muchos otros. Contiene incluso una lista de libros recomendados, que valen la pena leer. En definitiva, a pesar que How to Read a Book [Cómo leer un libro] es acerca libros en general, es un recurso extraordinario para el estudio bíblico ya que nos enseña a leer.

Otra buena herramienta es How to Read Better and Faster [Cómo leer mejor y más rápido] por Norman Lewis. Es en realidad un libro de trabajo que le promete leer un 50 o 60 porciento más rápido de lo que ahora usted puede leer, con una mejor comprensión. Lewis tiene material acerca de cómo leer las ideas centrales, cómo seguir el hilo de pensamiento del autor, y cómo leer con preguntas críticas en mente. Es un libro altamente recomendado.

APRENDA A LEER COMO POR PRIMERA VEZ

Con frecuencia es dicho que la familiaridad engendra contención. Algo más que engendra es la ignorancia. En el momento que usted llega a un pasaje de las Escrituras y dice, "Oh, ya lo conozco", usted está en problemas. Por el contrario debería acercarse al texto como si fuera la primera vez. Esto es toda una disciplina. Demanda cultivar un estado mental, una actitud hacia la Palabra.

Para estos efectos ayuda leer las Biblia en diferentes versiones. Si usted ha estado leyendo la misma versión durante años, intente algo fresco y contemporáneo para un cambio. Cambie de versión. Por otra parte, si nunca ha leído la clásica versión de Reina Valera, entonces, léala ahora para variar. Leer una versión que no le es familiar captará su atención, verá la Biblia con nuevos ojos.

El punto es que cualquiera sea el enfoque a la Palabra, siempre sea con una perspectiva fresca. Uno de los grandes asesinos del estudio bíblico es la declaración, "yo ya lo conozco".

COMPRUEBE SUS DESTREZAS DE LECTURA

¿Qué tan afinadas están sus destrezas de lectura? Acá tiene un ejercicio para probarlas. En noventa segundos o menos, lea el siguiente material y circule V o F, para cada oración (sin volver a mirar el artículo). Controle la hora o pídale a alguien más que la controle, exactamente noventa segundo. Deténgase cuando acabe dicho tiempo, ya sea que haya terminado o no.

HIELO SECO

¿Puede usted imaginar un hielo que no se derrite y que no es húmedo? Entonces puede imaginar el hielo seco. El hielo seco es hecho mediante la congelación de un gas llamado dióxido de carbono. Este hielo es bien diferente del hielo ordinario, el cual es simplemente agua congelada.

El hielo seco fue manufacturado por primera vez en 1925. Desde entonces ha colmado las expectativas de sus inventores. Puede emplearse para provocar niebla artificial en las películas (cuando vapor pasa sobre el hielo seco, se levanta un vapor denso), y para destruir insectos en los depósitos de granos. Es más práctico que el hielo regular, debido a que requiere menos espacio y es 62 grados Celsius más frío. Puesto que se evapora en vez de derretirse, es más limpio para usar. Por esto motivos es extremadamente popular, y muchas personas lo prefieren en vez del hielo ordinario.

El hielo seco es tan frío que, si usted lo toda directamente con sus dedos, ¡podría quemarle!

LEA LA BIBLIA COMO UNA CARTA DE AMOR

¿Ha estado enamorado alguna vez? Supongo que sí. Yo me enamoré de la mujer que llegó a ser mi esposa, Jeanne, mediante un cortejo de correspondencia. Durante cinco años perseguí a esta mujer, hasta que finalmente, ella me capturó.

¿Calcule qué hacía al recibir una de sus cartas? ¿Será que quedaba pasmado y decía, "Oh, no, otra carta de Jeanne? Mejor la leo pronto". Será que me sentaba, leía el primer párrafo, y pensaba, "bueno, esto es suficiente por hoy, ya es una cosa menos que tengo que hacer hoy".

De ninguna manera. Leía cada carta cinco o seis veces. Me paraba en la fila para comer en la universidad, leyendo sus cartas. Durante las noches, volvía a leer sus cartas antes de irme a dormir. Las colocaba bajo la almohada, y si despertaba durante la madrugada, las tenía al alcance de la mano para leerlas una vez más. ¿Por qué? Porque estaba enamorado con la persona que las escribió.

Esa es la forma de acercarse a la Palabra de Dios. Léalas como si fueran cartas de amor para usted.

Cuando el libro de Mortimer Adler salió al mercado por primera vez, el eslogan en el The New York Times decía, "Como leer una carta de amor". Una foto mostraba un adolescente leyendo una carta, con el siguiente escrito debajo:

> Este joven acaba de recibir su primera carta de amor. Tal vez la lea tres o cuatro veces, pero recién comienza. Para leerla con la precisión que quisiera, requeriría varios diccionarios y bastante trabajo junto a algunos expertos en etimología y filosofía.
>
> No obstante, le irá bien sin ellos.
>
> Considerará la tonalidad exacta del sentido en cada palabra, de cada coma. Ella ha encabezado la carta con, "Querido John".
>
> "¿Cuál es –se pregunta él– exactamente el sentido de estas palabras?" "¿Evitó decir Muy Apreciado, para no sonar demasiado habitual? ¿Hubiera "Mi querido" parecido extremadamente formal?
>
> Tal vez ella le diga, "Querido fulano…" a todo el mundo.
>
> Un ceño fruncido aparecerá en su cara. Pero desaparecerá tan pronto como realmente piense acerca de la primera línea. ¡Ella, definitivamente, no le hubiera escrito eso a todo el mundo!

De modo que leyó a través de la carta, en unos momentos
flotando en una nube y en otro, miserablemente confundido.
Han surgido un centenar de preguntas en su mente. Podría repetirla de memoria, y de hecho, durante las siguientes semanas
lo hará.

El anunció concluía diciendo,

Si la gente leyera los libros con una concentración similar,
seríamos una raza de gigantes mentales.[1]

Del mismo modo, si las personas leyeran las Escrituras con una concentración similar, podríamos ser una raza de gigantes espirituales.

Si usted desea entender la Biblia, debe aprender a leer –mejor y
más rápido, como por primera vez, y como si estuviera leyendo una
carta de amor. Simplemente véalo así: Dios desea comunicarse con
usted en el siglo veintiuno –y escribió Su mensaje en un Libro.

CUATRO VERSIONES DE 1 CORINTIOS 13

REINA VALERA 1960

1 Si yo hablase lenguas humanas y angélicas, y no tengo amor, vengo a ser como metal que resuena, o címbalo que retiñe.

2 Y si tuviese profecía, y entendiese todos los misterios y toda ciencia, y si tuviese toda la fe, de tal manera que trasladase los montes, y no tengo amor, nada soy.

3 Y si repartiese todos mis bienes para dar de comer a los pobres, y si entregase mi cuerpo para ser quemado, y no tengo amor, de nada me sirve.

4 El amor es sufrido, es benigno; el amor no tiene envidia, el amor no es jactancioso, no se envanece;

5 no hace nada indebido, no busca lo suyo, no se irrita, no guarda rencor;

6 no se goza de la injusticia, mas se goza de la verdad.

7 Todo lo sufre, todo lo cree, todo lo espera, todo lo soporta.

8 El amor nunca deja de ser; pero las profecías se acabarán, y cesarán las lenguas, y la ciencia acabará.

9 Porque en parte conocemos, y en parte profetizamos;

10 mas cuando venga lo perfecto, entonces lo que es en parte se acabará.

11 Cuando yo era niño, hablaba como niño, pensaba como niño, juzgaba como niño; mas cuando ya fui hombre, dejé lo que era de niño.

12 Ahora vemos por espejo, oscuramente; mas entonces veremos cara a cara. Ahora conozco en parte; pero entonces conoceré como fui conocido.

13 Y ahora permanecen la fe, la esperanza y el amor, estos tres; pero el mayor de ellos es el amor.

NUEVA VERSIÓN INTERNACIONAL

1 Si hablo en lenguas humanas y angelicales, pero no tengo amor, no soy más que un metal que resuena o un platillo que hace ruido.

2 Si tengo el don de profecía y entiendo todos los misterios y poseo todo conocimiento, y si tengo una fe que logra trasladar montañas, pero me falta el amor, no soy nada.

3 Si reparto entre los pobres todo lo que poseo, y si entrego mi cuerpo para que lo consuman las llamas,* pero no tengo amor, nada gano con eso.

4 El amor es paciente, es bondadoso. El amor no es envidioso ni jactancioso ni orgulloso.

5 No se comporta con rudeza, no es egoísta, no se enoja fácilmente, no guarda rencor.

6 El amor no se deleita en la maldad sino que se regocija con la verdad.

7 Todo lo disculpa, todo lo cree, todo lo espera, todo lo soporta.

8 El amor jamás se extingue, mientras que el don de profecía cesará, el de lenguas será silenciado y el de conocimiento desaparecerá.

9 Porque conocemos y profetizamos de manera imperfecta;

10 pero cuando llegue lo perfecto, lo imperfecto desaparecerá.

11 Cuando yo era niño, hablaba como niño, pensaba como niño, razonaba como niño; cuando llegué a ser adulto, dejé atrás las cosas de niño.

12 Ahora vemos de manera indirecta y velada, como en un espejo; pero entonces veremos cara a cara. Ahora conozco de manera imperfecta, pero entonces conoceré tal y como soy conocido.

13 Ahora, pues, permanecen estas tres virtudes: la fe, la esperanza y el amor. Pero la más excelente de ellas es el amor.

LA BIBLIA DE LAS AMÉRICAS

1 Si yo hablara lenguas humanas y angélicas, pero no tengo amor, he llegado a ser como metal que resuena o címbalo que retiñe.

2 Y si tuviera el don de profecía, y entendiera todos los misterios y todo conocimiento, y si tuviera toda la fe como para trasladar montañas, pero no tengo amor, nada soy.

3 Y si diera todos mis bienes para dar de comer a los pobres, y si entregara mi cuerpo para ser quemado, pero no tengo amor, de nada me aprovecha.

4 El amor es paciente, es bondadoso; el amor no tiene envidia; el amor no es jactancioso, no es arrogante;

5 no se porta indecorosamente; no busca lo suyo, no se irrita, no toma en cuenta el mal recibido;

6 no se regocija de la injusticia, sino que se alegra con la verdad;

7 todo lo sufre, todo lo cree, todo lo espera, todo lo soporta.

8 El amor nunca deja de ser; pero si hay dones de profecía, se acabarán; si hay lenguas, cesarán; si hay conocimiento, se acabará.

9 Porque en parte conocemos, y en parte profetizamos;

10 pero cuando venga lo perfecto, lo incompleto se acabará.

11 Cuando yo era niño, hablaba como niño, pensaba como niño, razonaba como niño; pero cuando llegué a ser hombre, dejé las cosas de niño.

12 Porque ahora vemos por un espejo, veladamente, pero entonces veremos cara a cara; ahora conozco en parte, pero entonces conoceré plenamente, como he sido conocido.

13 Y ahora permanecen la fe, la esperanza y el amor, estos tres; pero el mayor de ellos es el amor.

LA BIBLIA EN LENGUAJE SENCILLO

1   Si no tengo amor, de nada me sirve hablar todos los idiomas del mundo, y hasta el idioma de los ángeles. Si no tengo amor, soy como un pedazo de metal ruidoso; ¡soy como una campana desafinada!

2   Si no tengo amor, de nada me sirve hablar de parte de Dios y conocer sus planes secretos. De nada me sirve que mi confianza en Dios sea capaz de mover montañas.

3   Si no tengo amor, de nada me sirve darles a los pobres todo lo que tengo. De nada me sirve dedicarme en cuerpo y alma a ayudar a los demás.

4   El que ama tiene paciencia en todo, y siempre es amable.
    El que ama no es envidioso, ni se cree más que nadie.
    No es orgulloso.

5   No es grosero ni egoísta.
    No se enoja por cualquier cosa.
    No se pasa la vida recordando lo malo que otros le han hecho.

6   No aplaude a los malvados, sino a los que hablan con la verdad.

7   El que ama es capaz de aguantarlo todo, de creerlo todo, de esperarlo todo, de soportarlo todo.

8   Sólo el amor vive para siempre. Llegará el día en que ya nadie hable de parte de Dios, ni se hable en idiomas extraños, ni sea necesario conocer los planes secretos de Dios.

9   Las profecías, y todo lo que ahora conocemos, es imperfecto.

10 Cuando llegue lo que es perfecto, todo lo demás se acabará.

11 Alguna vez fui niño. Y mi modo de hablar, mi modo de entender las cosas, y mi manera de pensar eran los de un niño. Pero ahora soy una persona adulta, y todo eso lo he dejado atrás.

12 Ahora conocemos a Dios de manera no muy clara, como cuando vemos nuestra imagen reflejada en un espejo a oscuras. Pero, cuando todo sea perfecto, veremos a Dios cara a cara. Ahora lo conozco de manera imperfecta; pero cuando todo sea perfecto, podré conocerlo tan bien como él me conoce a mí.

13 Hay tres cosas que son permanentes: la confianza en Dios, la seguridad de que él cumplirá sus promesas, y el amor. De estas tres cosas, la más importante es el amor.

DIEZ ESTRATEGIAS PARA UNA LECTURA

DE PRIMERA CATEGORÍA

LEA PENSATIVAMENTE

LEA REPETIDAMENTE

LEA PACIENTEMENTE

LEA SELECTIVAMENTE

LEA EN ORACIÓN

LEA IMAGINATIVAMENTE

LEA MEDITATIVAMENTE

LEA INTENCIONALMENTE

LEA ADQUISITIVAMENTE

LEA TELESCÓPICAMENTE

8

LEA
PENSATIVAMENTE

El primer paso de la observación requiere que usted asuma el papel de un detective bíblico, que busca las pistas de los significados del texto. Pero como cualquier detective le dirá, existen más de una forma de resolver un caso.

Sherlock Holmes, el maestro de la investigación, ocasionalmente puede ser encontrado sobre sus manos y rodillas, inspeccionando el piso en busca de pisadas y ceniza de cigarrillos. Otras veces les da vuelta a las cosas durante horas, examinando las cosas una y otra vez en su mente, buscando las respuestas. Simula darle asco, pretende estar enfermo, conduce experimentos –cualquier cosa necesaria que contribuya a la resolución del misterio.

De la misma manera, encontrar pistas en el texto bíblico demanda más de un enfoque. La Biblia debe ser leída para ser entendida. Pero existe más de una forma de leerla. Es más, yo le daré diez estrategias para lograr una lectura de primera categoría. Cada una de ellas contiene una pista que llevan hacia el texto. La primera es:

LEA LA BIBLIA PENSATIVAMENTE.

La lectura atenta involucra estudio, no aburrimiento. Lejos de eso, cuando llegue a su Biblia, póngase a pensar. No deje su mente en neutro. Aplique la misma disciplina mental que utiliza con cualquier otro tema de vital interés para usted. ¿Trabaja en la bolsa de valores? Entonces aplique la misma disciplina mental como si estuviera leyendo el periódico financiero The Wall Street Journal. ¿Es un piloto? Preste la misma atención a la Palabra que a un plan de vuelo, o al informe meteorológico. ¿Es una enfermera? Entonces, busque los "signos vitales" en los textos bíblicos como si se tratara de un paciente en su piso. La Biblia no le otorga sus frutos a los perezosos.

Proverbios 2:4 nos da una interesante idea relativa a las riquezas de la Palabra de Dios. Conecta a la sabiduría bíblica con oro precioso, que no es posible hallar en la superficie, sino en los niveles más profundos. Una buena analogía para nuestros días, serían los muchos depósitos de petróleo en la profundidad de las arenas de los desiertos. Durante milenios, personas deambularon encima de aquellos desperdicios indetectados, sin estar concientes que a tan solo a algunos cientos de metros de distancia yacían recursos de valor inimaginable.

Similar es con las Escrituras. La misma verdad está allí, con la capacidad de transformar su vida. Pero usted debe buscarla. Debe penetrar la superficie con más que la mera curiosidad de un vistazo. En otras palabras, usted tiene que pensar.

Para cambiar la metáfora, su objetivo necesita ser desarrollar un "succionador", para que usted pueda extraer algo sobre lo que pensar, algo para masticar espiritualmente. En efecto, usted necesita programar su mente con la verdad de Dios.

EL LIBRO QUE RECHAZÓ SER ESCRITO

Uno de los mejores ejemplos que conozco acerca de leer la Biblia pensativamente, es la historia de Frank Morison. Un periodista inglés de principios del siglo pasado, Morison se propuso rechazar la resurrección de Jesucristo:

> Siendo un hombre bastante joven, comencé por estudiar seriamente la vida de Cristo, lo hice con el sentido definido que, si lo hacía de esta manera, descubriría que Su historia reposaba sobre fundamentos inseguros.[2]

Morison había estado influenciado por varios académicos de su día, quienes desacreditaban la narrativa bíblica y destruían la credibilidad de las Escrituras. Además, la ciencia parecía minar las Escrituras en varios puntos.

Fue alrededor de este tiempo, más por motivos de mi paz mental que por motivos editoriales, que concebí la idea de escribir una breve monografía sobre lo que me parecía ser de suprema importancia, y una fase crítica en la vida de Cristo, los últimos siete días...

Me parecía que si yo podía llegar a la verdad de por qué este hombre murió una muerte tan cruel en las manos del poder romano, cómo Él mismo trató el asunto, y especialmente cómo Él se comportó bajo la prueba, yo llegaría bastante cerca de la verdadera solución del problema.[3]

El "problema" que Morison deseaba resolver, era el problema que mucha gente moderna tiene: ¿cómo puede cualquier persona creer en milagros sobrenaturales, cuando el mundo está obviamente gobernado por leyes y fuerzas naturales? El milagro supremo de las Escrituras es la resurrección de Cristo. Si alguien puede derribar este milagro, todos los demás, también caen con él.

La aventura de refutar la resurrección le llevó directamente a los cuatro evangelios. Estudió la vida de Cristo en extraordinario detalle, colocó particular atención a los siete días finales antes de la crucifixión. Analizó el juicio de Jesús ante los líderes judíos y el gobernador romano, Pilato. Evaluó el tiempo de los eventos y el espacio físico en el cual ocurrieron. Consideró los factores sicológicos detrás de Pilato y su esposa, Claudia. Comparó la conducta de quienes desertaron a Cristo, con la de quienes permanecieron a su lado.

Morison también realizó la preeminente pregunta: ¿Qué causó que el grupo completo de seguidores de Jesús, rápida y unánimemente proclamaran que Él había resucitado de los muertos? El examinó a dos de los discípulos en particular: Pedro el pescador, y Santiago, el hermano de Jesús. Además examinó la conversión y convicción de Saulo de Tarso. En breve:

La oportunidad de estudiar la vida de Cristo, como la había querido estudiar por largo tiempo, de investigar los orígenes de su literatura, de examinar a fondo alguna de las evidencias de primera mano, y de formar mi propio juicio sobre el problema presente. Solo diré que provocó una revolución en mi pensamiento. Las cosas emergieron de aquel mundo antiguo, que anteriormente yo había pensado imposible. Lentamente, pero muy definidamente creció la convicción de que durante aquellas inolvidables semanas de la historia humana fueron más extrañas y profundas de lo que parecían. Fue la rareza de muchas cosas las que primero me cautivaron y mantuvieron mi interés. Después, fue solo la irresistible lógica de su significado cuando surgió a la vista.[4]

AHORA INTÉNTELO USTED

Acá tiene un proyecto que le ayudará a cultivar su habilidad de leer las Escrituras pensativamente. Involucra el pequeño libro de Filemón en el Nuevo Testamento. Solo veinticinco versículos de largo, Filemón registra el consejo de Pablo a un viejo amigo, cuyo esclavo, Enésimo, se le había escapado. Enésimo se encuentra con Pablo en Roma, se convierte en cristiano, y ahora Pablo le envía de regreso con su amo Filemón, con la carta en la mano.

Lea Filemón de acuerdo a los principios de lectura pensativa. Rodee al texto con preguntas. ¿Qué encuentra acerca de la relación entre Pablo, Filemón y Enésimo? Reconstruya la situación. ¿Qué sentimientos parecen estar involucrados? ¿Qué consideraciones prácticas? ¿Qué preguntas permanecen sin respuestas mientras lee la carta? ¿Qué problemas crea? ¿Qué dilemas aborda? ¿Por qué piensa usted que es de suficiente relevancia como para estar incluido en la Biblia? ¿Qué tipo de situaciones encaramos hoy en día, que, tal vez este libro refiere? ¿Cómo comunicaría usted este libro y los conocimientos que ha ganado a alguien más?

9

LEA
REPETIDAMENTE

Hace ya años, leía un libro en el cual el autor escribió, "Cuando leí este pasaje por centésima vez, la siguiente idea vino a mi mente…"

Yo pensé, ¡Debe estar bromeando! Por aquellos días, si yo leía una porción de las Escrituras dos veces, hubiera sido increíble. Si la leía tres o cuatro veces, hubiera sido milagroso. Pero allí estaba aquel experimentado estudiante de la Biblia diciéndome que yo necesitaba leerla una y otra vez –no una o dos veces, sino un centenar, si fuera necesario para comprender el texto.

Hoy en día me doy cuenta que él estaba sabiamente practicando la segunda estrategia de lectura bíblica de primera línea:

LEA LA BIBLIA REPETIDAMENTE

El genio de la Palabra de Dios es que tiene poder permanente; puede resistir exposición repetida. De hecho, a eso se debe que es diferente a cualquier otro libro. Usted puede ser un experto en cualquier campo de especialidad. Si lee un libro en dicha especialidad una dos o tres veces, lo entiende. Puede colocarlo en los estantes y continuar con algo más. Pero eso nunca es cierto en relación a la Biblia. Leala una y otra vez, y aún así continuará viendo cosas que no había visto anteriormente.

Permítame sugerir varias ideas para ayudarle en este proceso.

Lea el libro completo de una sentada

Ya se lo que está pensando. Usted está pensando en libros como Isaías o Jeremías, y diciéndose a sí mismo, "Hombre, voy a morir antes de terminarlo". Pero permítame recordarle que hay múltiples libros en las Escrituras que no tienen mayor extensión que dos o tres columnas del periódico. Incluso los libros más largos, son más breves que la mayoría de las novelas. Así que adelante, lea los libros de la Biblia de una sentada.

El valor de esto es que apreciará la unidad del libro. Eso es lo que la mayoría de las personas pierden cuando saltan de un pasaje a otro pasaje. Ellos nunca tienen el sentido de unidad. Consecuentemente, su percepción es fragmentada. Es como cambiar de un canal a otro en el televisor, viendo un par de escenas aquí y otras allá, sin llegar a culminar un programa completo.

Recuerdo que en una ocasión estaba estudiando un pasaje en el libro de Mateo. Lo había estudiado anteriormente y hasta lo había enseñado. Pero francamente, no había comprendido hacia dónde se dirigía el autor. Así que aparté un rato durante una mañana de sábado, y leí por completo los veintiocho capítulos por primera vez en mi vida, finalmente comenzaba a comprender lo que Mateo trataba de comunicar con su libro.

Lo mismo es cierto para el resto de los libros. Cada uno fue escrito como una unidad que sólo permanece junta cuando es leído por completo. Leer de una sentada, le dará la comprensión del gran escenario, una vista panorámica del libro.

Comience al inicio del libro

Con frecuencia los lectores inician en el medio de un libro de la Biblia, y después, no logran descifrar porqué cierto pasaje les parece no tener sentido. Ellos no hubieran pensado en comenzar una novela en el capítulo cinco o seis, para luego condenarla de aburrida y poco interesante. Pero eso es exactamente lo que hacen con las Escrituras. Toman un pasaje, lo arrancan de contexto, y entonces se preguntan porqué no logran comprenderlo.

¿Recuerda nuestro estudio de Hechos 1:8? Afortunadamente, la primera palabra "pero", nos advertía respecto de la necesidad de volver al contexto. Debido a que simplemente estábamos a ocho versículos del inicio del libro, no fue ninguna inconveniencia iniciar desde el principio. Hacerlo nos ayudó a descubrir cosas fascinantes respectos al propósito del libro, el escritor, el hombre para quien fue escrito, y el escenario en el cual aparece el versículo 8.

Pero supóngase que hubiéramos escogido Hechos 2:8; 8:8; ó 28:8. Sueltos por sí mismos estos versículos tienen poco sentido. No es sino hasta que los conectamos con los párrafos de alrededor, y a dichos párrafos con sus respectivas secciones, y a tales secciones con el libro de los Hechos completo, que recién cobran sentido.

Por lo que regresamos al mismo tópico: los libros de la Biblia fueron escritos como una unidad. Si usted les corta en cualquier parte, sangrarán. Si el capítulo 7 tiene sarampión, de seguro encontrará que los capítulos 6 y 8, tienen la misma enfermedad.

Lea la Biblia en diferentes versiones

El peligro de la lectura repetida es la familiaridad con el texto. Después de un tiempo lo ponen a dormitar. Una forma de evitarlo es utilizando una variedad de traducciones, para que una vez que se familiarice con una, pueda intentarlo con otra. Mantiene la experiencia viva, y usted está forzado a notar cosas nuevas.

Escuche las Escrituras en audio CD u en otro formato

Uno de los desarrollos más emocionantes durante los últimos años, ha sido la proliferación de la audio Biblia. Puede conseguirse casi de cualquiera versión bíblica. A mí me gusta escucharlas mientras manejo el auto, pero nada puede privarle de escucharlas mientras trabaja en el jardín, pinta el garaje o camina en la mañana.

Los valores de este hábito son múltiples. Primero, usted cambia su experiencia sensorial de visual, para auditiva. Para muchas porciones de las Escrituras, esta es la manera más próxima a como el material original fuera presentado en tiempos antiguos, antes de alcanzar su forma escrita. Por ejemplo, todas las enseñanzas de Jesús, incluyendo las parábolas y el Sermón del monte, fueron presentadas verbalmente. El libro de Job muy probablemente fue recitado durante bastante tiempo antes que fuera escrito. Oír las palabras es una modalidad más envolvente que la lectura.

La voz del lector, también ayuda. No hay dos personas que lean las Escrituras del mismo modo. Así que el escuchar la Biblia en formato audible es como encontrar una nueva traducción. Mencioné al hombre que había leído un determinado pasaje por lo menos un centenar de veces. Imagine oír un pasaje un centenar de veces. ¿Piensa usted que podría recordar algo de las verdades del pasaje?

Lea la Biblia en voz alta

Esto corre para todo lo que acabo de decir. No hay nada como el sonido de su propia voz para involucrarse con las Escrituras. Leerlas en voz alta le obliga a poner atención en cada palabra.

Además, en realidad tenemos un precedente bíblico para hacerlo. Deuteronomio 6:7 instruye a los padres, especialmente al padre, a "incúlcarselas continuamente a tus hijos. Háblales de ellas cuando estés en tu casa y cuando vayas por el camino, cuando te acuestes y cuando te levantes". En otras palabras, la Palabra de Dios debe ser parte y parcela de la conversación hogareña. A la luz de este principio, pregunto, ¿cuándo fue la última vez que sus hijos le oyeron leerles la Biblia?

De hecho, le aliento a que permita a toda su familia a involucrarse en el acto. Si sus hijos le han leído a usted, entonces, usted léales a ellos. Curse a través de los evangelios, o las historias del Antiguo Testamento, o tal vez las epístolas. Utilice una traducción que es sencilla de leer. Le garantizo que dirigirá las verdades bíblicas a donde pertenecen –a su memoria.

Establezca un horario para la lectura bíblica

Esta idea ha estado vigente por muchos años, y tiene buenas razones para estarlo. Muchos de nosotros nos sentimos exhaustos con solo mirar la Biblia. Pensamos que estaremos en una silla mecedora para el día en que culminemos de leer la Biblia por completo. Pero la verdad es que es posible leer la Biblia completa en un año si seguimos una secuencia de tan solo unos capítulos diarios. Muchas Biblia, incluso, traen un calendario al final para dicho propósito.

Imagínese ajustarse a semejante programa durante un año. No tomaría mucho poder leer cada versículo diez, veinte e incluso treinta veces.

Claro, usted no debe tomar un enfoque de leer la Biblia completa en un año. Puede tratar de leer un salmo por la mañana y otro por la noche. Eso le navegará a través de los salmos unas cinco veces en un solo año. O lea un capítulo de Proverbios cada día —el libro completo cada mes. O concéntrese en un libro cada mes, un capítulo de Efesios o Gálatas cada día de la semana, cuatro veces, o un capítulo de 1 Juan cada día durante treinta días.

Usted puede crear su propio calendario para completar los libros. El punto es, designe una estrategia que le ayude a marcar su progreso. Si usted es una persona que necesita una estructura, o que le agrada alcanzar las metas, esta es una manera grandiosa de leer repetidamente las Escrituras.

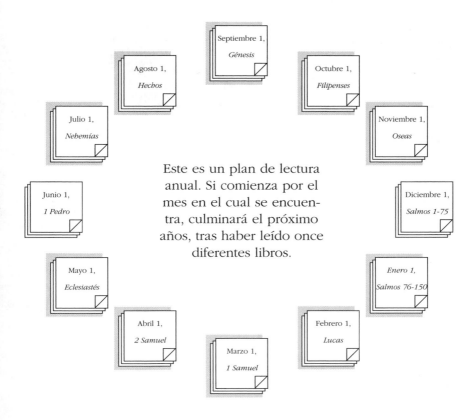

Este es un plan de lectura anual. Si comienza por el mes en el cual se encuentra, culminará el próximo años, tras haber leído once diferentes libros.

Septiembre 1, *Génesis*

Agosto 1, *Hechos*

Octubre 1, *Filipenses*

Julio 1, *Nehemías*

Noviembre 1, *Oseas*

Junio 1, *1 Pedro*

Diciembre 1, *Salmos 1-75*

Mayo 1, *Eclesiastés*

Enero 1, *Salmos 76-150*

Abril 1, *2 Samuel*

Marzo 1, *1 Samuel*

Febrero 1, *Lucas*

AHORA INTÉNTELO USTED

¿Está usted convencido del valor de la lectura repetida? Acá tiene un ejercicio para dispersar cualquier tipo de dudas: del Antiguo Testamento, lea el libro de Ester completo una vez al día, reiterándolo en una secuencia de siete días. Le tomará alguna media hora diaria, o algo similar. Utilice alguna de las sugerencias presentadas en este capítulo, tales como diversas versiones, leer en voz alta, o quizá, oírla en formato de audio. Por supuesto, usted debe emplear otras destrezas de observación mencionadas anteriormente. Note cómo cosas nuevas a medida que pasan los días. Realice una lista de sus observaciones, o regístrelas en su Biblia. Al final de la semana, vea si puede reconstruir la historia claramente y con precisión, mediante contársela a alguien más. Además, ¿qué nuevos descubrimientos ha recabado de la historia?

10

LEA
PACIENTEMENTE

Un viejo dicho reza que nada bueno sucede rápido. No estoy seguro si es cierto, pero es pertinente en cuanto al estudio de la Biblia. Al menos que usted tenga desarrollados altos hábitos de lectura, es poco probable que pueda cavar en la Palabra durante cinco minutos, y salir con algo de mucha importancia. De hecho, los lectores con altas habilidades de lectura, dedican mucho más que cinco minutos a la tarea. Ellos han aprendido a emplear las Escrituras usando la tercera estrategia de lectura de calidad:

LEA LA BIBLIA PACIENTEMENTE

Esa es una tarea difícil para la mayoría de nosotros. Vivimos en una sociedad instantánea. Las cosas que solíamos necesitar para mañana, las queremos hoy. Las cosas que solíamos necesitar para hoy, ahora las necesitamos para ayer. Así que no es una sorpresa que si abrimos nuestras Biblias, esperemos resultados instantáneos y sin esfuerzos.

Pero el fruto de la Palabra requiere tiempo para madurar. Por tanto, si usted es al menos un poquito impaciente, está en riesgo de recolectar temprano y perder una rica cosecha. Muchas personas hacen eso. Se desilusionan con el proceso. Tal vez están buscando entretenimiento en vez de iluminación. La gente me dice, "Mire, intenté leer la Biblia, pero es como arar en el concreto".

Otros, se rinden con el texto bíblico tornándose a las fuentes secundarias. En el momento que piensan que están desbordados, corren para buscar un comentario y leer lo que otro santo significante ha dicho sobre el pasaje. En el proceso, arruinan la experiencia porque abandonan demasiado pronto. No hay nada de malo en consultar fuentes secundarias –después que usted ha establecido en su mente lo que el texto bíblico dice.

UNA CARRERA LARGA

Cuando estaba en la universidad participaba en carreras de atletismo. Corría con obstáculos bajos, lo que tenía sentido ya que no soy una persona alta. Por aquel entonces conocí a un hombre llamado Gil Dodds, quien era el campeón mundial de una milla.

Nunca olvidaré la vez que le conocí. Estábamos parados en las marcas, cuando se dirigió a mí diciendo, "Vamos, Howie, demos una vuelta". Acepté. Inicialmente, me encontraba unos pasos delante de él, por lo que pensé, si tú eres el campeón mundial de una milla bajo techo, ¿por qué no corres un poco más rápido?

Lo que no me di cuenta fue que él planeaba dar otra vuelta. Corrí tan rápido como pude. Pero cuando finalmente dimos la primera vuela, me palmeó la espalda y dijo, "Vamos, Howie. Sólo faltan tres vueltas más".

Pensé, Buenas noches, ¡voy a morir acá mismo!

Como podrá notarlo, hay una gran diferencia entre las carreras cortas y las largas. Para el segundo tipo de carrera, es necesario desarrollar resistencia. Así también con la lectura paciente de la Biblia. Tiene que desarrollar alguna resistencia, cierto poder que le capacite para pegarse al texto hasta que comience a lograr progresos. Permítame sugerirle algunas cosas para lograrlo.

Trabaje con un libro durante un mes

He descubierto que hay un ritmo de vida, y para la mayoría de nosotros ese ciclo toma alrededor de un mes o seis semanas. Podemos mantenernos con algo durante ese tiempo, pero después, necesitamos un cambio.

En el estudio de la Biblia, cinco semanas con un libro es usualmente suficiente para lograr adelantos significativos. En cinco semanas puede leer el libro completo repetidas veces. Usted puede observar su estructura, identificar sus términos claves, investigar los caracteres centrales, hacer estudios sobre el contexto mediante fuentes secundarias, y decidir acerca de algunos modos prácticos de aplicar las verdades del libro a su vida. Discutiré todas estas tareas en los capítulos siguientes.

El punto es que durante el lapso de un mes, usted puede apropiarse de un libro de la Biblia. Un libro tal vez parezca poco, pero quizá sea uno más de los que usted todavía no entiende. En un año, pude tener doce libros como galardones en su solapa, en cinco años y medios, sesenta y seis. ¿Puede usted creer que tal vez está a menos de seis años de acabar un estudio completo de su Biblia?

Cualquier libro puede ajustarse a unas cinco o seis semanas, pero unas pocas sugerencias para iniciar, pudieran ser: Nehemías, Jonás, el evangelio de Marcos, 1 Corintios, Filipenses, Santiago, 1 Pedro. Nehemías, Jonás y Marcos tienen narrativas muy accesibles, con argumentos y caracteres. Los otros cuatro libros mencionados son cartas cristianas breves y prácticas. No encontrará demasiadas complicaciones para entender lo que los autores están tratando de decir.

Acerque y aleje sus lentes binoculares

Un mes pudiera parecer bastante tiempo para pasarlo con un solo libro, pero realmente no es tanto tiempo. Debido a que hay tanto que ver en cualquier pasaje (recuerde, realizamos no menos de 30 observaciones en Hechos 1:8), usted debe enfocarse en objetivos limitados.

Una estrategia consiste en acercar sus binoculares para agrandar el enfoque. Comience con un ángulo amplio. Retroceda, y vea el panorama general, es escenario mayor, mediante la lectura del libro completo. Vea si puede notar el fluir en el material, una progresión de ideas o eventos. Entonces acérquese a algo que parezca prominente. Si emplea este enfoque durante el mes, emplee una semana, o algo similar, en esa idea particular.

Por ejemplo, en Génesis, los primeros once capítulos cubren la creación del universo, el diluvio, y la confusión de las lenguas en Babel. Los siguientes treinta y nueve capítulos abarcan tan solo cuatro generaciones de hombres –Abraham, Isaac, Jacob y José. Ese es el gran panorama de Génesis. Pero algunos eventos son dignos de acercar con los binoculares, como la narrativa de la creación (capítulos 1-2), el diluvio (capítulo 6-10), el sacrificio de Isaac (capítulo 22), la profecía de Jacob concerniente a sus hijos (capítulo 49).

Una vez que pasa tiempo en esto eventos menores, puede, incluso, aproximarse más y estudiar los detalles particulares. Por ejemplo, en el relato de la creación, Dios establece el matrimonio (2:18-25). Este pasaje es digno de un estudio intenso, puesto que contiene principios que aparecen a través de todas las Escrituras. Jesús se refiere a este pasaje (Mt. 19:4-6), tanto como el apóstol Pablo (Ef. 5:31). Su presencia aquí nos obliga a preguntar, ¿qué lugar tiene el matrimonio en Génesis?

Una vez que se ha aproximado para estudiar un evento, concepto o palabra en particular, asegúrese de que se distancie a la vista general nuevamente para volver a ver la sinopsis completa del libro. Recuerde, usted no desea terminar con un montón de fragmentos desconectados, sino una unidad completa, en el cual todos los detalles menores, se ajustan a la vista general del libro.

Altere su enfoque

Como estamos notando, existe más de una manera de estudiar las Escrituras. Cuantas más estrategias emplee, mayor será la ganancia que adquiera. La manera de permanecer en el estudio bíblico, en una carrera de larga duración, es variando los enfoques tal como los atletas varían sus pasos. En capítulos subsecuentes hablaremos respecto a diferentes técnicas que podría emplear con diferentes tipos de materiales.

DOS PRINCIPIOS DE LA PACIENCIA

Las claves para leer la Biblia pacientemente, son: Sea paciente con el texto, y sea paciente con usted mismo. He sugerido algunas maneras de ser paciente con el texto, para darle la oportunidad de revelar su mensaje.

Tal vez, un principio más difícil, especialmente para los estudiantes sin experiencia, es que sean pacientes con ellos mismos. Seguido la gente asiste a servicios en la iglesia o conferencias donde oye al orador dar exposiciones tremendas de la Palabra. En respuesta, la persona llega a quedarse con genuina hambre y deseos de meterse en el texto. Queda muy motivado a descubrir las verdades por él mismo. Esto es maravilloso.

Pero olvida que el orador ha estado estudiando las Escrituras diligentemente durante años. No hay manera en que un novato pueda comenzar a ese nivel. ¿Recuerda mi "carrera" con Gil Dodds? Yo comencé como un relámpago. Pero el campeón sabía cuánto tomaba llegar al final de la distancia. Yo no lo sabía.

Así que mientras bucea en la Palabra de Dios por usted mismo, relájese y disfrute la experiencia. La verdad de Dios está allí, y la encontrará si usted simplemente se entrega a la tarea pacientemente.

11

LEA
SELECTIVAMENTE

Mis hijos pueden contarle que yo no soy un buen pescador. Me encanta la pesca, pero no pesco demasiado. Nuestra familia solía tomar vacaciones en Colorado, y solíamos ir a un pequeño estanque, donde había truchas como a media hora de viaje en canoa. ¿Pero piensa usted que yo podía sacar una de esas? ¡Olvídelo!

Intenté con todo tipo de aparato que estaba a la venta; sin suerte alguna. Cuando aquellos peces se aproximaban a la orilla, les arrojaba el anzuelo en la nariz, pero con eso y todo, pescaba apenas unos pocos.

Lo más frustrante, era ver junto a la margen del estanque, que siempre había algún par de veteranos, con dos o tres líneas en el agua. Nosotros conversábamos con ellos mientras intentaban recoger una línea, y sin mucho decir, en sus otras líneas, ya tenían a otro pez jalando.

¿Cuál es el secreto? Ellos no solamente conocían el estanque, además conocían las truchas y sabían que tipo de cebo usar.

LEA LA BIBLIA SELECTIVAMENTE

Seleccionar lecturas Bíblicas involucra utilizar el cebo correcto cuando usted pesca en las Escrituras. Acá tiene seis "atractivos cebos" para ser usados con cualquier texto, seis preguntas para realizarles a cualquier pasaje bíblico.

¿Quién?

¿Quiénes son las personas en el texto? Esta es una pregunta bastante sencilla de responder. Simplemente lea el texto. Pero una vez que ha identificado quién está en el pasaje, le sugiero que busque dos cosas.

Primera, ¿qué se dice acerca de la persona o de las personas? Por ejemplo, Josué 2:1 presenta a Rahab, pero la identifica como a "una ramera llamada Rahab". A partir de allí es conocida como "Rahab la ramera". ¿Qué le parece esa descripción? Ella no vuelve a aparecer en el relato sin su "titulo" completo.

¿Qué podría decirse de Andrés, el hermano de Simón Pedro? ¿Conoce usted a alguien con un hermano, hermana o padre famoso? Cada vez que es presentado, aparece más o menos así, "Andrés, usted sabe, el hermano de Pedro". Como si él no tuviera identidad propia. Ese era el apodo de Andrés. El punto es, cualquiera sea el aspecto particular de una persona, haga una nota al respecto.

Asegúrese de consultar otros pasajes para aprender todo lo que pueda acerca del individuo. Por ejemplo, el prefacio del Salmo 88, dice que el salmo es un "Masquil de Hermán ezraíta". (Por cierto, esas notas son consideradas parte del texto bíblico). ¿Quién fue Herman ezraíta? El salmo no dice nada sobre esto. Necesitamos ir a los libros históricos para descubrirlo. Cuando lo hacemos, comenzamos a unir el rompecabezas del fascinante retrato que explica porqué el Salmo 88 es tan oscuro y perturbador.

Tomemos Hebreos 11. Menciona más de una docena de figuras del Antiguo Testamento. Pero al menos que usted regrese, y estudie lo que se dice sobre cada uno de ellos, no podrá apreciar la contribución de Hebreos.

Una segunda cosa en la cual fijarse es, ¿qué es lo que la persona dice? Veamos a Pedro en el monte de la transfiguración (Mateo 17:1-8). Él está allí, gozando una de las experiencias más increíbles jamás sucedidas a cualquiera ser humano. ¿Qué dijo él? "–Señor, ¡qué bueno que estemos aquí! Si quieres levantaré tres albergues: uno para ti, otro para Moisés y otro para Elías". "Construyamos tres toldos, y perpetuemos esta conferencia". Como puede ver, Pedro era el tipo de persona cuyo lema era: No se quede parado, –diga algo.

Usted se preguntará, ¿Por qué Dios desordenó el texto bíblico con este tipo de cosas? ¿Por qué tantos elementos insustanciales y comentarios superfluos? La razón es que Dios quiso que notemos el tipo de procesos por los cuales las personas pasaron, para llegar a las conclusiones que arribaron.

¿Qué?

Una segunda pregunta a realizar es, ¿qué está sucediendo en el texto? ¿Qué tipo de eventos? ¿Qué les acontece a los caracteres? Si es un pasaje que argumenta un punto, ¿Cuál es el argumento? ¿Cuál es el punto? ¿Qué es lo que el autor intenta comunicar?

Otro "qué", es preguntar, ¿qué está mal en este escenario? Existen un conjunto de estos en el Antiguo Testamento. Por ejemplo, el rey Saúl le hizo la guerra a los amalequitas en 1 Samuel 15. Los arrasó, capturó su rey, confiscó sus plantaciones y se preparó para presentar sacrificios a Dios. Pero, ¿qué es lo que está mal en todo esto? Samuel indicó el problema (15:19); "¿Por qué desobedeciste al Señor?" Saúl había obedecido, pero no completamente. En la economía de Dios, la obediencia parcial es desobediencia.

¿Dónde?

Esta le da la localización. ¿Dónde está la narración tomando lugar? ¿Dónde están las personas de la historia? ¿De dónde vienen ellos? ¿Hacia dónde se dirigen? ¿Dónde está el autor? ¿De dónde eran los destinatarios originales del texto?

La pregunta "dónde" es una razón por la cual tener un conjunto de mapas o altas junto a usted mientras estudia la Biblia. Este es un motivo por el cual en muchas Biblias usted encontrará mapas. No es porque los editores estaban perdidos. Es para mostrarle a usted dónde estaban tomando lugar los eventos narrados.

¿Está usted estudiando un viaje? Trácelo en un mapa. ¿Estudie la primera carta a los Corintios? Encuentre Corinto en un mapa. ¿Lea Hechos 8, donde aparecen Felipe y el eunuco etíope? Déle un vistazo a la ruta de Jerusalén a Gaza y descubra en qué tipo de país estaba viajando el oficial.

Enseñé a una clase de la cual participaba una señora con varios títulos académicos. Justo en la mitad de una de las sesiones, ella alzó su mano y preguntó: "Doctor Hendricks, ¿en qué lugar de América Latina sucedió esto?" Estudiábamos el evangelio de Marcos.

Aquí había una dama instruida, obviamente inteligente. Pero yo había pasado por alto el hecho que ella no tenía idea de la geografía del Nuevo Testamento. Su caso no está aislado. Es un hecho común en nuestra cultura. Cuando lee acerca de un lugar en las escrituras, no asuma nada; raramente será decepcionado. La mayoría de las personas no tiene ni la más remota idea de dónde sucedieron los eventos bíblicos.

¿Cuándo?

Esta es la pregunta de tiempo. ¿Cuándo sucedieron estos hechos? ¿Cuándo sucedieron en relación a otros eventos de las Escrituras? ¿Cuándo está el autor escribiendo?

En breve, siempre determine el momento histórico en el cual se encuentra enmarcado el pasaje. Por ejemplo, en Marcos 1:35, leemos, "muy de madrugada, cuando todavía estaba oscuro, Jesús se levantó, salió de la casa y se fue a un lugar solitario, donde se puso a orar". Es bastante fácil determinar cuándo sucedió esto, "muy de madrugada". ¿Pero qué mañana? Fue la mañana siguiente al día más activo registrado de la vida de nuestro Señor. Existen solo cincuenta y dos de ellos en los evangelios. Ese día en particular, estuvo repleto de milagros, enseñanzas y sanidades.

¿Podría decir con reverencia que Jesús tenía todo derecho a dormir aquella mañana? Aún podría haber usado la excusa, "estaba en tus asuntos, Padre". Pero estaba tan elevada en su lista de prioridades su relación con el Dios infinito, que se levantó bastante antes del amanecer y fue a un lugar solitario para orar. Ahora bien, si Jesucristo, que tenía una relación inquebrantable con su Padre, necesitaba orar, ¿cuál debe ser mi necesidad? ¿Cuál debe ser su necesidad?

Aprendemos este tipo de cosas al preguntar, ¿cuándo sucedió esto?

¿Por qué?

Existen una infinita cantidad de porqués que preguntarle al texto bíblico. ¿Por qué incluir esta pregunta? ¿Por qué está aquí? ¿Por qué sigue esto? ¿Por qué continúa aquello? ¿Por qué alguien no dijo nada? "¿Por qué?", es una pregunta que indaga por significados.

Por ejemplo, la parábola del hijo pródigo se encuentra únicamente en el evangelio de Lucas —no en el de Mateo, Marcos, o Juan. ¿Por qué? ¿Por qué sólo Lucas registra esta poderosa parábola?

O, cuando llegamos al libro de los Hechos y, francamente, no encontramos un final. Pablo está en Roma enseñando y predicando. Pero no dice lo que le sucedió a él, ni a la iglesia primitiva, o al resto de los apóstoles. ¿Por qué? ¿Por qué Lucas no continuó la narración? ¿Por qué nadie más tomó donde él terminó y siguió contando?

La pregunta ¿por qué?, examina el texto más que ninguna otra. Realizar esta pregunta llevará inevitablemente a nuevos hallazgos.

¿y entonces qué?

¿Qué diferencia haría si yo aplicara esta verdad? ¿Y entonces qué?, es la pregunta que nos impulsa a hacer algo respecto a lo que leemos. Recuerde, la Palabra de Dios no fue escrita para satisfacer la curiosidad; fue escrita para cambiar vidas. Así que a cualquier pasaje de las Escrituras necesitamos preguntarle, ¿y entonces qué? Cuando lleguemos al paso de la aplicación, voy a mostrarle un conjunto de maneras en las cuales es posible realizar esta pregunta.

ELIGIENDO LECTURAS A NUEVE MIL METROS

¿Pueden esas seis preguntas realmente abrir la Biblia? Después de todo, son bastante simples. Los reporteros las han usado por años para adquirir los datos empleados en sus historias. ¿Qué tan fuertes pueden ser?

En cierta ocasión volaba de Dallas hacia San Francisco en un 747. Había ocho pasajeros y quince asistentes de vuelo. Luego que remontamos vuelo, yo estaba leyendo mi Nuevo Testamento, cuando uno de los asistentes se me acercó. Cuándo me vio con la Biblia abierta, me preguntó, "¿es usted creyente?"

—Ciertamente lo soy, –respondí. ¿Qué de usted?

—Sí lo soy, –replicó sonriendo.

Comenzamos una conversación acerca de las cosas espirituales. Finalmente le dije, "¿Le importaría si le realizo una pregunta?"

—Por supuesto que no, adelante, por favor.

—¿Mantiene usted algún programa frecuente de estudio bíblico?

—No señor, no lo hago.

—¿Por qué no?, inquirí.

Ella dijo, "No estoy segura del motivo. No se por dónde comenzar".

Así que volví a preguntarle, "Quisiera aprender".

—Me encantaría.

—¿Tiene un instante más libre?

Ella aún tenía unos momentos disponibles. Así que tomé una de las bolsas de papel del asiento frente a mí, y escribí las seis preguntas antes mencionadas: ¿quién?, ¿quién?, ¿dónde?, ¿cuándo?, ¿por qué?, ¿y qué de esto?

Entonces fuimos a través de Marcos 4:35-41, el pasaje de la tormenta. Le pedí que leyera el pasaje, realizando las preguntas: ¿Quiénes son las personas involucradas? ¿Qué está sucediendo en este párrafo? ¿Dónde sucede la acción? ¿Por qué piensa que Dios lo incluyó en su narrativa? ¿Qué diferencia haría en su vida?

Raramente veo a alguien tan entusiasmado. Pero realmente es una tragedia. La iglesia contemporánea está guiando a personas a Cristo, pero ocasionalmente están en la fe por diez, quince, y hasta veinte años sin aprender a cómo estudiar la Biblia. ¿Por qué razón? Ellos no saben por dónde comenzar. No saben cómo hacerlo.

Ellos están igual que yo junto al estanque de Colorado –mirando los peces, sin poder pescar ninguno de ellos por mis propios medios. Eso no es un gran problema cuando se trata de una simple vacación. Pero cuando usted está muriéndose de hambre espiritual, como la mayoría de las personas, usted necesita aprender a pescar.

Le sugiero que intente emplear las seis preguntas selectivas de estudio bíblico que acabamos de mencionar. Ellas le ayudarán a pescar unos cuantos peces grandes.

AHORA INTÉNTELO USTED

Las seis preguntas selectivas de estudio bíblico son especialmente divertidas cuando se estudian historias de las Escrituras. Lucas 24:13-35 registra uno de los relatos más fascinantes –cuando Jesús se encuentra con dos de sus discípulos en camino a Emaús, luego de su resurrección. Lea el pasaje dos o tres veces, y luego examínelo con las seis preguntas presentadas en este capítulo. No olvide anotar sus observaciones.

12

LEA
EN ORACIÓN

Una quinta estrategia para abrir las Escrituras es:

LEA LA BIBLIA EN ORACIÓN

Tendemos a pensar que el estudio de la Biblia y la oración son disciplinas separadas, pero de hecho, están integralmente relacionadas. La oración es una llave efectiva para el estudio bíblico. Aprenda a orar antes, durante y después de su lectura bíblica.

La oración es crucial cuando usted llega a un lugar de su estudio bíblico donde se encuentra estancado y confuso. Ese es un buen momento para detenerse y entablar una conversación con Dios. "Señor, no logro encontrarle el sentido a este pasaje. No lo entiendo. Dame tú luz, tú entendimiento. Ayúdame a descubrir tú verdad".

De todos modos, la mayoría de nosotros luchamos con la oración. ¿Cierto? ¿Desea aprender a orar? Aquí tiene un par de sugerencias –algo que hacer y algo que evitar:

No intente imitar a otros cristianos

Si escucha demasiado las oraciones de otros creyentes, solamente aprenderá sus muletillas, frases trilladas y dialectos. Sin lugar a dudas, los cristianos necesitan orar corporativamente. Pero eso no significa que deban orar de maneras idénticas.

He descubierto que hay dos grupos de personas que pueden enseñarle a orar. Primero, los niños. Ellos son refrescantes y realistas. ¿Cuántas iglesias supone usted que repiten el "Padre nuestros" semana tras semana. Semana tras semana la misma cosa antigua –las mismas palabras, el mismo ritmo, el mismo murmullo corporativo. Pero qué diferencia cuando un niño de cuatro años realiza una simple, elocuente plegaria antes de la cena o ir a la cama.

El otro grupo que debemos escuchar son los nuevos convertidos. Ellos no han aprendido toda la jerga. Un hombre en nuestra iglesia vino a Cristo y decidió aparecer a una reunión de oración y estudio bíblico, cierto miércoles por la noche. Tras el estudio nos separamos en grupos pequeños para orar.

—"Hola, Howie. ¿A dónde vamos?" mientras caminábamos hacia el hall.

—"Venimos aquí para orar", le respondí.

—"Tengo un problema", exclamó de pronto.

—"¿Cuál es el problema?"

—"Yo no puedo orar. Quiero decir, no sé orar como oran ustedes".

Le respondí, —"amigo, eso no es un problema. Agradézcale a Dios por eso".

Así que comenzamos a orar. Yo sabía que él quería participar, pero estaba un poco indeciso. Finalmente, me acerqué a él, y le pedí que continuara. Hubiera dado lo que fuera por la oportunidad de grabar lo que sucedió a continuación.

Él dijo, "Señor, te habla Jim. Yo soy quien te conocí el pasado jueves, ¿recuerdas?" (Yo pensé que le iba a dar su dirección postal a Dios). "Lamento que no puedo hablarte de la manera que los demás te hablan, pero realmente te amo. Lo hago honestamente. Conservo la esperanza de que, luego de un tiempo de conocerte, pueda conversar contigo mucho mejor. Muchas gracias. Hasta pronto".

¿Sabe usted lo que hizo aquel hombre? Encendió la reunión de oración. Como podrá imaginar, el resto de nosotros estábamos diciendo oraciones. Además, como era usual, revisábamos nuestra teología, tomábamos un tour por el campo misionero, arañando la vía láctea. Sin embargo, este hombre estaba orando. Simplemente, hablando con Dios. Sin darse cuenta, estaba mucho más adelante del resto de los presentes, debido a que, estaba siendo llanamente honesto ante su Padre Celestial. La única cosa que mueve a Dios, es nuestro corazón.

Tórnese a las Escrituras en oración

Dios se regocija cuando le recordamos lo que Él nos ha prometido. Por tanto, dígaselo. Recuérdele. Reclame Sus promesas.

Permítame darle una hermosa ilustración al respecto, encontrada en Nehemías. Vamos a regresar a este hombre en el capítulo 18, donde examinaremos cómo estudiar un párrafo. Pero por el momento, deseo que vea cómo Nehemías se tornó a la Palabra de Dios en oración. Si usted desea aprender a orar, el estudio de esta oración, es un clásico. (Puede ir a Nehemías 1:4-11).

Para establecer el contexto, Nehemías es un oficial judío altamente colocado en la corte babilónica. Arriban mensajeros para contarle que su ciudad, Jerusalén, está en ruinas. Sus muros caídos, y el pueblo atribulado.

Así que Nehemías va a sus rodillas. Su respuesta instintiva es orar. Aquí mismo ya encontramos una lección. Mientras él ora, lo primero que hace es adorar a Dios:

> Le dije: "SEÑOR, Dios del cielo, grande y temible, que cumples el pacto y eres fiel con los que te aman y obedecen tus mandamientos". (1:5)

Podemos etiquetar con la palabra "adoración" a este versículo. Antes de proseguir a otro asunto, Nehemías se enfoca en quien es Dios.

¿Es esa la modalidad que solemos orar? No, usualmente, tendemos a decir, "Oh, Señor, estoy en un apuro. Por favor, dame una mano pronto". Nos enfocamos en nosotros mismos.

Pero las oraciones de la Biblia comparten una característica común: siempre se enfocan en la persona a quien la oración es dirigida. Cada vez que consideramos escribir un cheque, antes que nada, necesitamos preguntarnos cuánto tenemos en la cuenta bancaria. Caso similar sucede con la oración. Mirando a nuestra necesidad, tenemos que preguntarnos, ¿a quién le estamos hablando? ¿Qué tipo de persona es esta? Nehemías llenó su mente con quien era esa persona.

Entonces cambió su oración. Tras haberse referido a Dios mismo, el siguiente paso fue confesar sus pecados, así como los pecados de su pueblo:

> Te suplico que me prestes atención, que fijes tus ojos en este siervo tuyo que día y noche ora a favor de tu pueblo Israel. Confieso que los israelitas, entre los cuales estamos incluidos mi familia y yo, hemos pecado contra ti. Te hemos ofendido y nos hemos corrompido mucho; hemos desobedecido los mandamientos, preceptos y decretos que tú mismo diste a tu siervo Moisés. (1:6-7)

Podríamos etiquetar a estos versículos con la palabra, "confesión". La oración ahora está enfocada en los pecados –no únicamente los pecados del pueblo; pero también los pecados de Nehemías. Si usted tiene hijos, probablemente sabe que ellos son propensos a confesar los pecados de sus hermanos y hermanas. Pero Nehemías establece un procedimiento diferente. Él dice, en efecto, "la primera cosa que quiero que sepas, Señor, es que hemos pecado". No son los pecadores que están allá, los demás, sino los que estamos aquí, nosotros.

¿Puede notar la conexión entre el enfoque de Nehemías en sus pecados, a continuación del enfoque en Dios? Es bastante claro, ¿cierto? El reconocimiento de nuestra pecaminosidad siempre sigue la percepción de la santidad de Dios. El razonamiento de que somos tremenda gente, es en realidad, una muestra de que no conocemos el tipo de Dios con el cual nos relacionamos. Pero cuando aclaramos quién es Dios, entonces, nuestra verdadera condición sale a la luz.

Déle una cuidadosa atención a los siguientes versículos ya que determina la oración completa. Nehemías comenzó con oración, enfocándose en quién es Dios. Luego pasó a la confesión. Ahora concluye reclamando las promesas de Dios:

> SEÑOR, te suplico que escuches nuestra oración, pues somos tus siervos y nos complacemos en honrar tu nombre. Y te pido que a este siervo tuyo le concedas tener éxito y ganarse el favor del rey. (1:11)

Nehemías progresa a lo que llamaríamos "petición". Su enfoque es en las necesidades de su pueblo. Al presentar su petición, se apoya en las promesas de Dios. Es obvio que era un buen estudiante de la Biblia, porque en los versículos 8-9, recuerda varios pasajes de los cinco primeros libros de la Biblia donde Dios había establecido ciertas condiciones para bendecir o castigar, basado en la fidelidad o infidelidad de Su pueblo. Nehemías le recuerda a Dios diciendo, "Muy bien, Señor. ¿Recuerdas lo que prometiste? Bueno, yo te estoy pidiendo que lo realices".

Yace una gran lección en esta sección de la plegaria. Ore siempre en base a las promesas de Dios. Después de todo, la pregunta decisiva para cualquier promesa es, ¿quién la realizó? Yo puedo decir, "Bill, voy a donar un millón de dólares para tu causa". Gran promesa. ¿Pero quién la hizo? Un hombre que tal vez tenga diez dólares en el bolsillo ahora mismo. Cuando una persona hace una promesa, siempre pregúntese, ¿quién es la persona que está haciendo esta promesa?

¿Desea aprender a orar? Nehemías le muestra lo siguiente: comience con adoración. Ocúpese de Dios. Eso lo llevará a la confesión, porque se verá a usted mismo en la perspectiva apropiada. Entonces, está listo para presentarse ante el Señor con sus necesidades.

Por cierto, intente una comparación de pasajes, tales como Éxodo 3 e Isaías 6. Encontrará este patrón de oración desde Génesis hasta Apocalipsis.

UNA SALMO DE ORACIÓN PARA EL ESTUDIO BÍBLICO

Existe un precedente poderoso para el estudio bíblico en oración en el Salmo 110. Significativamente, es el salmo más largo de la Biblia; y por cierto, tiene más versículos (176) que cualquier otro capítulo en el Canon. Cada uno de ellos tiene algo que decir acerca de la Palabra de Dios –su propósito, su beneficio, su valor. Le recomiendo de corazón que realice un estudio detallado de este salmo.

Un número sustancial de versículos refieren, específicamente, a la lectura de las Escrituras en oración. Por ejemplo, el salmista utiliza la Palabra en la alabanza a Dios (v. 12). Le pide a Dios que le ayude a ser un lector cuidadoso (v. 18). Ora por entendimiento de la verdad divina (vv. 27, 34). Ruega auxilio para poder aplicar la verdad a su vida (vv. 33, 35-36, 133). Indica que la ley de Dios está siendo quebrantada; por lo que es tiempo de que Dios actúe (v. 126). Ora por misericordia en base al carácter de Dios (v. 132). Basa sus peticiones en las promesas de Dios (vv. 169-170).

¡Qué ejemplo maravilloso de estudio bíblico en oración! Imagine qué sucedería si los cristianos acostumbraran enfocarse en la Palabra de modo similar.

AHORA INTÉNTELO USTED

Entre todas las estrategias de lectura bíblica de primera categoría, la lectura en oración probablemente sea la que requiera mayor cultivo. A continuación tiene tres proyectos que le ayudarán a comenzar:

Salmo 23

El Salmo 23 quizá sea el pasaje más famoso de toda la Biblia, y por buenas razones: pinta el hermoso escenario de la relación entre Dios y uno de sus hijos. Puede volver este salmo en una oración personal, por medio de insertar su nombre en todo lugar donde vea el empleo del pronombre en primera persona, "mi", "yo".

Isaías 40:28-31

Este es otro pasaje por medio del cual usted podría orar. Examine las tremendas promesas de Dios en este texto. ¿Necesita usted que Él suelte sobre su vida lo que promete aquí? Torne este pasaje es su oración personal; pídale a Dios que lo haga.

Filipenses 4:8-9

Aquí tiene otro conjunto de promesas –y condiciones– que podría leer y estudiar en oración. Revise la lista de cualidades de Pablo, y pregúntese: ¿cuáles son ilustraciones de ellas en mi propia vida? Entonces, en base al versículo 8: ¿qué necesito practicar para conocer la paz de Dios? Hable con Dios acerca de las cosas mencionadas en estos versículos y su reacción a ellas. ¿Dónde necesita el Señor cambiarle? ¿Qué actitudes y pensamientos necesita usted que Él cultive en usted?

13

LEA IMAGINATIVAMENTE

Se dice, con acierto, que la persona promedio piensa que la lectura de la Biblia es extremadamente aburrida. De hecho, la única cosa más aburrida pudiera ser alguien enseñando la Biblia. No obstante, estoy convencido que el motivo por el cual las Escrituras parecen aburridas a tantas personas, es que nos acercamos a ellas aburridos. Cuán diferentes serían las cosas si empleáramos las seis estrategias para el estudio bíblico de calidad.

LEA LA BIBLIA IMAGINATIVAMENTE

"¿Por qué usted no lee la Biblia", le he preguntado a la gente.

"¿La Biblia?" responden incrédulamente. "Vamos, tengo mejores cosas que hacer con mi tiempo". Usted tiene el palpite de que si les alcanza una Biblia, primero tendría que soplarla bastante para quitarle el polvo acumulado.

No me sorprende. Frecuentemente, en lo que al estudio bíblico refiere, somos muy poco imaginativos. Por ejemplo, cuántas veces ha estado en un grupo donde el líder dice, "Vayamos a tal y tal pasaje". Esperan a que todos encuentren el pasaje, y eso toma un tiempo.

Entonces el líder prosigue: "Bien, vamos a leer este pasaje juntos. Jim, qué si usted comienza con el primer versículo. Entonces, Sandra continúa con el versículo dos, y así sucesivamente".

Así que Jim comienza. Desafortunadamente, él no es un buen lector, y tiene una versión Reina Valera 1909. Tropieza una y otra vez intentando darle sentido y pronunciar vocablos que están fuera de uso, entre otras cosas. Para cuando él termina, todo el mundo está por dormirse.

Ahora Sandra toma su turno con una traducción moderna, extraña, y nadie más sabe en dónde está leyendo, no pueden seguir su lectura. La catástrofe se declara cuando la siguiente persona lee el versículo tres –pero es el versículo tres de otro capítulo; y así se reitera más o menos la conocida historia. Al final, nadie tiene ni la más remota idea de qué trata el pasaje. Pero no importa –la mayoría no estaban en el lugar mentalmente desde hacía un buen rato antes.

Por contraste, nuestra iglesia tenía un pastor que era un maestro en la presentación dramática de las Escrituras. Tenía entrenamiento en teatro, y lo empleaba para su beneficio. Con frecuencia, asumía el papel de uno de los personajes bíblico ante la congregación. Se maquillaba y vestía según lo demandara la ocasión. Hacía todo tipo de estudios del trasfondo de los pasajes, para dar una idea del entorno cultural. Después, contaba la historia del personaje en primera persona, utilizando un lenguaje sencillo y cotidiano.

Como resultado, al tiempo que culminaba, no estábamos meramente entretenidos, sino instruidos. Nuestras imaginaciones brincaban, hasta entrar en el texto mismo. Entendíamos cómo la verdad bíblica y la experiencia humana se combinaban.

Una de las cosas que más me gustaba ver era como las personas que había estudiado la Biblia, oraban esta simple oración: "Señor, viste estos hechos con fascinación. Ayúdame a encarnar estos personajes –para que puedan ver a través de sus ojos, sentir con sus dedos, entender con sus corazones y conocer con sus mentes". Entonces la Palabra de Dios se tornaba viva.

Aquí tiene un conjunto de sugerencias acerca de cómo leer imaginativamente:

Utilice diferentes traducciones y paráfrasis

Mencionaré esto una y otra vez. La lectura de diversas versiones bíblicas es una excelente manera de estimular su imaginación.

Somos increíblemente bendecidos de tener a nuestra disposición una enorme cantidad de traducciones en la actualidad. Hasta hace poco, los cristianos tenían, básicamente, una sola versión para leer. De hecho, antes de la traducción de John Wycliffe en 1392, no tenían ninguna. Pero gracias a grandes desarrollos en nuestro entendimiento de los idiomas hebreo y griego, ahora tenemos algunas traducciones extraordinariamente acertadas, tanto como otras de lectura sumamente accesible.

Vuelva a escribir el texto en sus propias palabras

Este punto es tan solo una extensión de lo que acabamos de ver. Los traductores tienen que usar bastante imaginación para transportar los textos originales al idioma español. Del mismo modo, desafiará su imaginación volver a escribir el texto en español, pero con sus propias palabras, de modos que tengan un significado bastante cercano a usted mismo.

Por ejemplo, en Hechos 17:16, los traductores de Reina Valera describen los sentimientos de Pablo acerca de los ídolos con las palabras, "su espíritu se enardecía viendo la ciudad entregada a los ídolos". La Nueva Versión Internacional dice, "le dolió en el alma ver que la ciudad estaba llena de ídolos". ¿Cómo lo diría usted? ¿Qué él estaba realmente enojado? ¿Que le revolvía el estómago? ¿Que se tiraba los pelos?

Intente volver a escribir Hechos 17:16-21 en sus propias palabras. Vea si la tarea enciende su creatividad y su interés en el texto.

Lea las Escrituras en otro idioma

Si usted sabe otro idioma, además del español, lea una traducción de la Biblia en dicha lengua. Realizará todo tipo de descubrimientos en el texto. Este enfoque tiene las mismas ventajas que usar traducciones y paráfrasis variadas.

Pídale a otra persona que lo lea en voz alta

Mencioné en un capítulo anterior que la voz humana tiene una forma particular de darle vida a las palabras impresas. Permítales a sus hijos leer las historias bíblicas en voz alta. Si conoce un estudiante extranjero, o alguien que haya crecido en un lugar diferente al suyo, invítelo a su casa y pídale que lea pasaje para usted. El acento distinto vestirá el pasaje con un atuendo diferente, para su gran ventaja.

Cambie de escenario

Soy un firme creyente en el valor de tener un tiempo y un lugar diferente al acostumbrado para leer las Escrituras. Si desea estimular los resortes de su imaginación, explore diferentes ambientes en los cuales leer la Palabra.

Por ejemplo, muchas de las parábolas de Jesús fueron escritas junto al Mar de Galilea. Así que si vive próximo a un lago o bahía, considere tomar su Biblia allí y reflexionar acerca de la enseñanza del Señor. Asimismo, muchos de los salmos fueron compuestos por David cuando él aún era un pastor, en el campo. Tal vez pueda conducir hasta la campaña para pasar algún tiempo estudiando esos pasajes.

La idea aquí es hacer todo lo posible por ver la Palabra desde un ángulo diferente. Si leemos las Escrituras de la misma manera, vez tras vez, en el mismo lugar, corremos el riesgo de caer en un ejercicio rutinario, con poco interés y emoción. Qué tragedia, especialmente cuando consideramos que las mayores obras de arte y música han sido creadas por gente que aprendió a leer la Biblia imaginativamente.

AHORA INTÉNTELO USTED

Acá tiene la oportunidad de ensanchar su creatividad. Vea lo que puede hacer con los siguientes proyectos, mediante una lectura bíblica imaginativa.

Hechos 16:16-40

Este es el vívido de Pablo y Silas en Filipo. Lea cuidadosamente y observe los eventos que acontecido en la sección, y entonces, represéntelos de manera teatral con su familia o amigos.

Salmo 19

Este salmo exalta las obras de Dios y de su Palabra. Observe con detenimiento, y luego procure volver a escribirlo para una clase universitaria de física o de filosofía.

1 Samuel 17

Este es el relato épico de David y Goliat. Si bien es cierto que la mayoría de las personas conocen la historia, saben poco de lo que en realidad sucedió. Examine el capítulo detenidamente, y rescríbalo como lo podría contar una pandilla de jóvenes.

Hechos 15:22-29

Lucas transcribió una carta que la iglesia de Jerusalén envió a los nuevos creyentes de Fenicia y Samaria. Estudio su contexto cuidadosamente, para luego escribirla una vez más como un fax para enviarse a los creyentes que se reúnen en el centro de su ciudad.

14

LEA
MEDITATIVAMENTE

L a sétima estrategia para llegar a ser un lector de la Biblia de primera categoría, es una de las más difíciles para nosotros:

LEA LA BIBLIA MEDITATIVAMENTE

En otras palabras, leer la Biblia meditativamente, es aprender a reflexionar sobre ella. Es difícil, porque más y más vivimos en una "línea láser". En días pasados, si una persona perdía la diligencia, decía, "Bueno, tomaremos la diligencia del próximo mes". Hoy en día, si una persona pierde una sección de paso en la puerta giratoria cae en un estado de ansiedad.

Como resultado, la lectura bíblica meditativa ha caído fuera de uso. Puedo recordar un himno que solíamos cantar, "Toma tiempo para ser santo". Pero no lo escucho más últimamente, y puedo entender porqué. Tiempo es exactamente lo que toma para ser santo. No podemos ser santos y vivir en un perpetuo apuro. Además, vivimos en una sociedad instantánea. ¿Quiere ver televisión? Simplemente oprima un botón, y tendrá color y sonido instantáneo. ¿Desea café? Sólo disuelva algunos cristales en agua hirviendo y lo tendrá instantáneamente. Pero no existe tal cosa como espiritualidad instantánea.

Por esto es que las Escrituras refieren con tanta frecuencia a la meditación. Deseo darle cinco pasajes para abrir su apetito en este tema.

Josué 1:8

Recita siempre el libro de la ley y medita en él [¿cuándo?] de día y de noche: [por favor, preste atención] cumple con cuidado todo lo que en él está escrito. Así prosperarás y tendrás éxito.

Este versículo nos muestra que existe una conexión íntima entre meditar en la Palabra de Dios y el ponerla por obra. Esto será una clave para cuando lleguemos al tercer paso, la aplicación. Aquí deseo indicar que con frecuencia un texto bíblico debe penetrar su mente "día y noche". Eso me lleva a preguntarle, ¿qué porción de las Escrituras estaba pensando esta mañana mientras se preparaba para comenzar el día? ¿Cuál mientras estaba en el trabajo? ¿Qué del regreso a casa? Relacionado al tema, ¿cuándo fue la última vez que concientemente reflexionó en las verdades y los principios bíblicos?

Proverbios 23:7

Cierto día, mientras leía Proverbios, sucedió como si un versículo saltara de la página: "Porque cual es su pensamiento en su corazón, tal es él" (RVR 60). Esto realmente cautivó mi atención, tal vez porqué recientemente había visto un letrero en la oficina de un conocido, que decía: "Tu no eres quien piensas que eres, lo que tu piensas, eso eres". Las escrituras nos enseñan el principio básico que usted llega a ser lo que piensa. Así que tenga cuidado con lo que piensa.

Salmo 1:1-2

El primer salmo tiene un mensaje similar:

Dichoso el hombre que no sigue el consejo de los malos, ni se detiene en la senda de los pecadores ni cultiva la amistad de los blasfemos, sino que en la ley del SEÑOR se deleita, y día y noche medita en ella, y día y noche medita en ella.

Aquí está el patrón de día y de noche, una vez más. Así parece ser la típica meditación. No es un ejercicio que se realiza por unos minutos y luego marca como terminado de su lista de actividades diarias. Es una disciplina mental que se practica durante el día. Es una modalidad de pensamiento, un estilo de vida en el cual la Palabra surca su mente con constancia.

Esto es lo que hace a la meditación bíblica tan distinta de la meditación que conocemos en la sociedad actual. Meditación, como popularmente es enseñada por las filosofías orientales nos dice que debemos vaciar la mente –exactamente lo opuesto a lo que las Escrituras nos dicen. La meditación bíblica implica llenar la mente con la verdad que Dios ha revelado.

Salmo 119:97

El salmo 119 refuerza la idea antes mencionada, cuando el salmista exclama,

¡Cuánto amo tu ley!
Todo el día medito en ella. (Itálicas añadidas)

¿Se ha percatado que la mayoría de nosotros derrochamos cantidad de tiempo? Esperando en el teléfono, parados en líneas, conduciendo al trabajo. Le pregunté a un amigo en Los Ángeles cuánto tiempo pasaba conduciendo a su trabajo: "una hora y media de ida, y otra hora y media de regreso a casa", me respondió. Son tres horas diarias, cinco o seis veces a la semana –una cantidad enorme de tiempo. Millones de conductores utilizan una cantidad similar o mayor de tiempo camino a sus trabajos y de regreso a sus casas.

La pregunta es, ¿qué están haciendo con sus mentes durante todo ese tiempo? Sospecho que la mayoría, van con las mentes "en neutro", oyendo radio y luchando en el tráfico con los demás conductores. Pero qué cantidad preciosa de tiempo para sacarle algún provecho.

Debido a este motivo yo comencé a usar casetes de las Escrituras cuando estoy en la ruta, tal cual indiqué en el capítulo 9. Es increíble lo que oír la Palabra de Dios hace por mí, especialmente en cuanto a prepararme para el trajín del día; me permite envolver mi corazón con la verdad.

Salmo 19

El salmo 19 ofrece perspectivas profundas acerca de las Escrituras. Usted debe estudiar el pasaje. Se enfoca en la Palabra de Dios, diciéndonos cuáles son sus características: "La ley del SEÑOR es perfecta: infunde nuevo aliento... los sentencias del SEÑOR son verdaderas... los preceptos del SEÑOR son rectos", y así sucesivamente (vv. 7-8).

También nos dice cuáles son los efectos de la Palabra. Por ejemplo, dice que "reaviva el alma". ¿Se ha sentido en alguna ocasión como si estuviera quedando sin gasolina? La Palabra de Dios puede reponerle. También "hace sabio al simple". No importa si asistió a la universidad o si tiene un cociente mental elevado. Lo que importa es cuán maleable, lo dócil que usted sea, cuán dispuesto está a programar su mente con la sabiduría que proponen las Escrituras.

El clímax del salmo es la oración,

Sean, pues, aceptables ante ti mis palabras y mis pensamientos, oh SEÑOR, roca mía y redentor mío. (v. 14, itálicas añadidas)

Esta es una oración muy reveladora. Nos muestra cómo el salmista veía a la meditación como una absoluta necesidad de la vida espiritual. Pero si ese era el caso para sus días, cuánto más debe serlo para quienes vivimos en esta generación, encarando las presiones de la sociedad. Necesitamos empapar nuestras mentes con las aguas de la Palabra, que nuestras palabras y pensamientos sean agradables a la vista de Dios.

Utilice su tiempo –al inicio del día, a la hora del desayuno y el almuerzo, regresando del trabajo, antes de ir a la cama por la noche– para reflexionar en la verdad y estudiarla.

Para ser honesto, los mayores desafíos que Dios ha colocado en mi vida han llegado por medio de la meditación –simplemente por permitirle a la Palabra de Dios filtrarse en mis pensamientos y mi vida. He aprendido que la lectura bíblica de primera categoría demanda tiempo.

AHORA INTÉNTELO USTED

Si usted no tiene el hábito de leer la Biblia meditativamente, acá tiene algunas sugerencias para comenzar: aparte un día en el que pueda dejar de lado las rutinas –sin trabajo, sin interrupciones, sin compromisos. Tal vez tenga un lugar favorito en el país, o la orilla de una playa, un lago o una casa. Cualquiera sea, encuentre un lugar donde pueda pasar varias horas solo.

Dedique tiempo a meditar en Juan 4:1-42, el relato de Jesús visitando Samaria. Inicie por pedirle a Dios que le ayude a entender su Palabra y que le muestre cómo aplicarla. Entonces lea el pasaje varias veces. Utilice las sugerencias para repetir la lectura de la Biblia del capítulo 9 del presente libro.

Examine la sección antes y después del capítulo 4 para colocarlo en contexto. Entonces, examine cuidadosamente el pasaje para realizarle preguntas, tales como: ¿Quiénes son las personas de este relato? ¿Quiénes eran los Samaritanos? ¿Por qué era tan inusual que Jesús hablara con esta mujer? ¿Cuál fue la reacción de sus vecinos? ¿Cuál la de los discípulos? ¿Qué les dijo Jesús cuando ellos regresaron? ¿Qué lecciones enseña este pasaje acerca de hablarles del evangelio a otros?

Una vez que tenga una idea general sobre la historia, piense acerca de las implicancias que ella tiene en su vida. Por ejemplo, ¿de qué tipo de gente se mantiene usted, normalmente, alejado? ¿Por qué? ¿Cómo responderían esas personas al evangelio? ¿Hay algo que usted pudiera decir o hacer, que pudiera ayudarles a acercarse a Cristo y, últimamente, llegaran a confiar en Él? En relación al evangelismo, ¿es usted un sembrador o un cosechador, vv. 36-38? ¿Acaso no es ninguno? ¿Con cuál de los personajes del relato se identifica más usted? ¿Por qué?

¿Cómo llegó usted a creer en Cristo? ¿Quién le habló de Jesús? ¿Cuál fue su respuesta? ¿A quién le ha contado usted acerca de Jesús? ¿Qué le dijo? ¿Cuál fue la respuesta? ¿Ve algún principio que pudiera usted utilizar la próxima vez que le hable a alguien acerca de Cristo?

Puede realizar más preguntas. La meta es masticar la Palabra, procurar comprenderla, y examinarse a usted mismo al buscar maneras de aplicar las Escrituras. Asegúrese de escribir todo lo que observa en el pasaje, asimismo sus conclusiones. Pase tiempo en oración. Basado en lo que ha estudiado y meditado, ¿qué le está diciendo Dios? ¿Qué necesita usted de Él? ¿Qué oportunidades de evangelismo desearía que Él le abriera?

15

LEA
INTENCIONALMENTE

¿Recuerda 2 Timoteo 3:16-17, un pasaje que vimos en el capítulo 2? Dice que toda Escritura fue dada por inspiración divina y que es "útil". En otras palabras, sirve a un propósito –cuatro propósitos, de hecho: enseñar, reprender, corregir e instruir en la justicia. Esto sugiere una octava estrategia de lectura bíblica de primera categoría:

LEA LA BIBLIA INTENCIONALMENTE

La lectura intencional, o con propósito, busca el propósito del autor al haber escrito. No existe un versículo de las Escrituras que fuera escrito por accidente. Cada palabra contribuye a la construcción del significado. Su desafío como lector es discernir ese significado.

¿Cómo puede lograr eso? Una de las claves es observar la estructura. Cada libro de la Biblia tiene una estructura gramatical y literaria. Veámoslo en acción y consideremos cómo contribuyen al significado.

INTENCIONALIDAD MEDIANTE LA ESTRUCTURA GRAMATICAL

Muchos autores bíblicos comunican sus ideas mediante una gramática cuidadosamente escogida. Entiendo que en la actualidad hay una tendencia a despreciar la gramática como si se tratara del oficio de una maestra anticuada. Pero la Biblia no es una obra descuidada o casual en cuanto al orden de sus palabras. De hecho, la gramática es determinante en cuanto a doctrina. Así que colocar cuidadosa atención a las siguientes características del texto.

Verbos

Los verbos son críticos. Son los vocablos de acción, y nos dicen quién está haciendo qué. Por ejemplo, en Efesios 5:18 Pablo escribe, "sean llenos del Espíritu". El verbo "ser lleno" es pasivo. Él no está diciendo, "llénense ustedes con el Espíritu". Nos desafía a abrirnos tanto, como para que el Espíritu nos controle, sometiendo nuestra voluntad. Esta es una observación importante porque Efesios nos permite percibir a qué se parece la vida en el Espíritu en la iglesia.

Otro uso interesante de un verbo está en Génesis 22:10, donde Abraham toma a su hijo, Isaac, y le lleva al monte Moriah para ofrecerlo en sacrificio: "Entonces tomó el cuchillo para sacrificar a su hijo".

Usted no puede detectarlo en la traducción al idioma español, pero un comentario le diría que el verbo aquí indica una acción completa, como si Abraham en realidad sacrificara a su hijo. En su mente, la acción está hecha; Él debía obedecer a Dios hasta las últimas consecuencias. Esto es crucial para comprender el propósito del autor. La intención es mostrar la fe de Abraham –una fe ilustrada por la obediencia total. Como Pablo dice en Romanos, la confianza de Abraham en Dios fue tal, que si sacrificaba a su hijo, creía que Dios podía resucitarlo de entre los muertos para preservar su descendencia (4:16-21).

Sujeto y pronombre objetivo

El sujeto de una oración realiza la acción, y el objetivo es sobre quien es realizada la acción. Es importante no confundirlos. Filipenses 2:3 nos exhorta, "… estimando cada uno a los demás como superiores a él mismo". "estimando" es el verbo; "cada uno" es el sujeto; "a los demás" es el pronombre objetivo. Pablo está escribiendo algunas palabras desafiantes respecto a la humildad de Cristo que debería marcar las relaciones de los creyentes.

Un versículo relacionado es Gálatas 6:4: "Cada cual examine su propia conducta; y si tiene algo de qué presumir, que no se compare con nadie". Este es el texto del "inspector de frutos", porque muchos de nosotros tenemos la tendencia a inspeccionar el fruto espiritual de otras personas, cuando en realidad, deberíamos colocar más atención en nuestros frutos.

Una vez más, el verbo es "examinar"; el sujeto es "cada cual", y por inferencia "cada uno de ustedes, los creyentes"; el objeto es, "su propia conducta". Así que Pablo está abogando por el examen propio, que tiene bastante que ver con los gálatas. Él está refiriendo a los creyentes que necesitan intervenir cuando otros creyentes pecan.

Calificativos

Los calificativos son palabras descriptivas tales como los adjetivos y los adverbios. Ellos amplían el significado de las palabras que modifican, y con frecuencia, hacen una gran diferencia. Por ejemplo, en Filipenses 4, Pablo agradece a los filipenses por las ofrendas que le habían enviado. No sabemos exactamente qué fue lo que recibió, pero Pablo alienta a sus benefactores con la promesa: "Así que mi Dios les proveerá de todo lo que necesiten, conforme a las gloriosas riquezas que tienen en Cristo Jesús" (v. 19).

Este versículo es rutinariamente arrancado de contexto y presentado como si Dios prometiera suplir todo lo que uno deseara y para todas las necesidades. Pero nunca pretendió estimular el materialismo. Sino una declaración de la confianza de Pablo en la provisión divina. ¿Qué tan seguro estaba él? El adjetivo calificativo "todo" es definitivo: "Así que mi Dios les proveerá de todo lo que necesiten", literalmente, "cada una de sus necesidades". No nos deja cortos. Él no únicamente suple lo que necesitamos, pero todo lo que necesitamos.

Frases preposicionales

Preposiciones son las pequeñas palabras que nos dicen dónde está tomando lugar la acción: de, a, en, sobre, con. Considere algunas de las tantas preposiciones que aparecen en las Escrituras, y notará cuán importante es tomarlas en cuenta, cuando ve: "en Cristo", "en el principio", "según el Espíritu", "en la carne", "bajo la ley", "por fe", "según la Palabra del Señor".

Conectores

Dos de las palabras más poderosas en la Biblia son *y*, y *pero*. Ya destacamos la importancia de *pero* en Hechos 1:8. Fíjese en Números 13:31,

2 Samuel 11:1, Lucas 22:26, Juan 8:1, Juan3:17, y tendrá una idea gráfica de la importancia y potencia de estas dos palabras.

Y, es simplemente crucial: "Deléitate en el Señor, y él te concederá los deseos de tu corazón" (Salmo 37:4); "Permanezcan en mí, y yo permaneceré en ustedes" (Juan 15:4); Pablo y Bernabé (Hechos 13:42-43); "Acérquense a Dios y él se acercará a ustedes" (Santiago 4:8).

Otra importante es por tanto, cada vez que vea un *por tanto*, retroceda en el contexto para ver de qué se trata. Romanos está lleno de por tantos, debido a que Pablo desarrolló su trabajo mediante una estructura argumentativa. Los profetas del Antiguo Testamento usan el por tanto extensamente. Una y otra vez, declaran sus sentencias en contra del pueblo, y gritan, "Por tanto, esto dice el Señor".

PROPÓSITO MEDIANTE LA ESTRUCTURA LITERARIA

Además de los recursos gramaticales, los escritores bíblicos comunican sus propósitos mediante estructuras literarias. Aún si usted es un lector inexperto, es probable que esté familiarizado con las estructuras literarias. Los argumentos televisivos los utilizan una y otra vez.

Por ejemplo, piense en cuántos programas de misterio utilizan la siguiente estructura: 1) presenta los personajes y el escenario; 2) perpetración del crimen, usualmente un asesinato o robo; 3) investigación del protagonista, 4) evasión de los criminales, 5) crisis, tal como una persecución automovilística o tiroteo, 6) resolución, como cuando el criminal es esposado y el protagonista se queda con la muchacha. Esta es una estructura común para este tipo de películas.

La Biblia tiene estructura literaria también, pese a que suele ser más sofisticada. Cuando pasemos al Segundo Paso: la interpretación, veremos cómo los diferentes tipos de literatura usan diversos tipos de estructuras literarias. Pero por el momento, acá tiene cinco de ellas:

Estructura biográfica

Generalmente hallada en los libros narrativos, la estructura biográfica se construye en torno a una persona clave del relato. Tal cual ya señalé, Génesis 12-50 enfoca en las experiencias de los cuatro patriarcas, Abraham, Isaac, Jacob y José. Jueces se estructura en torno a los líderes de Israel durante el período entre Josué y la aparición del primer rey, Saúl. En 1 y 2 Samuel, la narración se mueve desde Samuel a Saúl, y de Saúl a David. En Hechos, el apóstol Pablo dirige la acción de la segunda parte del libro.

Estructura geográfica

En la estructura geográfica, el foco clave es el lugar. La estructura de Éxodo depende fuertemente en los lugares que el pueblo de Israel visita en su peregrinar desde Egipto hacia la tierra prometida.

Estructura histórica

Aquí, los eventos son la clave de la estructura. El libro de Josué es un buen ejemplo. El libro inicia con la encomienda de responsabilidades por parte del Señor a Josué. Luego el pueblo cruza el Jordán. Después toman Jericó. Tras eso, son derrotados en Ai; y así continúa la narración sucesivamente a través del libro, mientras el pueblo va tomando posesión de la tierra prometida.

El libro de Juan también utiliza estructura histórica para presentar su propósito. El evangelio presenta siete milagros claves que promueven el propósito central:

Jesús hizo muchas otras señales milagrosas en presencia de sus discípulos, las cuales no están registradas en este libro. Pero éstas se han escrito para que ustedes crean que Jesús es el Cristo, el Hijo de Dios, y para que al creer en su nombre tengan vida. (Juan 20:30,31).

Uno de los empleos más interesantes de la estructura histórica ocurre en Apocalipsis. Juan nos dice que el libro registra la visión que Dios le dio, luego de una visión en la isla de Patmos. En la visión, toman lugar eventos de envergadura mundial, y la narración progresa de un incidente hacia otro incidente, hasta que alcanza su clímax en el capítulo 21, con la presentación de los cielos nuevos y la tierra nueva.

Estructura cronológica

Íntimamente relacionada con la estructura histórica se encuentra la estructura cronológica, en esta, el autor organiza el material en torno al tiempo como clave. Existe una progresión temporal, los eventos de la historia suceden en secuencia. 1 y 2 Samuel utiliza la estructura biográfica, como ya indique, pero también utilizan la estructura cronológica. La narrativa progresa como un diario desde los días iniciales del reino de Israel. Incidente tras incidente comienza con la palabra, "entonces.... después... luego".

Estructura ideológica

La mayoría de las cartas de Pablo a las iglesias se construyen en torno a ideas y conceptos. Romanos es un ejemplo típico. Argumenta poderosa y comprensivamente una idea, que está resumida en el 1:16: el evangelio es el poder de Dios para salvación. Al presentar este caso, Pablo toca conceptos tales como el pecado, la ley, la fe, la gracia, y la vida en el Espíritu.

La estructura ideológica hace fácil poder esbozar un libro. Una vez que usted entiende la idea central y su propósito, usted puede determinar que cada parte contribuye al la comprensión de ese tema y propósito.

LA BÚSQUEDA DE SIGNIFICADO

Determinar la estructura es un paso básico en el proceso del estudio bíblico. Cuando lleguemos a la interpretación, preguntaremos, ¿qué significa este texto? Pero nunca estamos en condición de responder a tal pregunta, si no hemos respondido a la pregunta de la observación, ¿qué es lo que veo? La estructura es la puerta de entrada para comprender el propósito del autor.

AHORA INTÉNTELO USTED

Los libros de la Biblia están llenos de declaraciones que expresan el propósito de sus escritores. Juan 20:30, 31 es uno de los más directos; otros son menos obvios. Pero un lector que observa cuidadosamente, puede, generalmente, encontrarlos. A continuación tiene un conjunto de declaraciones de propósito. Lea cada uno de ellas con cuidado, luego, déle una ojeada al resto del libro en el cual se encuentran. Vea cómo el escritor logra su propósito por medio de la manera en que presenta su material.

Deuteronomio 1:1; 4:1; 32:44-47
Proverbios 1:1-6
Eclesiastés 1:1-2; 12:13-14
Isaías 6:9-13
Malaquías 4:4-6
Lucas 1:1-4
2 Corintios 1:8; 13:1-10
Tito 1:5; 2:15
2 Pedro 3:1-2
1 Juan 5:13

LAS LEYES DE ESTRUCTURA

LEY	DESCRIPCIÓN	EJEMPLOS
Causa y efecto	Un evento, concepto o acción que causa otro (termino clave: por tanto, entonces, luego, como resultado)	Mr. 11:27-12:44 Ro. 1:24-32; 8:18-30
Clímax	Una progresión de eventos o ideas que llegan un punto de clímax antes de descender	Ex. 40:34-35 2 Sam. 11 Mr. 4:35-5:43
Comparación	Dos o más elementos que son parecidos	Sal. 1:3-4 Jn. 3:8, 12, 14 He. 5:1-10
Contraste	Dos o más elementos que son diferentes (término clave: pero, sin embargo, no así)	Sal. 73 Hch. 4:32-5:11 Gá. 5:19-23

Explicación o razonamiento	La presentación de una idea o evento seguido por su interpretación	Dn. 2; 4; 5; 7-9 Mr. 4:13-20 Hch. 11:1-18
Intercambio	Cuando la acción, conversión, o concepto se mueve a otro y luego regresa al primero	Gn. 37-39 1 S. 1-3 Lc. 1-2
Introducción y sumario	Apertura o conclusión que destaca una persona o situación	Gn. 2:4-25; 3 Jos. 12 Mat. 6:1
Pívot o bisagra	Un cambio repentino en la dirección o fluir del contexto; un clímax menor	2 S. 11-12 Mat. 12 Hch. 2
Proporción	Énfasis indicado por el cantidad de espacio que el escritor dedica a un tema	Gn. 1-11; 12-50 Lc. 9:51-19:27 Ef. 5:21-6:4
Propósito	Una declaración de las intenciones del autor	Jn. 20:30-31 Hch. 1:8 Tit. 1:1
Preguntas y respuestas	El empleo de preguntas retóricas o preguntas y respuestas	Mal. Mr. 11:27-12:44 Lc. 11:1-13
Reiteración	Frases y términos usados una o más veces	Sal. 136 Mat. 5:21-48 He. 11
De lo específico a lo general, de lo general a lo específico	Progresión de pensamientos desde un ejemplo particular a un principio general o viceversa	Mat. 6:1-18 Hch. 1:8 Stg. 2

16

LEA
ADQUISITIVAMENTE

ace varios años atrás, me levanté por la mañana, fui al baño, llené el lavabo con agua y comencé a afeitarme. Pero cuando fui a colocar la afeitadora en el agua, me di cuenta que no tenía agua. Pensé, bien, aún es temprano. Así que llené con agua nuevamente y continué afeitándome. Pero una vez más el agua se escurrió. Así que decidí observar un poco. Al examinar el tapón, descubrí que mis muy creativos hijos lo habían agujereado con forma de estrella.

Eso es un buen ejemplo de lo que nos ha sucedido a muchos de nosotros al recibir educación. Tenemos agujeros en nuestra mente, y como resultado llega a quedar como cedazo. No retienen demasiado –al menos pocas cosas de valor. Leemos un libro y una semana después no logramos recordar de qué se trataba. Asistimos a una clase y luego ya no tenemos ni remota idea sobre qué habló el maestro. Escuchamos un sermón dominical matutino y para la tarde ya no recordamos ni siquiera acerca de qué versículo fue dicha prédica. Es como si tuviéramos cerebros impermeables, ¡nada les penetra!

Debemos aprender un nuevo enfoque, si es que aspiramos a apropiarnos de las verdades bíblicas. Necesitamos leer con una novena estrategia de lectura bíblica de primera categoría:

LEA LA BIBLIA ADQUISITIVAMENTE

O sea, no lea sólo para recibir sino para retener; no meramente para percibirlo sino para poseerlo. Reclame el texto. Hágalo su propiedad. ¿Cómo lograrlo? La clave consiste en la intervención personal y activa en el proceso. Existe un antiguo proverbio al respecto, que dice: "Escucho y olvido. Veo y recuerdo. Hago y comprendo".

La psicología moderna ha realizado estudios que respaldan el proverbio: Recordamos apenas un 10 por cien de lo que escuchamos, 50 por cien de lo que escuchamos y vemos, pero hasta el 90 por cien de lo que escuchamos, vemos y hacemos.

Ese es el motivo por el cual yo nunca les he dado un examen a mis estudiantes de estudiantes de "Métodos de estudios bíblicos", durante más de cuarenta años de enseñanza que he transcurrido enseñándolo. Algunos estudiantes no pueden creerlo (¡tampoco algunos de los demás profesores!) Ponga atención, yo prefiero involucrar a los estudiantes en el proceso –el proceso de estudiar la Escrituras, en vez de forzarlos a estudiar para un examen. ¿De qué vale si un muchacho puede sacar la máxima calificación en un examen? La verdadera pregunta es, ¿puede él o ella trabajar en la Palabra hasta entenderla, poseerla y aplicarla?

En vez de un examen final, les pido a mis estudiantes que desarrollen una modalidad creativa de estudio bíblico y que presenten un pasaje. Pueden trabajar solos o en grupos. El último día de clases, ellos presentan sus proyectos al resto del grupo. Hasta el momento nunca he sido defraudado.

Por ejemplo, un grupo de seis personas trabajaron en una parodia basada en Hechos 1:8, en la cual presentaron dramatizado a tres pares de pies hablando del Evangelio hasta lo último de la Tierra. Utilizaron sus talentos creativos para escribir con humor sus libretos, con drama y suspicacia.

Otro equipo de estudiantes desarrollo una presentación de títeres para demostrar los principios bíblicos. He visto presentaciones audiovisuales, pinturas, hasta danza creativa. He escuchado poemas, canciones, dramas, lecturas, historias breves. Todo basado en las Escrituras; todo fiel al texto.

Ahora, por favor, preste atención a lo siguiente: estos no son juegos ni algo artificioso. Por supuesto que pueden usarse de ese modo, pero para los estudiantes que estuvieron involucrados, fueron ejercicios de adquisición bíblica. Le aseguro que si los encontrara hoy en día, aquellos que invirtieron verdaderos escuerzos, podrán no solo contarle lo que hicieron sino que también qué fue lo que aprendieron al hacerlo. (¿Cuántas tareas puede usted recordad de sus estudios secundarios, o la universidad?)

INVOLÚCRESE EN EL PROCESO

De la manera similar, este libro tendrá el valor de involucrarle en el proceso. ¿Qué diferencia hace si usted lee cada página, y hasta subraya partes del texto, si al final deja su Biblia en el estante y no se sumerge en ella? Mi meta –y espero que sea también su meta– es ver cambios que transforman su vida como resultado de su interacción con la Palabra de Dios.

¿Qué ideas tiene para hacer de su estudio bíblico un trabajo permanente? ¿Está estudiando a Elías en el Carmelo? ¿Qué si dramatiza la historia con su familia y amigos? Un grupo de consejos de un campamento hicieron eso con los acampantes. Los jovencitos nunca más lo olvidaron.

Tal vez podría intentar re-escribir un texto como Eclesiastés 3:1-8 ("Hay un tiempo para cada cosa"), Lucas 19:1-10 (Zaqueo); o 1 Corintios 13 (el capítulo del amor) en su propia paráfrasis.

También podría intentar una concentración, y por un mes completo estudiar la biografía de un personaje de las Escrituras. Fíjese en cada referencia que encuentre relativa a tal personaje. Consiga un diccionario bíblico, y lea respecto trasfondo cultural e histórico en el cual él o ella vivió (vea el capítulo 34 para saber más sobre diccionarios bíblicos). Localice los lugares en un atlas, examine los lugares donde la persona vivió y hacia dónde viajó.

Otra posibilidad sería desarrollar un perfil psicológico: ¿Qué tipo de persona fue? ¿Qué actitudes y sentimientos tenía? ¿Qué prejuicios? ¿Qué ambiciones? ¿Cuál era el trasfondo de su familia? ¿Qué le motivaba? Llegue a ser un especialista en la vida de ese individuo, de tal modo que si llegara a encontrárselo en la calle, pudiera reconocerlo al instante.

En breve, realice lo que sea necesario para convertirse en un lector adquisitivo de la Biblia. Cásese a la verdad de la Biblia con sus propios intereses y experiencias –mediante la intervención personal en el proceso– así recordará mucho más que porciones bíblicas, las hará suyas.

HORA INTÉNTELO USTED

Acá tiene una idea para apropiarse de un pasaje de las Escrituras. Vaya a Números 13, la historia de los espías enviados por Moisés a la Tierra prometida. Lea el relato cuidadosamente, utilizando todos los principios cubiertos hasta este punto. Entonces escriba su propia paráfrasis de la historia. Las siguientes son algunas sugerencias:

1. Decida cuál es el punto central de la historia. ¿Qué sucede? ¿Por qué es el incidente significante?
2. Piense en cualquier paralelo de su familia, la iglesia, la nación o su propia vida con lo que sucede aquí en la historia,
3. Decida respecto al "ángulo" que desea utilizar. Por ejemplo: el reporte de la tarea a las fuerzas de Israel, S.A (sociedad anónima, como si fuera una empresa); un concilio tribal (una ángulo indigenista); un debate político entre dos facciones (un ángulo político o gubernamental). El punto es elegir algo que encaje con la situación y que hará el incidente memorable para usted.
4. Escriba nuevamente el relato según el ángulo que escogió. Utilice un lenguaje acorde al tema o ángulo escogido. Haga que sus personajes suenen reales. Cambie los nombres de los lugares para ajustarlos al estilo.
5. Cuando haya acabado, lea la paráfrasis a un amigo o a alguien de su familia.

17

LEA
TELESCÓPICAMENTE

L a décima y última estrategia para desarrollar habilidades de primera categoría para estudiar las Escrituras, es:

LEA LA BIBLIA TELESCÓPICAMENTE

La lectura telescópica demanda ver las partes a la luz del conjunto, del todo.

El presidente de la compañía Sony, Akio Morita, vino a Texas recientemente para responder a la pregunta, ¿por qué los japoneses son reacios a producir productos para el consumidor en los Estados Unidos? Su respuesta: ellos no lograron encontrar partes norteamericanas que cumplieran con sus requisitos para el control de calidad.

Tome el caso de una cámara de video, explicó. Sony tiene una exigencia que tolera sólo que una de cada cien falle. Eso parece fácil de lograr –hasta enterarse que el aparato está compuesto por unas dos mil piezas pequeñas. Con esa cantidad de piezas, cada una debe funcionar sin defecto alguno –quiza una falla en cien mil, o en un millón– para que toda la unidad pase los niveles de control de calidad. Como vemos aquí, el conjunto es mucho mayor que la suma de las partes.

Así es también con la Biblia. No se trata simplemente de una colección de partes. Es un mensaje integral, en el cual el todo es mayor que la suma de las partes individuales. Es una mala matemática, pero una buena metodología. No obstante, lo que sucede con muchos de los estudios bíblicos es que los continuamos dividiendo en partes, y desmenuzando detalles, hasta que nos quedan un montón de baldes con fragmentos. Lo que necesitamos ahora es gente que pueda reconstruir las partes, dándoles el sentido y el poder que el conjunto posee.

Así que cada vez que lee y analiza las Escrituras, cada vez que se involucra en ellas, sepa que únicamente ha realizado la mitad del trabajo. Su próxima tarea es volver a poner las partes juntas.

¿Cómo lograrlo?

Fíjese en las conexiones

En el capítulo 15 nos fijamos en el poder de las pequeñas palabras *pero*, *y*, así como *por lo tanto* (y otras palabras similares que funcionan como colectoras de ideas). Son las palabras que unen las partes, y les dan sentido asociándolas. La lectura telescópica requiere que usted ponga atención a estos vínculos conectores, y así usted mantiene el hilo de pensamiento del autor en su mente mientras lee.

Ponga su atención en el contexto

Ya vimos cuán importante puede ser el contexto cuando estudiamos Hechos 1:8. Regresaremos a él en detalle cuando pasemos al Segundo Paso, la Interpretación. Pero el principio que debemos recordar es que, en cualquier lugar que usted estudie un versículo o párrafo, debe consultar el contexto mayor. La lectura telescópica está basada en este principio. Nunca se determina algo por el detalle solo, sino que siempre demanda un lente con perspectiva amplia. Siempre se pregunta, ¿cuál es la gran escena, el panorama general?

Evalúe el pasaje a la luz del libro completo

Esto es lo máximo para revisar el contexto. Es como volar en un avión para evaluar las distancias y relaciones en el área.

Por ejemplo, si usted fuera a abrirse camino en Marcos, versículo por versículo, probablemente disfrutará la narrativa, pero perderá el mensaje del autor. Obviamente la historia trata de Jesús. Pero también hay otros tres libros en el Nuevo Testamento que tratan sobre Jesús. ¿Qué distingue a este Evangelio de los demás?

No es sino hasta que usted retrocede y evalúa el libro como un conjunto que descubre que Marcos organiza su trabajo en dos secciones mayores. Desde 1:1 hasta 8:26, es sobre la persona de Cristo, desde 8:31 hasta 16:20 verá que es sobre el propósito de Cristo. La coyuntura del libro es 8:27-30, donde Jesús realiza la crucial pregunta: "¿Quién dicen ustedes que soy yo?" Todo tipo de ideas pudieran surgir de esta estructura, pero no es algo que usted pueda detectar de cerca, sino tomando una foto satelital del libro, desde la distancia.

Vea el contexto histórico del libro

He pensado que la historia es una de las temáticas más fascinantes que existen. La historia le da relevancia a detalles que de otro modo pasarían como insignificantes. Por ejemplo, todos estamos familiarizados con el relato navideño, que comienza: "Por aquellos días Augusto César decretó que se levantara un censo en todo el imperio romano" (Lc. 2:1).

Pero, ¿cuántos de nosotros nos hemos percatado de que Augusto César fue el primer emperador romano? ¿Cómo pudo suceder? Tal vez usted ha visto o leído la tragedia de Shakespeare, Julio César y sabe que Julio César fue asesinado en el año 44 a.C. Había sido un dictador. Pero previamente Roma era una república. Luchas por el poder se suscitaron tras la muerte de César, y un hombre llamado Octavio emergió como el vencedor. Algunos treinta años antes del nacimiento de Cristo, Octavio fue nombrado emperador y asumió el título de Caesar Augustus.

Otro dato interesante es que Roma anexó a Judea –el lugar de nacimiento de Cristo– en el año 6 a.C.

Así que cuando Lucas abre en el capítulo 2 con la referencia a Augusto César, les está recordando a sus lectores acerca de los extraordinarios cambios del tiempo en que vivían. ¿Tiene todo esto algo que ver con el relato? ¿Nos da algunas pistas importantes acerca de las condiciones en torno a la vida y muerte de Jesús? ¿Arroja alguna nueva luz sobre la narración de los Hechos, que continúa el libro de Lucas? ¿Nos da algún tipo de indicación respecto al tipo de persona que era el destinatario del libro, a quien él llama, Teófilo en Lucas 1:3 y Hechos 1:1?

Cada vez que llegue a un libro de la Biblia pregúntese, ¿en qué lugar de la historia encaja? ¿Cuándo fue escrito? ¿Cuándo sucedieron los eventos que tomaron lugar? ¿Qué estaba sucediendo en el resto del mundo al mismo tiempo?

También pregunte, ¿dónde encaja este libro en el fluir de toda la Biblia? ¿Encaja antes, durante o después de Cristo? ¿Cuántos de los demás libros de la Biblia ya estaban escritos cuando esté fue escrito? En otras palabras, ¿cuánto acerca de Dios sabía el autor y sus destinatarios?

Probablemente, usted tenga que utilizar recursos secundarios para descubrir el contexto histórico de los libros bíblicos. Hablaré más acerca de ellos en el capítulo 34. Por el momento, mantenga en mente que Dios es el Dios de la historia. El trabaja en y a través de gente real en el mundo real, para lograr sus propósitos. Usted aprenderá bastante acerca de esos propósitos si lee su Palabra telecópicamente.

AHORA INTÉNTELO USTED

Para leer un libro de la Biblia telescópicamente, usted debe captar el gran escenario. Debe comenzar por leer sintéticamente, no analíticamente. O sea, examinar el terreno antes que perforar los cimientos. Tenga una perspectiva general acerca de las temáticas cubiertas por el autor y especialmente sobre cuanto espacio dedica a cada tópico.

Un buen libro para estudiar de esta forma es Jueces. El mismo cubre el período posterior a la muerte de Josué, y antes de la proclamación del primer rey de Israel. Dios levantó líderes individuales, llamó jueces, para guiar al pueblo mientras ellos se establecían en la Tierra Prometida.

Para adquirir esta perspectiva amplia, lea el libro completo de una sola sentada y realice una lista de quiénes son los personajes principales –son jueces– y dónde comienzan a aparecer en el texto. (Una frase clave es "y entonces los hijos de Israel comenzaron a hacer lo malo ante los ojos del Señor").

Luego, desarrolle una gráfica o tabla que muestre dónde aparece cada uno de ellos en el libro y cuánto espacio le es dado a él o ella. (Vea el capítulo 25 para ejemplos de diversos tipos de estas gráficas y tablas).

Cuando complete el ejercicio, usted tendrá un excelente inicio para leer el libro de Jueces telescópicamente. Usted tendrá la vista panorámica del escenario mayor, de la generalidad, así que cuando lea las historias individuales de los jueces podrá ubicarlos en el contexto y lugar que pertenecen.

Algunos otros libros del Antiguo Testamento para leer de esta manera, pudieran ser 1 y 2 Samuel, 1 y 2 Reyes, y 1 y 2 Crónicas.

18

TRABAJE CON UN PÁRRAFO

Comencé nuestra discusión acerca de la observación enfocándonos en un versículo, Hechos 1:8. Ahora quiero avanzar hasta el párrafo. El párrafo es la unidad básica de estudio –no el versículo, como tampoco el capítulo. Ciertamente un párrafo puede ser tan breve como un versículo o comprender todo un capítulo. Cualquiera sea el caso, el párrafo representa un pensamiento completo. Es un conjunto de oraciones y declaraciones que tratan con un tema o idea. Eso lo hace ideal para estudiarlo por medio de la observación.

De todos modos, originalmente las Escrituras no estaban divididas en capítulos, párrafos ni versículos. Eran simplemente largos pasajes enteros. Doce siglos después de Cristo, los eruditos comenzaron a tallarlos hasta llegar a las divisiones que tenemos hoy en día. Lo hicieron para facilitar el estudio bíblico, pero sus esfuerzos no contaron con la inspiración del Espíritu Santo. De hecho, muchas de nuestras divisiones están artificialmente impuestas al texto. Algunas veces tenemos que ignorarlas para lograr leer el libro apropiadamente.

LA ORACIÓN DE NEHEMÍAS

El párrafo que vamos a estudiar es Nehemías 1:4-11. Sugiero que usted vaya a él en su Biblia, pero acá lo tenemos de todos modos:

Al escuchar esto, me senté a llorar; hice duelo por algunos días, ayuné y oré al Dios del cielo. Le dije: "SEÑOR, Dios del cielo, grande y temible, que cumples el pacto y eres fiel con los que te aman y obedecen tus mandamientos, te suplico que me prestes atención, que fijes tus ojos en este siervo tuyo que día y noche ora en favor de tu pueblo Israel. Confieso que los israelitas, entre los cuales estamos incluidos mi familia y yo, hemos pecado contra ti. Te hemos ofendido y nos hemos corrompido mucho; hemos desobedecido los mandamientos, preceptos y decretos que tú mismo diste a tu siervo Moisés.

Recuerda, te suplico, lo que le dijiste a tu siervo Moisés: 'Si ustedes pecan, yo los dispersaré entre las naciones: pero si se vuelven a mí, y obedecen y ponen en práctica mis mandamientos, aunque hayan sido llevados al lugar más apartado del mundo los recogeré y los haré volver al lugar donde he decidido habitar'.

Ellos son tus siervos y tu pueblo al cual redimiste con gran despliegue de fuerza y poder. SEÑOR, te suplico que escuches nuestra oración, pues somos tus siervos y nos complacemos en honrar tu nombre. Y te pido que a este siervo tuyo le concedas tener éxito y ganarse el favor del rey." En aquel tiempo yo era copero del rey.

Mientras discutimos este párrafo, resaltaré las preguntas que le realice al texto en letras negrillas, tal como lo hice en el capítulo 6.

REVISE EL CONTEXTO

El versículo 4, "Al escuchar esto...". **¿Cuál es el significado de la palabra "esto"?** Es una conexión, un puente. Une este párrafo con cualquier cosa que esté anteriormente. Ahora bien, la frase *Al escuchar esto* a mí me demanda preguntar, **¿qué es lo que escuchó?** Así que ambas preguntas me fuerzan a regresar al principio del libro y revisar el contexto.

El principio del versículo 1 me da una introducción al libro. **¿Qué encuentro aquí?** Tres pistas muy importantes, pistas que la mayoría de las personas ignoran. Antes que nada descubro algo acerca de la naturaleza del libro, estas son las palabras de un hombre particular. Segundo, descubro quién era ese hombre –Nehemías. Tercero, aprendo acerca de la familia de origen de Nehemías, detalle especialmente de utilidad ya que el nombre *Nehemías* aparece en varias otras partes, pero se trata de otras personas con el mismo nombre.

En la parte final del versículo 1, leo tres frases preposicionales: "en el mes de quisleu del año veinte, estando yo en la ciudadela de Susa". **Por lo tanto me pregunto**, ¿a qué se refiere? ¿Qué palabra podría poner junto a las dos primeras frases? La palabra *tiempo*, debido a que me informan acerca del mes y el año.

Un diccionario bíblico puede ayudarme para determinar cuál es el mes de quisleu. Entonces descubro que los antiguos hebreos tenían un calendario diferente al nuestro. Ellos no comenzaban por enero, febrero, marzo y así sucesivamente. Quisleu era su noveno mes, comenzando en nuestro noviembre y extendiéndose hasta diciembre. Así que asumiendo que los eventos en esta narración hubieran tenido lugar en el hemisferio norte, sería el invierno.

También hallo que el calendario de los hebreos era diferente del de los persas, cosa más interesante aún, cuando encuentro que Nehemías era un exiliado en Persia. De hecho, él tenía una posición destacada en el gobierno; pero estaba midiendo el tiempo según el calendario judío.

A continuación indica que todo esto estaba sucediendo "en el año veinte". Lo que una vez más, me obliga a preguntar: **¿El año veinte de qué?** No puedo responder eso aquí. Todavía no se me informa al respecto sino hasta el inicio del capítulo 2.

Finalmente, **¿qué me indica la referencia a "la ciudadela Susa"?** Responde a la pregunta, ¿Dónde? Pero aún debo descubrir de dónde era Susa la capital. Cuando miro en un diccionario bíblico, encuentro que existían dos palacios en el reino. Susa era el palacio de invierno. (Recuerde que está sucediendo en noviembre-diciembre, en el hemisferio norte). También había una residencia real de verano, Ek-batana. Pero Nehemías está en la de Susa –¡no era una choza! De hecho, cubría un área de unas 2000 hectáreas y era extremamente lujosa.

Contenido / autor / familia / Introducción

1 b Al escuchar esto   Reporte

1 (**en el mes de quisleu** ¿Cuándo?   Tiempo - Nov - Dic

2 (**en el año veinte** ¿Qué año? cf 2:1

3 (**en la capital de Susa**   Lugar / ¿Dónde?

llegó Jananí...

les pregunté

por el resto de los judíos

y por Jerusalén

están enfrentando una gran calamidad y humillación

La muralla de Jerusalén sigue derribada

Sus puertas consumidas por el fuego

3

¿qué palabras?

4 Al escuchar esto (las palabras) { Llorar / hacer duelo / ayunar / orar

me senté a

Así que aquí vemos a un hombre viviendo en el lujo, en una situación privilegiada. Cuando escucha el reporte (v. 2) que Jananí le dio, **¿qué hizo Nehemías?** Hace unas preguntas. **¿Cuáles fueron sus dos preguntas?** Antes que nada "se preocupó por los judíos", pues tenía que ver con su pueblo. Y preguntó "sobre Jerusalén". Eso tenía que ver con el lugar que era su hogar.

El versículo 3 Jananí da la respuesta. Por lo que aquí tenemos una sesión de diálogo, preguntas-respuestas. **¿Qué relación tiene la respuesta con la pregunta realizada?** Nehemías preguntó por la gente y el lugar. Los hermanos le dieron una respuesta con tres partes: (1) El remante está en gran calamidad y humillación. (2) "la muralla de Jerusalén sigue derribada", esto es sobre el lugar; (3) "con sus puertas consumidas por el fuego" –también sobre el lugar.

Así que el orden de las respuestas está exactamente en el orden de las preguntas. Pienso que indica algo acerca de Nehemías. Su principal preocupación era la gente, no el lugar. Después descubrimos cuánto esto significará, durante el desarrollo del libro.

ETIQUETE SUS OBSERVACIONES

Muy bien, ya examinamos el contexto. Ahora regreso a mi párrafo en el versículo 4. Una vez que él escuchó acerca de las personas y el lugar, ¿qué hace Nehemías? Cuatro cosas: llora, hace duelo, ayuna y ora.

¿Hay alguna manera de unir todo esto? Llorar y hacer duelo tiene que ver con emociones. ¿Qué acerca de ayunar y orar? Indican una respuesta espiritual.

Una de las cosas que necesita hacer durante el estudio bíblico es colocarle etiquetas a sus observaciones. Le ayudará a manejar su material. Por ejemplo, junto al versículo 1b podría poner reporte. Si usted prefiere una palabra diferente, hágalo; pero escriba algo que resuma el contenido.

Si el versículo 1b es el reporte, entonces el versículo 4 es la "respuesta". Nehemías recibe una respuesta total, emocional y espiritual al reporte.

Avanzando hasta el versículo 5, encuentro una oración. O, para mantener la estructura, podría etiquetarlo como la petición que realizó Nehemías. Ya nos fijamos en esta oración en el capítulo 12. ¿Recuerda? Nehemías comienza con adoración (v. 5). Adora a Dios por su amor perdurable, y prosigue a la confesión (vv. 6-7). Ver a Dios como Él siempre es, no ayuda a vernos a nosotros mismos, tal como somos –pecadores necesitados de su misericordia. Entonces, luego de confesar sus pecados y los del pueblo, Nehemías comienza a pedirle a Dios, basándose en Sus promesas.

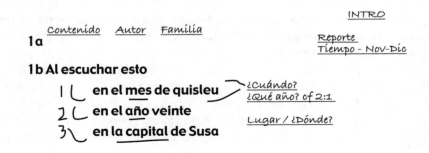

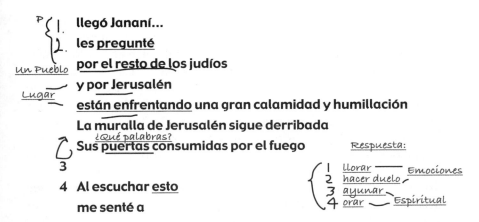

La oración de Nehemías es un modelo acerca de cómo acercarse a Dios. Pero al verlo en contexto, notó cómo se conecta directamente con el reporte dado por Jananí y sus hermanos. Ellos llegaron y dijeron, "el pueblo está enfrentando gran calamidad y humillación". Ante ello, Nehemías respondió inmediatamente con oración, pero es una oración basada en la Palabra de Dios. Dios había prometido que si Israel desobedecía, Él los dispersaría; y que si ellos se volvían a Él, Él los restauraría a su tierra (vv. 8-9). Nehemías escucha el reporte, revisa la Palabra de Dios y cae sobre sus rodillas en oración.

NINGÚN DETALLE ES TRIVIAL

¿Es ese el final del párrafo? No. **¿Qué debo notar en la última parte del versículo 11?** Nehemías agrega un detalle interesante: "En aquel tiempo yo era copero del rey". Esto es sumamente importante, si bien, la mayoría de las personas lo pasan por alto. Pero en el paso de observación, pregunto, ¿qué estoy viendo? Asumiendo el papel de un detective bíblico –para quien ningún detalle es irrelevante.

¿Qué era un copero? He descubierto que la mayoría de las personas piensan que era una persona que andaba caminando con una copa en la mano, como si no tuviera nada mejor que hacer. Pero aquí es donde, una vez más, un buen diccionario bíblico nos ayudará. Al buscar "copero", encuentro que era un título derivado del hecho que su responsabilidad era probar los vinos del rey. Como usted puede imaginar, era un área de intriga y constantes intentos de eliminar gente. Así que los reyes no confiaban en nadie –con excepción al copero.

El copero era un tipo de primer ministro, el segundo al mando. Disponía una cuenta para gastos y tenía acceso directo al rey.

Así que el Espíritu Santo incluye este detalle acerca de Nehemías para mostrar cómo Dios cumplió sus propósitos. Más adelante en el libro descubro, que fue gracias a que Nehemías era el copero que le permitió regresar a su tierra y reedificar las murallas y la ciudad. Dios tenía a su hombre en una posición estratégica. Nehemías pudo utilizar su posición para lograr los propósitos de Dios.

¿Ha pensado usted alguna vez acerca de dónde lo ha colocado Dios? Tal vez usted sea un maestro de escuela, una enfermera, una experta en computación, un carpintero, o un médico. Cualquiera sea su situación, ¿qué oportunidad le ha dado Dios para alcanzar sus propósitos? Le puedo garantizar que Él ha colocado a uno de sus hijos en una posición estratégica? Él quiere usarle a usted para su gloria y honor.

"NO SÉ POR DÓNDE COMENZAR"

Hay muchas otras observaciones que realizar en este párrafo. De hecho, este libro es uno de los más fascinantes que he estudiado en la Palabra de Dios. Pero yo no comenzaba viendo cosas de la manera que lo hago hoy. Era muy diferente cuando empecé.

No mucho después de convertirme, alguien me animó, "Ahora que usted está en la fe, necesita meterse en la Palabra".

"Qué bueno", dije, "¿por dónde debo comenzar?"

1a <u>Contenido</u>   <u>Autor</u>   <u>Familia</u>   INTRO
                                                    <u>Reporte</u>
1b Al escuchar esto   Tiempo - Nov-Dic

    1 └┐ **en el <u>mes</u> de quisleu**   ¿Cuándo?
                                                    ¿Qué año? cf 2:1
    2 └┘ **en el <u>año</u> veinte**   Lugar / ¿Dónde?

    3 └ **en la capital de Susa**

llegó Janani...

les pregunté
                              Un Pueblo
  ⎰ *1.*   **por el resto de los judíos**
  ⎱ *2.*   **y por Jerusalén** Lugar

están enfrentando una gran calamidad y humillación

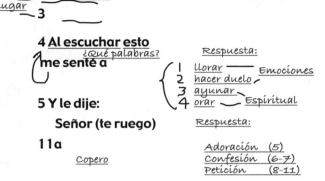

Un Pueblo **La muralla de Jerusalén sigue derribada**

Sus puertas consumidas por el fuego

Lugar
3

4 Al escuchar esto
¿Qué palabras?

me senté a

5 Y le dije:

Señor (te ruego)

11a

Copero

Respuesta:

1 llorar —— Emociones
2 hacer duelo
3 ayunar
4 orar — Espiritual

Respuesta:

Adoración (5)
Confesión (6-7)
Petición (8-11)

"Comience donde quiera, hermano; todo es sumamente útil".

Así que fui a mi casa y abrí mi Biblia –y abrí en Ezequiel; justo en medio de las ruedas. Luché con el pasaje por un rato, hasta que pensé, esta tiene que ser una excepción. Así que intenté ir al final de la Biblia –Apocalipsis. Las copas de la ira me confundieron completamente. Así que, con vergüenza lo digo, cerré mi Biblia por un año completo. Yo estaba convencido que lo que el clero me había enseñado era cierto –necesitas ser un profesional para sacarle sustancia a la Palabra.

Por la gracia de Dios alguien llegó y me preguntó, "Hola, Hendricks, ¿estás estudiando las Escrituras?

"No, en realidad no lo estoy", le dije.

"¿Cómo puede ser?"

Mi respuesta fue directa: "Yo no sé cómo encararla. No sé por dónde comenzar".

A esta altura, usted sabe muchísimo más que yo cuando comencé a estudiar la Palabra de Dios por mis propios medios. Usted ha visto cómo observar un versículo, y ahora un párrafo. Usted también ha descubierto que necesita aprender a leer mejor y más rápido, como si fuera la primera vez, como si se tratara de una carta de amor. Además, ha sido expuesto a las diez estrategias que le garantizan transformarse en un lector de la Biblia de primera categoría.

Pero no solamente debe aprender a leer, debe también aprender a reconocer lo que está buscando. En los próximos capítulos, le daré seis pistas que le ayudarán a abrir el texto bíblico de par en par.

AHORA INTÉNTELO USTED

En este capítulo he trabajado con un párrafo, observando cómo Nehemías reaccionó ante el reporte de Jananí y sus hermanos. Ahora es su turno. Debajo hay un párrafo del apóstol Pablo a Tito, quien fuera un pastor del primer siglo en la isla mediterránea de Creta.

Lea el párrafo cuidadosamente, use las diez estrategias para clasificar la lectura y coloque atención a los términos y las estructuras gramaticales. Vea lo que puede descubrir acerca del estilo de vida que caracterizaba a los creyentes y especialmente, a los líderes de la época.

Pablo, siervo de Dios y apóstol de Jesucristo, llamado para que, mediante la fe, los elegidos de Dios lleguen a conocer la verdadera religión. Nuestra esperanza es la vida eterna, la cual Dios, que no miente, ya había prometido antes de la creación. Ahora, a su debido tiempo, él ha cumplido esta promesa mediante la predicación que se me ha confiado por orden de Dios nuestro Salvador. A Tito, mi verdadero hijo en esta fe que compartimos: Que Dios el Padre y Cristo Jesús nuestro Salvador te concedan gracia y paz. Te dejé en Creta para que pusieras en orden lo que quedaba por hacer y en cada pueblo nombraras ancianos de la iglesia, de acuerdo con las instrucciones que te di. (Tito 1:5-9).

Cortesía del Dr. John Hellstern, Aledo, Texas.

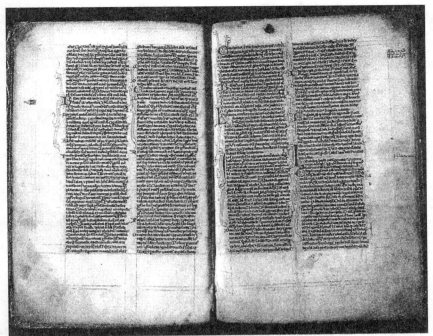

Esta Biblia manuscrita se cree que fue producida a mano en Cambridge, Inglaterra alrededor de 1180. Como todas las Biblias de la época, no está dividida en capítulos ni versículos. Los números de los capítulos fueron adicionados más tarde. A un escriba le tomaba unos dos años producir una Biblia como esta.

SEIS COSAS QUE BUSCAR

Las cosas que son enfatizadas
Las cosas que son repetidas
Las cosas relacionadas
Las cosas similares
Las cosas diferentes
Las cosas que son verdades de la vida

19

LAS COSA QUE SON ENFATIZADAS

¿Ha visitado a su médico debido a un dolor de garganta? La primera cosa que le pide es que saque su lengua. Da un vistazo a su lengua y entonces dice, "Ajá". De inmediato sabe cuál es el problema. Yo podría mirar su lengua por toda la eternidad, pero no ayudaría en nada ya que no sé qué cosa estoy buscando ver.

El mismo principio se aplica al estudio bíblico. Usted pude pasar horas pasando páginas a través de la Biblia, pero será una completa pérdida de tiempo si usted no sabe qué es lo que está buscando. Por esto cuando usted hace la observación, realiza la pregunta y responde a la interrogante, ¿qué es lo que veo? Usted asume el papel de un detective bíblico, buscando pistas, y ningún detalle es trivial.

Hay seis pistas que buscar en las Escrituras. Dios le ha dado una excelente herramienta para ayudarle a recordarlas –su mano. Existe una pregunta por cada dedo y otra para la palma de su mano. En este capítulo y durante los siguiente cuatro, le mostraré cómo resaltar estas seis importantes pistas.

Comience con su pulgar. La primera pista que debe buscar es:

LAS COSAS QUE SON ENFATIZADAS

El Espíritu de Dios utiliza una serie de herramientas para enfatizar ideas, eventos, personas, y otras cosas en la Escritura. Le mostraré cuatro de estas herramientas.

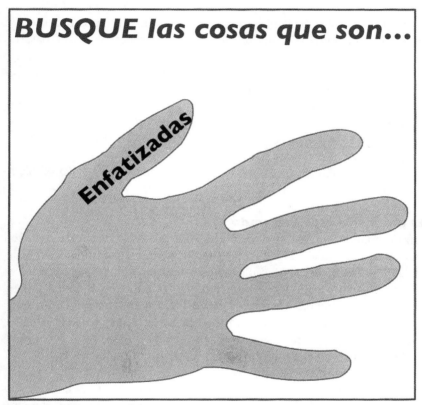

BUSQUE las cosas que son... Enfatizadas

Cantidad de espacio

Un libro puede enfatizar al propinarle una destacada cantidad de espacio en su narrativa. Ya lo vimos en Génesis. Tiene cincuenta capítulos. Los primeros once tratan acerca de la creación, la caída, el diluvio, la Torre de Babel y otros detalles. Todos esos eventos tremendos están condensados en tan sólo once capítulos. En contraste, el escritor dedica los capítulos 12 al 50 al relato de la vida de cuatro individuos: Abraham, Isaac, Jacob y José. Mediante el énfasis, el Espíritu de Dios nos enseña que lo más importante en el libro de Génesis, es la familia que Dios escogió para que fuera su pueblo.

Vemos la misma cosa cuando vamos a los evangelios. Por ejemplo, Mateo tiene 1062 versículos, por lo menos 342 de ellos –un tercio del libro– son discursos del Salvador. Esto destaca un importante propósito del libro. Por otra parte, algunos de los demás evangelios dedican bastante más espacio a la crucifixión que a otros eventos en la vida de Cristo.

En las epístolas de Pablo, frecuentemente encontramos una sección de doctrina seguida por una sección de aplicaciones prácticas, basadas en la doctrina. Por ejemplo, Efesios 1-3 nos dice lo que Dios ha hecho por nosotros. Efesios 4-6 nos dice lo que nosotros necesitamos hacer como resultado. Eso es un interesante balance entre teología y práctica. El mismo esquema podemos encontrarlo en Colosenses. No obstante, en Romanos la proporción de once capítulos de doctrina y cinco de aplicaciones, lo que nos da una idea del énfasis que Pablo quiere dar.

Así que en cualquiera sea la porción de las Escrituras que observe, pregúntese, ¿cuánto espacio se le da a este tema? ¿Qué está enfatizando el autor?

El propósito está declarado

Otra modalidad mediante la cual los escritores bíblicos suelen enfatizar sus puntos es diciéndonos directamente qué se proponen. Recuerde, ya vimos un excelente ejemplo de esto en Juan 20:30-31:

> Jesús hizo muchas otras señales milagrosas en presencia de sus discípulos, las cuales no están registradas en este libro. Pero éstas se han escrito para que ustedes crean que Jesús es el Cristo, el Hijo de Dios, y para que al creer en su nombre tengan vida.

Tal cual lo indicara en el capítulo 15, Juan presenta siete señales cuidadosamente seleccionadas para lograr su propósito –para mostrar que Jesús es el Señor, el Hijo de Dios, y que por lo tanto es digno de nuestra confianza.

También pudiera tomar Proverbios. Salomón lanza su fascinante colección de dichos sapienciales, diciéndole al lector porqué debería leer el libro:

para adquirir sabiduría y disciplina;
para discernir palabras de inteligencia;
para recibir la corrección que dan la prudencia,
la rectitud, la justicia y la equidad;

para infundir sagacidad en los inexpertos,
conocimiento y discreción en los jóvenes.
Escuche esto el sabio, y aumente su saber;
reciba dirección el entendido,
para discernir el proverbio y la parábola,
 los dichos de los sabios y sus enigmas.

(Prov. 1:2-6)

Estos son beneficios impresionantes. El resto de Proverbios sigue estas premisas. Mediante la declaración del propósito al inicio, el escritor enmarca los pensamientos del lector mientras este navega el material. En cualquier lugar que aborde Proverbios, sabe que tratará acerca de la sabiduría.

Orden

Una tercera manera de enfatizar algo es dándole un lugar estratégico dentro del resto del material. Esto viene antes de aquello y aquello está después de esto.

Por ejemplo, en Génesis 2, Dios coloca a Adán y Eva en el paraíso para "que lo cultivara y lo cuidara", dice el texto (2:15). Entonces en el capítulo 3 la pareja peca, y Dios los expulsa del Edén y maldice la tierra (3:17-24). Ese orden llega a constituirse en importante cuando hablamos acerca del trabajo, porque algunas personas piensan que el trabajo es parte de la maldición. Pero el orden de los eventos en Génesis no admite tal interpretación.

Otra ilustración la encontramos en la vida de Cristo. En Lucas 3 se encuentra el bautismo de nuestro Salvador. En Lucas 4 la tentación. Note el orden: en el bautismo Él es aprobado por Dios; en la tentación Él es probado por Satanás. El orden es significante.

Una tercera ilustración, también de Lucas. Capítulo 6, versículos 14-16 registran la elección de los doce. Preste atención al orden: Simón Pedro y Andrés; Jacobo y Juan; Felipe y Bartolomé; Mateo y Tomás; Jacobo hijo de Alfeo y Simón el Zelote; Judas el hijo de Jacobo, y Judas Iscariote. ¿Quién es mencionado primero? ¿Quién está en par con quién? ¿Quién es el último?

Mediante la elección de dónde colocar a las personas, eventos, ideas, y similares, el escritor nos llama la atención hacia algo. Así que preste atención al orden; puede ayudarle a entender grandemente el texto.

Movimiento de lo menor a lo mayor, y viceversa

Existen algunos casos especiales relacionados con lo que acabamos de ver en términos del orden. Con frecuencia un escritor progresará hacia un clímax, donde presenta información clave. En la vida de David, 2 Samuel 11-12 registra lo que probablemente sea el evento crucial de toda la vida de David –el asesinato de Urías y su pecado con Betsabé. Estos capítulos son un tipo de punto central en el libro. Todo el material anterior progresa hacia ellos, y todo lo que está a continuación descienden de ellos.

También podría tomar Hechos 2. Cuando usted estudia el libro de Hechos, descubre que el capítulo 2 es central. Es el único capítulo sin el cual el libro no pudiera estar completo en cuanto a su sentido. Todo lo demás crece a partir de él. Es la manera que utiliza Lucas para enfatizar su material.

Así que la primera clave cuando se aproxima a las Escrituras es observar lo que está enfatizado. Los escritores han trabajado mucho para colocar un letrero que dice, "Atención, esto es importante". Fíjese en los cuatro tipos de énfasis que he mencionado, enseguida se dará cuenta de qué es lo que importa en el texto.

AHORA INTÉNTELO USTED

Acá tiene dos secciones de las Escrituras para que pueda fijarse en las cosas que son enfatizadas

1 y 2 Samuel

Desarrolle una tabla comparativa de estos dos libros mostrando el espacio relativo dedicado a los principales personajes, Samuel, Saúl, y David (usted ya debe haber desarrollado otra tabla similar al final del capítulo 17). ¿Qué personaje fue más importante para el escritor? ¿Qué indica eso acerca de los libros de 1 y 2 Samuel?

Hechos 1:8

¿Cuál es el orden de los lugares mencionados? ¿Qué relación tienen estos lugares entre sí? (ya nos fijamos en esto en el capítulo 6). ¿Qué relación tiene el orden de estos lugares en Hechos 1:8 comparado con la extensión del evangelio relatado en el resto del libro de los Hechos? Vea si puede determinar la cantidad de espacio dedicado por el Dr. Lucas a cada uno de estos lugares, y la cantidad de tiempo que los apóstoles le dan a cada uno. ¿Qué significado pudiera tener esto en relación al propósito del libro de los Hechos?

20

LAS COSAS QUE SON REPETIDAS

Tal vez no exista una herramienta más poderosa en la enseñanza que la repetición. Si quiero asegurarme que usted entiende lo que tengo que decir, lo repetiré una y otra vez, una y otra vez, vez tras vez. La repetición refuerza el aprendizaje. A eso se debe que la segunda pista que buscar en el texto es:

LAS COSAS QUE SON REPETIDAS

¿Ha notado usted cuán seguido Jesús les repite cosas a sus discípulos? Los evangelios registran que al menos nueve veces les dijo: "el que tenga oídos para oír, que oiga". Cuando Juan escribía Apocalipsis, ¿qué piensa que le dijo el Señor que escribiera para las siete iglesias? Correcto: "Aquel que tenga oídos para oír, que oiga".

Eso es bastante énfasis. Usted recibe la impresión de que Jesús quería que sus discípulos (y nosotros) prestáramos atención a lo que Él tenía que decir, por medio de utilizar constantemente la fórmula que resaltaba sus palabras, les daba a sus oyentes una pista acerca de la importancia de lo que decía.

Términos, frases, y cláusulas

Las Escrituras constantemente repiten términos, frases, y cláusulas para enfatizar su importancia. Por ejemplo, el Salmo 136:1-2 dice:

Den gracias al SEÑOR, porque él es bueno;
su gran amor perdura para siempre,

Den gracias al Dios de dioses;
su gran amor perdura para siempre.

El salmista repite: *"su gran amor perdura para siempre"* no menos de veintiséis veces en el mismo salmo. ¿Por qué? ¿Acaso no tiene nada más que decir? No, él estaba enfatizando el hecho que el amor de Dios perdura para siempre. Cuando usted acaba de leer el salmo, usted ya sabe lo esencial: "su gran amor perdura para siempre".

También podríamos tomar Hebreos 11, el Salón de los famosos –o el Salón de la fe. La frase, "por fe...", "por fe...", "por fe..." aparece dieciocho veces. El escritor está hablando de diferentes personas que vivieron en diferentes tiempos bajo diversas circunstancias. Pero todos ellos vivieron un estilo de vida *"por fe...".*

Una vez más, note cuán importante es la palabra si en 1 Corintios 15. Pablo la utiliza siete veces en los versículos 12-28, donde está hablando acerca de la importancia de la resurrección de Cristo para nuestra fe. "Si" enfatiza el hecho que todo lo que creemos está condicionado a la resurrección. Si esto marcha, todo lo demás marcha.

Personajes

Las frases y los términos no son las únicas cosas que un escritor repite para enfatizar su punto. Ocasionalmente hay un personaje que reaparece.

Bernabé es un buen ejemplo. En realidad no sabemos demasiado acerca de él. Su nombre de nacimiento fue José, pero los apóstoles le llamaron Bernabé, que significa "hijo de consolación" (Hch. 4:36). Ese justamente es el detalle más importante acerca de su persona: él era un alentador. Cuando cualquier persona en la iglesia que necesitara un mano, Bernabé saltaba solícito para ayudarle: Saulo (Hch. 9:27); los creyentes gentiles de Antioquia (Hch. 11:22); y Juan Marcos (Hch. 15:36:39). Lucas coloca a Bernabé en un lugar estratégico de la historia, indicándole como un mentor espiritual ejemplar.

Incidentes y circunstancias

A veces un escritor enfatiza algo mediante la repetición de un incidente o circunstancia particular.

En el libro de los Jueces, por ejemplo, el escritor comienza cada sección con las palabras "entonces los hijos de Israel hicieron lo malo ante los ojos del Señor". Esto enmarca un conjunto de situaciones en las cuales Dios levantaba un juez para guiar al pueblo de regreso a Dios –pero nunca permanentemente. Tarde o temprano se apartaban nuevamente; y el ciclo volvía a repetirse, así, hasta el final del libro donde se llega al corazón del problema: "En aquellos días, no había rey en Israel; cada cual hacía lo que bien le parecía" (21:25).

Otro ejemplo que repite las circunstancias ocurre en Mateo. A través de este evangelio, el autor repite bloques de tensión entre Jesús y

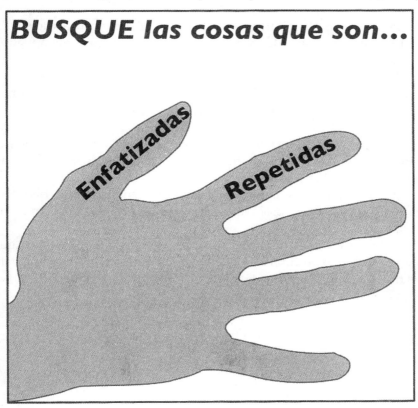

los fariseos. Una y otra vez el Señor dice o hace algo que ofende a los líderes. Mateo emplea este tipo de incidentes para llamar la atención a las luchas de poder entre el antiguo sistema legalista de la justicia propia, y el nuevo camino de salvación en Cristo.

Modelos

Una situación relacionada es la creación de modelos repetidos. Los estudiosos de la Biblia han distinguido desde hace mucho tiempo los paralelos entre Josué y la vida del Señor. Del mismo modo, existen paralelos entre las experiencias de Israel y las de Jesús.

Fíjese en Saúl y David en 1 y 2 Samuel: en todas partes Saúl está cometiendo errores, y David está haciendo lo correcto. El escritor utiliza la yuxtaposición para mostrar como Saúl era la elección del rey que el pueblo quería, y cómo David era la elección de Dios.

Los usos en el Nuevo Testamento de pasajes del Antiguo Testamento

Un último uso, que es obvio, es la repetición de pasajes del Antiguo Testamento en las Escrituras del Nuevo. Es un estudio fascinante en sí mismo. Por supuesto que si el Espíritu Santo impele a un escritor del Nuevo Testamento a citar un pasaje del Antiguo, es debido a que quiere enfatizar dicha porción de la Palabra de Dios.

Tome al relato de Jonás. Al principio de la fe cristiana, algunas personas no querían incluirlo en el canon de las Escrituras Sagradas. Pero Jesús se refirió a él, de modo que lo hace indispensable en la revelación (Mt. 12:39-41).

O mire Hebreos. Sería difícil imaginar qué tendría el libro que decir si no fuera por su profundo énfasis en las Escrituras del Antiguo Testamento.

En breve, en cualquier lugar que usted estudie la Biblia y note que algo es reiterado –dicho más de una vez– márquelo. No fue porque al escritor no se le ocurrió nada mejor que decir, fue su manera de indicar un asunto de crucial importancia.

AHORA INTÉNTELO USTED

La repetición es uno de los medios más utilizados para enfatizar algo en la Biblia. Permítame sugerir varios proyectos que le ayudarán a abrir porciones de la Palabra, mediante la observación de los elementos repetidos.

Salmo 119

En este salmo, David refiere a la Palabra de Dios en cada versículo. Observe el salmo cuidadosamente, y catalogue todas las cosas que David dice sobre las Escrituras.

Mateo 5:17-48

Observe cómo Jesús emplea la formula "ustedes oyeron... pero yo les digo..." en estas porciones del Sermón del Monte. ¿Qué estructura le da esta frase al pasaje? ¿Por qué es significante para Jesús decirlo?

Aritmética en los Hechos

Utilice una concordancia para examinar todas las frases "aritméticas" en el libro de los Hechos –números de personas siendo "añadidas" a la iglesia, los creyentes "multiplicándose" ellos mismos. Hay incluso una pocas "divisiones" y "substracciones". ¿Podría encontrarlas? ¿Cómo utiliza Lucas estos términos para describir el crecimiento de la iglesia primitiva?

1 Corintios 15:12-19

Investigue la importancia de la pequeña palabra si en el argumento de Pablo.

21

COSAS QUE ESTÁN RELACIONADAS

Hasta aquí hemos etiquetado el dedo pulgar con las cosas que son enfatizadas y el dedo índice con las que son repetidas. Ahora la tercera pista que necesita seguir –y esta va con el dedo del medio– son:

LAS COSAS QUE ESTÁN RELACIONADAS

Por "relacionadas" indicamos elementos que tienen alguna conexión, alguna interacción entre ellas. Atención, simplemente porque una cosa esté al lado de la otra no significa de que estén relacionadas entre ellas. Tienen que interactuar entre ellas de alguna manera. Deben estar unidas por medio de algo que les mantenga conectadas.

Fíjese en tres tipos de relaciones en su estudio de las Escrituras.

Movimiento de lo general a lo específico

Esta relación es entre el todo y las partes, entre una categoría y sus miembros individuales, entre la gran escena y los detalles. Ya hemos visto esta relación en un número de casos anteriores.

Permítame darle una ilustración de Mateo 6, una parte del Sermón del Monte. El capítulo comienza así:

Cuídense de no hacer sus obras de justicia delante de la gente para llamar la atención. Si actúan así, su Padre que está en el cielo no les dará ninguna recompensa (v. 1).

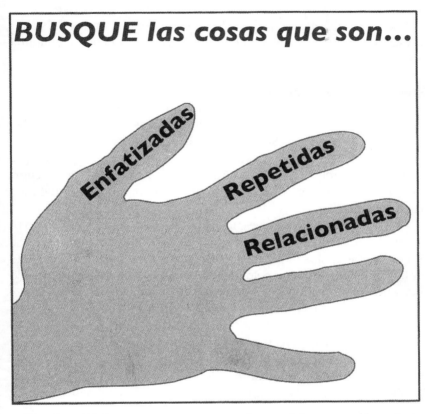

Usted recibirá su recompensa: cuando usted hace sus obras justas para ser visto por las demás personas, esa será su recompensa. Pero no será observado por el Padre, dice Jesús.

Entonces, se mueve desde ese principio general a las tres ilustraciones siguientes. Primero en el área de dar (vv. 2-4), entonces al área de la oración (vv.5-15), y luego al área del ayuno (vv. 16-18).

Otro ejemplo puede ser hallado en Génesis 1. El versículo 1 da una sinopsis: "Dios, en el principio, creó los cielos y la tierra".

Si el relato terminara allí, usted no tendría ningún detalle acerca de cómo el creó los cielos y la tierra. Usted simplemente sabría que Él lo hizo. Pero el resto del capítulo está lleno de detalles específicos: que el primer día creó la luz (vv. 3-5); el segundo día separó las aguas de los cielos (vv. 6-8); en el tercer día formó la tierra seca y causó que la vegetación comenzara a crecer (vv. 9-13); y así sucesivamente.

Cada vez que encuentre una declaración general en las Escrituras, preste atención para notar si el escritor da algunos detalles a continuación.

Preguntas y respuestas

Las preguntas son una de las herramientas más poderosas de la comunicación. Si yo le realizo una pregunta, ¿acaso –casi– no le obliga a pensar? Claro que sí. Si alguien realiza preguntas y nunca otorga respuestas, llevará a gran frustración. Usted comenzaría a preguntarse si en verdad sabe de lo que está hablando. Pero vamos a descubrir que los escritores sagrados emplean ambos –preguntas estratégicas y respuestas útiles.

La epístola a los Romanos es un ejemplo clásico. Está escrita como un tratado legal, como si Pablo fuera un abogado. Él constantemente está realizando preguntas y que luego prosigue a contestarlas. Por ejemplo, en Romanos 6:1: "¿Qué concluiremos? ¿Vamos a persistir en el pecado, para que la gracia abunde?" Su respuesta es: "¡De ninguna manera!"

En el versículo 15 realiza una pregunta retórica: "Entonces, ¿qué? ¿Vamos a pecar porque no estamos ya bajo la ley sino bajo la gracia?" La respuesta es: "¡De ninguna manera!" y entonces prosigue a los detalles.

En ocasiones una pregunta tiene tanto peso, que no necesita respuesta. ¿Ha prestado atención en alguna ocasión a las preguntas que Dios le realiza a Job? "Prepárate a hacerme frente; yo te cuestionaré, y tú me responderás"

"Yo te cuestionaré". Es un sarcasmo. Dios lanzará una cascada de preguntas que continúan durante dos capítulos, hasta que Job interrumpe, brevemente (40:3-5). Luego el torrente continúa. Son preguntas que llevan sus propias respuestas.

¿Qué de las agudas preguntas que el Señor realizaba a sus discípulos?: "¿Quién de ustedes, por mucho que se preocupe, puede añadir una sola hora al curso de su vida?" (Mt. 6:27). "¿Por qué tienen tanto miedo? —dijo a sus discípulos—. ¿Todavía no tienen fe?" (Mr. 4:40). También: "¿No pudieron mantenerse despiertos conmigo ni una hora?" (Mt. 26:40).

Las preguntas y respuestas demandan atención. Son claves importantes para ayudarle a abrir el texto.

Causa y efecto

Este es el principio del billar. Cuando usted le da el golpe a la primera bola (esa es la causa) para que cuando esta golpee las bolas de colores estas entren en los huecos (ese es el efecto). En las Escrituras encontramos todo tipo de relaciones de causas y efectos alrededor de los textos.

Quiero destacar una ilustración dinámica de esto en Hechos 8:1: "Aquel día se desató una gran persecución contra la iglesia en Jerusalén..." Entonces usted se pregunta, ¿qué día? Examinando el contexto, encuentra que fue el día del martirio de Esteban. Este intensificó la persecución, y todos los creyentes, con excepción de los apóstoles fueron esparcidos por Judea y Samaria. Pero el versículo 4 dice, "Los que se habían dispersado predicaban la palabra por dondequiera que iban".

En otras palabras, la persecución fue la causa y la predicación fue el efecto. Los creyentes no se quedaron dando vueltas, llorando en los alrededores, ni diciéndose, "¿Qué se supone que está haciendo Dios ahora?" No, ellos utilizaron la persecución para influenciar con el evangelio a todo lugar que iban, así hasta lo último de la tierra.

En el capítulo 18 estudiamos un párrafo de Nehemías 1. ¿Recuerda la oración de Nehemías? Él le recordó a Dios algunas promesas que había realizado en los libros que Moisés había escrito. Dios decía que si el pueblo desobedecía, Él eventualmente los enviaría al exilio. El pueblo desobedeció (esa sería la causa), y Dios mantuvo su promesa al permitirle a los babilonios que llevaran a los israelitas cautivos. Por esto Nehemías estaba muy interesado en confesar los pecados. ¿Respondió Dios? Sí, lo hizo y usó a Nehemías para cumplir su promesa.

¿A cuales promesas de Dios nos estamos refiriendo? Por ejemplo, el Salmo 1 dice que la persona que se planta en el consejo de Dios, florecerá como un árbol plantado junto a las corrientes de las aguas. Preste atención, esta es una referencia directa a causa-efecto entre las Escrituras y las bendiciones de Dios. ¿Está usted experimentando los efectos? La verdadera pregunta es, ¿está usted activando la causa, mediante la meditación y el deleite en lo que Dios ha dicho?

Mientras progresa, fíjese en las cosas que son enfatizadas, las cosas que son repetidas, y tal cual hemos visto en este capítulo, las cosas que están relacionas.

AHORA INTÉNTELO USTED

Una de las metas primarias de la observación es ver relaciones en el texto bíblico. Pruebe sus destrezas de observación en los siguientes pasajes.

Mateo 1:1-18

La mayoría de las personas simplemente dejan de lado las genealogías. Se aburren de las monótonas repeticiones de "fulano engendró a este y a aquel". Pero las genealogías son una modalidad importante por medio de las cual los escritores se comunicaron.

Lea la lista de nombres mencionados en Mateo 1. ¿Qué relaciones tienen estas personas con Jesús? ¿Entre ellas? ¿Cuáles son las cuatro personas que resaltan claramente? ¿Por qué? ¿Qué puede encontrar acerca de las personas mencionadas aquí? Compare esta lista con la que registra Lucas (Lc. 3:23-38). ¿Qué diferencias nota? ¿Qué es igual? ¿Qué relación tiene la lista de Mateo con el propósito de su evangelio?

Amos

Usted necesitará un atlas para descubrir la importancia de las relaciones en el libro de Amós. Encuentre todos los lugares mencionados en el capítulo 1-4. ¿A dónde finalmente llega el profeta en el capítulo 5? ¿Qué está haciendo Amós al mencionar de esta manera dichos lugares?

22

LAS COSAS QUE SON SIMILARES Y LAS DIFERENTES

Tengo dos nietas que son gemelas idénticas. De hecho, son tan parecidas que definitivamente no puedo distinguirlas. Tampoco su padre algunas veces. He estado en público con ellas y visto cómo reaccionan los extraños, como si estuvieran viendo doble. Las apuntan y dicen: "Mire, mire, gemelas". ¿A qué se debe? Porque cada vez que vemos algo similar –especialmente cuando no lo esperábamos– la similitud capta nuestra atención de inmediato.

El mismo fenómeno es cierto en términos del estudio bíblico. Lo similar resalta, también los contrastes. A eso se debe que la cuarta y la quinta pista que buscar en las Escrituras son:

LAS COSAS QUE SON SIMILARES Y LAS DIFERENTES

Hemos asignado las cosas que son enfatizadas al pulgar, las cosas que son repetidas al dedo índice, y las cosas relacionadas al dedo del medio. Así que las cosas que son similares van con el anular, y las que son diferentes con el meñique.

Símiles

Los escritores bíblicos le dan un conjunto de términos que resaltan las similitudes. Los dos más comunes son *así* y *como*. Indican una figura del lenguaje llamada "símil", la cual es una palabra pictórica que dibuja la comparación entre dos cosas.

Por ejemplo, el salmo 42 comienza diciendo, "*Cual* ciervo jadeante en busca del agua, así te busca, oh Dios, todo mi ser" (itálicas añadidas). Esa es una imagen sobrecogedora. ¿Cierto? Crea una atmósfera. El salmista compara su anhelo de Dios a un ciervo sediento.

Piense nuevamente en 1 Pedro 2:2, un versículo que vimos cuando realizábamos la pregunta, ¿por qué estudiar la Biblia nosotros mismos? Allí, Pedro utiliza un símil: "deseen con ansias la leche pura de la palabra, como niños recién nacidos. Así, por medio de ella, crecerán en su salvación" (itálicas añadidas). Él delinea una aguda comparación entre el apetito de un recién nacido por la leche de su madre y el apetito del creyente por el sustento de la Palabra de Dios.

Considere una comparación más –en realidad, una comparación que no puede hacerse. En Isaías 44:6-7, el Señor realiza una poderosa pregunta:

> Así dice el SEÑOR, el SEÑOR Todopoderoso,
> rey y redentor de Israel:
> "Yo soy el primero y el último;
> fuera de mí no hay otro dios.
> ¿Quién es *como* yo?

Respuesta: nadie. Sólo Dios es Dios, único, supremo y soberano. Pero la palabra *como*, que originalmente indica similitud, en este caso resalta singularidad.

Metáforas

Un recurso relacionado con el símil es la metáfora, donde la comparación es hecha sin la palabra *como* o *así*. Jesús dijo: "Yo soy la viña, y mi Padre es el labrador" (Jn. 15:1). Obviamente está hablando de manera figurada, no literal. Él está dando una ilustración acerca de su relación con el Padre, y también con los creyentes.

Jesús utiliza una metáfora extensa en Juan 3 cuando habla con Nicodemo. "Debes nacer de nuevo", le dice a él (vv. 3, 5, 7). Jesús está realizando una comparación. "Así como naciste físicamente, y recibiste los recursos para esta vida, así tienes que nacer otra vez, espiritualmente para estar equipado para la vida eterna".

Esto dejó boquiabierto a Nicodemo. Él distaba mucho de ser tonto, pero estaba pensando únicamente en la esfera terrenal. Así que preguntó: "¿Cómo puede uno nacer de nuevo siendo ya viejo? —preguntó Nicodemo—. ¿Acaso puede entrar por segunda vez en el vientre de su madre y volver a nacer?" (v. 4). Como notará, Nicodemo no captó el sentido de la metáfora de Jesús. Por ese motivo el Señor le respondió, "Yo te aseguro que quien no nazca de agua y del Espíritu, no puede entrar en el reino de Dios... Lo que nace del cuerpo es cuerpo; lo que nace del Espíritu es espíritu" (vv. 5-6).

Entonces Jesús empleó un símil: "Como levantó Moisés la serpiente en el desierto, así también tiene que ser levantado el Hijo del hombre" (v. 14 itálicas añadidas). Ahora estaba entrando al terreno de Nicodemo. Él era un fariseo, por lo que sabía mejor que nadie el significado

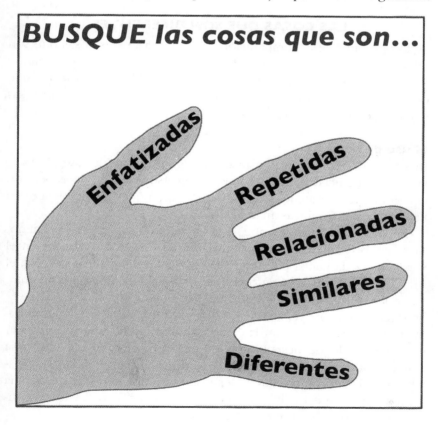

BUSQUE las cosas que son...

Enfatizadas

Repetidas

Relacionadas

Similares

Diferentes

de la serpiente en el desierto (Nm. 21:4-9). Jesús estaba delineando una comparación entre aquel incidente y su propia crucifixión, aún por venir.

¿Fue efectivo el uso de la comparación que Jesús realizara? Aparentemente; al final del libro, Nicodemo ayuda a colocar el cuerpo de Jesús en la tumba (Jn. 19:39) –un curso de acción peligroso, dada las circunstancias, ya que demostraba su creencia en el Salvador.

Más adelante nos volveremos a fijar en las metáforas. Por el momento, tenga en mente que las similitudes tienen la virtud de captar nuestra atención. De todos modos, ocúpese en buscarlas. Las encontrará especialmente en la literatura sapiencial, particularmente en los salmos. Cada vez que halle una, márquela. El escritor está intentando comunicarse mediante el empleo efectivo de la comparación.

LAS COSAS QUE SON DIFERENTES

El otro lado de la comparación es el contraste –las cosas que son diferentes. Podemos decir que en el estudio bíblico, como en el amor, los opuestos se atraen. Por lo menos, atraen los ojos del lector que observa. Existen diversas formas mediante las cuales los escritores sagrados presentan los contrastes.

El uso de *pero*

La palabra *pero* nos da una pista que algo cambia de dirección. Ya vimos cuán crucial es este término en diversos pasajes. En el Sermón del Monte, Jesús repetidas veces, dijo, "oyeron que fue dicho, *pero* yo les digo..." (Mt 5, itálicas añadidas).

En Gálatas 5, Pablo escribe, "Las obras de la naturaleza pecaminosa se conocen bien...", y a continuación da una lista. Entonces en el versículo 22 da vuelta el asunto y dice, "*En cambio* [Pero, RVR 60], el fruto del Espíritu es..." y da otra lista. Así establece un contraste entre los frutos de la carne y los frutos del Espíritu.

Hechos 1:8, un versículo que hemos examinado en detalle, comienza con "*Pero*". ¿Recuerda como este término nos guió a examinar el contexto, donde descubrimos que es Señor estaba teniendo una conversación con sus discípulos? Ellos deseaban saber si Él iba a restablecer a Israel como reino. Él les respondió que no les correspondía a ellos saber respecto al tiempo en que sucedería. *Pero*... y luego continúa con lo que les dice en el versículo 8.

Más adelante en Hechos, Felipe comienza una gira evangelística en Samaria, con gran éxito (8:5-8). De hecho, la respuesta fue tan desbordante, que los apóstoles en Jerusalén enviaron a Pedro y a Juan para ayudar en la misión. Una vez que acabaron y regresaron a casa, el versículo 26 dice, "Un ángel del Señor le dijo a Felipe: Ponte en marcha hacia el sur, por el camino del desierto que baja de Jerusalén a Gaza". [En la versión inglesa aparece Pero un ángel del Señor...].

Una vez más, la pequeña palabra *pero* señala un cambio de dirección. Además relata el contraste entre Pedro y Juan regresando a la gran ciudad, mientras que Felipe era llevado a ministrar al medio del desierto.

Sería como si yo estuviera predicando en Houston con el equipo de Billy Graham, y la gente estuviera viniendo a Cristo y el Espíritu estuviera trabajando, dando vuelta la ciudad con el evangelio. Entonces cierta tarde, el Señor me dijera: "Hendricks, súbete a este autobús y dirígete al sur de Texas. Cuando llegues allá te diré lo que debes hacer". Ese tipo de cosa me haría sentir degradado. Estando en medio de toda la emoción de la gran ciudad, ¿voy a dejarla para ir a un pueblito?

Felipe obedeció. El Espíritu le trajo un oficial de Etiopía. Felipe guió a aquel hombre a Cristo, y el evangelio se esparció así por todo el continente de África. La palabra *pero* en el versículo 26 establece el escenario, por medio del contraste.

Pero es una de las palabras más poderosas con las que pueda toparse en las Escrituras. Cualquiera sea el lugar que la vea, deténgase y pregunte, ¿cuál es el contraste aquí?

Metáforas

Tal como es posible presentar las cosas que son similares por medio de metáforas, de igual modo sucede con las diferentes.

¿Recuerda la parábola del juez injusto en Lucas 18? Una viuda pobre reclamaba día tras día ante un juez con poca integridad, pidiendo que le hiciera justicia. Pero él no el daba importancia. Finalmente, debido a la persistencia de la mujer, el juez arbitró en su favor.

¿Qué podemos sacar de esta historia? Después de todo, el juez injusto está en la posición que está Dios. ¿Tiene algún sentido? Bueno, la clave es notar que Jesús establece un marcado contraste. Él está diciendo, "si un ser humano corrupto e indiferente finalmente se da por vencido ante la persistencia, *¿cuánto más* el Padre celestial se ocupará en responder a su petición?" La historia completa se torna en un efectivo contraste. (Hablaré de las parábolas cuando lidiemos con las figuras de lenguaje en el capítulo 36).

Ironía

Permítame mostrarle un caso más de contraste. Este también se encuentra en el evangelio de Lucas. En el capítulo 8, Jesús está viajando en la región de Galilea, enseñando y sanando. Grandes multitudes le seguían. De hecho, Lucas lo resalta al mencionar cuántas personas iban con Él: estaban los doce (v. 1); un grupo de mujeres que le apoyaban financieramente (v. 2-3); y una "gran multitud" de seguidores (v. 4).

Jesús deja la multitud por un momento para ir al país de los gadarenos, donde echa fuera una legión de demonios (vv. 26-39). Pero tan pronto como regresa, nota que todo el mundo le estaba esperando (v. 40).

El ritmo se eleva cuando un oficial llamado Jairo viene y realiza una llamada de emergencia a Jesús: "Señor, ven pronto". Se trata de mi hija. Ella está gravemente enferma. Es más, no sobrevivirá a menos que te apresures".

Esto dejó a la multitud en un frenesí. Era una situación de vida o muerte relacionada a una niña. ¿Llegará Jesús a tiempo? Todos deseaban saberlo, y Lucas tiene la precaución de contarnos en el versículo 42, que mientras Él iba, la multitud le apretaba.

En este punto ocurre un contraste irónico. Una mujer con un problema de hemorragia crónica –tal vez ginecológico, o alguna otra cosa que el texto no especifica– de cierto modo, logra abrirse camino entre la multitud, y llegar a las espaldas de Jesús. Tras tocarle el, queda sanada. Jesús se detuvo repentinamente, y la ola de gente se estancó. Él preguntó, "¿Quién me ha tocado?" (v. 45).

La pregunta es casi cómica. Es divertido ver la reacción de los discípulos: "¿Quién te ha tocado? Señor, la gente te ha estado tocando desde que bajamos del bote".

Pero Jesús había sentido el toque de la fe. Este es precisamente el contraste que Lucas quiere destacar: En medio de una crisis, en medio de una multitud, una mujer desconocida, silenciosa y desapercibida toca con fe al Salvador –Él fue quién lo percibió. Ella sobresalió de la multitud debido a su fe. Lucas le resalta a ella y al beneficio de ejemplo.

Las cosas que son similares y las que son distintas apelan a la tendencia humana de comparar y contrastar. Mientras estudia las Escrituras, escuche la voz que dentro de su cabeza le dice, "este es como el pasaje que leí ayer", o, "esta sección es diferente a todo el resto del libro". Esas son claras señales que el autor está usando cosas similares y diferentes para comunicar su mensaje.

AHORA INTÉNTELO USTED

Juan 11:1-46 realiza un estudio destacado de comparaciones y contrastes. Es la historia de la resurrección de Lázaro, si bien el personaje es tan solo una figura secundaria. Juan enfoca sus lentes en las dos hermanas de Lázaro, Marta y María.

Lea el relato cuidadosamente, entonces considere preguntas tales como: ¿Cuál era la relación entre Jesús y estas dos mujeres? ¿Hay otros textos que arrojan luz a esta pregunta? ¿Cómo encararon a Jesús estas dos hermanas? ¿Cómo les respondió Él a ellas? ¿Qué les dijo? Compare y contraste la fe de estas dos mujeres. ¿Cómo se comparan ellas a los discípulos y a la gente que observaba el incidente?

23

LAS COSAS QUE SON VERDADES DE LA VIDA

Existen dos componentes esenciales para lograr observaciones de calidad. El primero es aprender a cómo leer. El segundo, debe saber qué buscar. Acabamos de ver seis pistas que nos auxiliarán a abrir la Palabra de Dios. La sexta pista y última, es la palma de la mano.

LAS COSAS QUE SON VERDADES DE LA VIDA

El asunto clave aquí es autenticidad: ¿Qué dice este pasaje acerca de la realidad? ¿Cuáles aspectos del texto se relacionan con su experiencia?

Aquí es donde usted debe usar su imaginación santificada. Debe buscar principios (más acerca del tema en el capítulo 43). Nosotros, obviamente, vivimos en una cultura dramáticamente distinta a la de las culturas de los tiempos bíblicos. No obstante, nosotros experimentamos las mismas cosas que experimentaron los personajes bíblicos. Sentimos las mismas emociones que ellos sintieron. Tenemos las mismas dudas. Ellos eran reales, gente que encaró los mismos problemas, las mismas luchas y tentaciones que usted y yo enfrentamos.

Así que mientras leo acerca de ellos en las Escrituras, necesito preguntarme: ¿Cuáles eran las ambiciones de esta persona? ¿Cuáles eran sus metas? ¿Qué problemas enfrentaba? ¿Cómo se sentía? ¿Cuáles fueron sus respuestas? ¿Cuáles serían las mías?

Ocasionalmente estudiamos o enseñamos las Escrituras como si se tratara de una lección académica, en vez de un asunto de la vida real. Por esto es que tanta gente se aburre con la Biblia. Nos estamos perdiendo las mejores lecciones de la Palabra de Dios, al pasar por alto las experiencias de la gente en ella.

Verdades de la vida

Permítame mencionar un par de individuos que pienso que puedan sernos de auxilio para notar la verdad en términos realistas. Algo que me encanta respecto a la Biblia es que siempre me regresa a la realidad. Nunca pinta encubriendo a sus personajes. Si es necesario, coloca los trapos sucios de frente, para dejarme saber lo que en verdad sucedió.

Abraham

En Génesis 22:2, Dios le dice a Abraham, "Toma a tu hijo, el único que tienes y al que tanto amas, y ve a la región de Moriah. Una vez allí, ofrécelo como holocausto en el monte que yo te indicaré". Así que Abraham comenzó a caminar hacia el Monte Moriah con su hijo, Isaac, quien tendría unos veintiún años de edad. Isaac le dijo, "Mira, papá, tenemos la leña. Tenemos el fuego. ¿Pero dónde está el sacrificio?" Abraham sabía que su hijo iba a ser sacrificado. ¿Cómo supone usted que se sentiría? ¿Cómo se hubiera sentido usted?

Moisés

Moisés fue un dirigente increíble, probablemente la encarnación del líder ideal de todos los tiempos. Pero no entró a la Tierra Prometida. ¿Por qué? Porque golpeó la roca dos veces (Nm. 20:1-13). Una acción bajo un estado de mal ánimo, y le fue prohibido entrar. ¿Cómo le afectó aquel castigo? ¿Cómo le habrá hecho sentir acerca de Dios? ¿Cómo acerca de la vida? (vea el Salmo 90). ¿Cómo respondo yo a las consecuencias del pecado?

Noé

Noé fue un hombre de gran rectitud. En medio de una generación marcada por la impiedad, él obedeció a Dios y por esto, salvó a su familia del diluvio. Sin embargo, el relato también me cuenta que se embriagó intensamente (Gn. 9:20-21). Entonces pienso, ¿cómo fue esto posible? Bueno, las Escrituras no lo presentan como un individuo perfecto, sino real. ¿Recto? ¿Honrado por Dios? Definitivamente. Pero también fracasó, fue débil y un pecador. ¿Qué tipo de implicaciones tiene esa verdad para mi vida?

David

De todos los personajes bíblicos, David es probablemente mi favorito para fines de estudios. Él es brillante y bien dotado en diversos aspectos. Es un individuo por demás competente. No sé usted, pero cada vez que estudio una persona como él, me siento inferior. No sólo es un gran guerrero, no simplemente es un destacado atleta, no únicamente es un gran poeta y músico, sino que también un líder extraordinario. Él parece tenerlo todo. Es la única persona que Dios ha llamado en las Escrituras, el "hombre conforme a mi corazón" (1 Sam. 13:14).

Sin embargo este hombre escogido por Dios se consumió en llamas un día, cuando se quedó en la casa en vez de salir al campo de batalla con sus tropas. Sólo tomó una mujer para derribarlo. ¿Qué nos está diciendo el Espíritu de Dios al incluir esta tragedia en la narración? ¿Qué advertencias nos da? ¿Qué llamados de atención le da a toda la humanidad?

Pedro

El motivo por el cual a muchos de nosotros nos agrada Pedro, es que nos recuerda bastante sobre nosotros mismos. Cada vez que queremos acusarlo, nos damos cuenta que está diciendo o haciendo exactamente lo que nosotros decimos y hacemos. Por ejemplo, estaba dispuesto a enfrentarse solo a un centenar de hombres adversarios para rescatar al Señor (Jn. 18:10). Pero cuando una muchachita le dice, "Eh, tú eres uno de sus discípulos".

Él queda repitiendo, –No, no lo soy.

–Yo sé que tú eres uno de ellos, insiste ella.

–Basta ya –le responde. – No sé de qué me estás hablando.

Así finalmente ella dice, "reconozco tú acento. Tú tienes acento galileo. Tú eres uno de sus discípulos, ¿cierto?"

Entonces Pedro comienza a jurar y a maldecir a la joven mujer.

Cuando nos sentamos y examinamos el incidente, nos preguntamos, ¿quién está diciendo esto? ¿Por qué un hombre en un momento le dice a Jesús, "puedes contar conmigo" y al siguiente instante de crisis le falla –tal cual usted y yo lo hemos hecho. Pedro era humano.

Juan Marcos

Juan Marcos es uno de esos personajes que usted está en riesgo de pasar por alto ya que se dice poco de él. Inició con Pablo y Bernabé durante el primer viaje misionero. Navegaron desde la costa de Palestina a Chipre y luego hasta Asia Menor. Allí, enseguida que llegaron a tierra firme, Juan Marcos regresó a casa (Hch. 13:13).

Luego Pablo y Bernabé decidieron realizar otro viaje, entonces Bernabé sugirió llevar nuevamente a Juan Marcos. Pero el apóstol Pablo dijo, "de ninguna manera, no lo llevaremos. Él se escabulló la última vez, y no querremos correr la misma suerte con él". El texto nos dice que tuvieron tal desavenencia que decidieron separarse (Hch. 15:36-39).

No es sino hasta el final de la vida del apóstol Pablo que él escribe, "Sólo Lucas está conmigo. Recoge a Marcos y tráelo contigo, porque me es de ayuda en mi ministerio". ¿De qué manera pudo Juan Marcos llegar a ser útil, de ayuda? De seguro no tuvo nada que ver con Pablo. No, fue Bernabé quien lo tomó bajo su cuidado, lo desarrolló y lo formó en una persona que Dios pudiera usar.

Existe una clara autenticidad en los relatos de todas estas personas. Pero resulta fácil perder de vista las cosas que son verdades de la vida. Cuando estudie la Palabra de Dios, asegúrese de llegar a la realidad de la vida. Entonces descubrirá que las personas en la narrativa bíblica eran como usted y yo. Estaban marcados con los mismos rasgos de humanidad.

COSAS QUE BUSCAR

Hablando de cosas de la vida real, vea cuántas cosas escondidas puede descubrir en este dibujo.

Bueno, usted los tiene en su mano: seis pistas que buscar cada vez que abre su Biblia.

¿Cuáles son las cosas enfatizadas? (pulgar)
¿Cuáles son las cosas repetidas? (dedo índice)
¿Cuáles son las cosas relacionadas? (dedo del medio)
¿Cuáles son las cosas similares? (dedo anular)
¿Cuáles son las cosas distintas? (dedo meñique)
¿Cuáles son las cosas verdades de la vida? (palma de la mano)

¿Hay algún precedente bíblico para realizar estas preguntas? Pienso que sí. Considere Proverbios 20:12. Es el pasaje más "audiovisual" de la Biblia: "Los oídos para oír [componente auditivo] y los ojos para ver [componente visual]: ¡hermosa pareja que el SEÑOR ha creado!"

Así que la tarea es fácil. Aprenda a escuchar. Aprenda a ver.

24

CAPTE EL ESCENARIO MAYOR

En este capítulo llegamos al departamento universitario en la escuela de la observación. Recuerde que comenzamos con un versículo, Hechos 1:8. Eso fue pan comido. Luego nos movimos a un párrafo, Nehemías 1:4-11, donde observamos una colección de versículos girando en torno a un tema común, la oración de Nehemías.

Ahora vamos a fijarnos en lo que es llamado un segmento, una colección de párrafos unidos por un tema común. Primero, voy a moverme a través de la sección para mostrarle un ejemplo de observación en un segmento. Luego realizaré una lista de sugerencias específicas para ayudarle a realizar sus propias observaciones del segmento bíblico.

COMIENCE CON UNA SINOPSIS

La sección que vamos a examinar es Marcos 4-5. Le animo a abrir su Biblia allí, ya que el pasaje es demasiado extenso como para incorporarlo aquí. Tome unos minutos para leer los capítulos que le preceden y los subsiguientes.

Dos segmentos

En realidad tenemos dos segmentos en esta porción. Marcos 4:1-34 contiene lo que llamo una parábola segmentada. Preste atención que el capítulo 4 comienza con la enseñanza de Jesús junto al mar de Galilea. El versículo 2 nos dice, "Les enseñaba muchas cosas en parábolas". Así que esta es una ocasión de enseñanza, y las parábolas son el medio comunicativo central. De hecho, en el versículo 33-34, leemos:

Y con muchas parábolas semejantes les enseñaba Jesús la palabra hasta donde podían entender. No les decía nada sin emplear parábolas. Pero cuando estaba a solas con sus discípulos, les explicaba todo.

Entonces, iniciando en el 4:35 y siguiendo hasta el 5:43, tenemos el segmento de milagros. Esto involucra una serie de cuatro milagros: el milagro de la tormenta (4:35-41); el milagro del endemoniado (5:25-34); el milagro de la mujer con hemorragia (5:25-34) y el milagro de la hija de Jairo (5:21-24; 35-43). ¿Qué podemos observar respecto al orden en el que Marcos los ha colocado? Fíjese que está arreglado climáticamente.

Ahora acerca de las parábolas, ¿qué expresión clave es repetida? "El que tenga oídos para oír, oiga" (4:9, 23). Recuerdo la primera vez que me encontré con esta expresión, me dije "qué se supone que haga la gente con sus oídos, sino oír". Desde entonces, he descubierto que la gente hace todo tipo de cosas con sus orejas –les colocan aretes, juntan cera, pero escuchan poco.

Le dejaré para que usted mismo examine por su propia cuenta este primer segmento.

DESARROLLE UNA TABLA GRÁFICA

Una vez que Jesús acabó su enseñanza, pasó a la parte de dar el examen. Como puede notar, Él era un gran maestro: daba exámenes. Pero no el tipo de exámenes que damos en las escuelas de hoy en día, que son para ver cómo el estudiante ha logrado embutir información en su cabeza, para después repetirla en el examen. Cuando Jesús daba un examen, Él probaba en la esfera de la realidad, de las experiencias de la vida. Así que podemos decir que los primeros treinta y cuatro versículos del capítulo 4 representan su lección oral, y después las cosas se movieron al laboratorio. Jesús sabía que aprendemos fe, no mediante lecciones orales pero en el laboratorio de la vida.

Quiero enfocarme en los cuatro milagros, y quiero hacerlo de una manera única. Usted va a realizar muchos descubrimientos en la fase de la observación del estudio bíblico. Pero eso contiene un problema: ¿de qué manera organizar el material para realizar una utilización eficiente? Permítame sugerir una estrategia llamada Tabla cuadriculada, tal cual la ve a continuación. Cuando tenemos muchos párrafos y tanto material, como lo tenemos ahora, una tabla cuadriculada puede ayudarnos a resumirlo de modo manual.

MARCOS 4:35 - 5:42

Milagro	Área	Personas	Medios	Resultados	Fe
Calma la tormenta					
Demonios					
Mujer con la hemorragia					
La hija de Jairo					

He realizado la lista de los cuatro milagro de arriba hacia abajo en la columna de la izquierda. Entonces, comparémoslos en cinco áreas, tal cual están en lista en la sección superior: ¿Cuál fue el ambiente en el cual el milagro tuvo lugar? ¿Quiénes fueron las personas involucradas? ¿Qué medios utilizó Cristo para realizar el milagro? ¿Cuál fue el resultado? Finalmente –la sección más importante a la luz de la sección de parábolas– ¿Cuál fue el componente de fe?

El área o terreno

Comencemos con la calma de la tormenta (4:35-41). Claramente eso sucede en el área del mundo físico. Así que podemos escribir eso en la tabla. Estaban ya en el lago cuando inició una tormenta tremenda, y Jesús calmó la tormenta.

¿Qué respecto a la actividad demoníaca? Esa es un poco más complicada de decir. Sin lugar a dudas el hombre estaba poseído por demonios, que es mayormente un problema espiritual. Pero las muchas personas dirían que era mentalmente insano y padecía problemas sicológicos.

¿Qué acerca de la mujer con hemorragia? Ella tenía una obvia afección física. Pero luego de intentar encontrar ayuda durante doce años, muy probablemente también era un área de necesidad emocional.

¿Qué respecto a la resurrección de la hija de Jairo? Involucra las tres áreas –física, emocional y espiritual. Esto es importante notarlo. Debido a este particular es que está como el clímax de los milagros en la sección.

Alguien podría decir sobre el milagro de calmar la tormenta, "Bueno, esa fue sólo una coincidencia fascinante". Alguien más podría referir a la curación del endemoniado, "Él vivió antes de la era del cuidado siquiátrico. Nosotros podemos resolver ese problema en el mundo de hoy". También, otros podrían opinar acerca de la sanidad de la mujer: "Todo lo que ella necesitaba era un buen ginecólogo". ¿Pero qué podría decir acerca de la resurrección de la hija de Jairo? ¿Quién resuelve ese problema hoy en día? Yo no conozco muchas personas que hayan regresado del sepulcro o el cementerio.

Así que los milagros están dispuesto en un orden que ascienden hasta el clímax: Jesús no sólo tiene poder sobre la naturaleza, sobre los problemas mentales, sicológicos y físicos, Él tiene poder sobre la muerte.

Las personas

Ahora movámonos hasta las personas involucradas. Note quiénes experimentan la calma de la tormenta –los discípulos. Varios de ellos habían sido pescadores. Es muy importante notar la relación entre el área del milagro y las personas involucradas. Este no fue un grupo de profesores del seminario asustados de que el bote se diera vuelta. Era un grupo de pescadores profesionales. Ellos habían vivido de este lago y visto tormentas anteriormente.

Como puede observar, en la región Galilea, prevalecían vientos del oeste, a través de los valles que actuaban como chimeneas. El lago está a unos 210 metros debajo del nivel del mar, por lo que tenía un tremendo descenso. Este fenómeno aún persiste hoy en día. De hecho, la última vez que visité el Mar de Galilea, vi una tormenta violenta venir en menos de diez minutos.

Así que estos hombres habían experimentados tormentas durante todas sus vidas, pero nunca una como la presente.

Preste atención a quién más estaba con ellos: Jesús dormido.

Examinemos la narración del endemoniado. Definitivamente Jesús estuvo involucrado, pero el personaje obvio es el hombre endemoniado. Su historia es muy interesante. Constantemente otras personas habían intentado resolver sin éxito su problema.

Hay otro grupo de gente –los habitantes de las aldeas cercanas. Ellos me fascinan. Acá estaba un pobre hombre, poseído por demonios, todo el mundo le conocía. "Cuidado ahí viene" tal vez gritaban al verle. Lo encadenaban y colocaban lejos de los ciudadanos respetables. Entonces, cierto día él es curado, y cualquiera pensaría que aquella gente hubiera dicho, "¡Bravo! Qué historia, pongámosla en el diario".

MARCOS 4:35 - 5:42

Milagro	Área	Personas	Medios	Resultados	Fe
Calma la tormenta	Física	Discípulos Jesús			
Demonios	Mental	Jesús El hombre Aldeanos			
Mujer con la hemorragia	Física Emocional	Jesús Mujer Discípulos			
La hija de Jairo	Física Emocional Espiritual	Jesús Jairo Hija Madre Endechadores			

Pero la gente de las aldeas sintieron varias cosas, menos alegría –particularmente cuando se percataron que los demonios habían entrado en sus cerdos, los cuales se precipitaron por el barranco y murieron ahogados. Como resultado, perdieron sus inversiones económicas. ¡Estaban furiosos! Se preocupaban más por su economía que por la curación de un ser humano.

¿Qué respecto a la mujer con hemorragia? La vemos en el capítulo 22. Entonces los discípulos son muy importantes. Ellos establecen la atmósfera en el versículo 31: "Ves que la multitud te aprieta, y dices, "¿Quién me ha tocado?" En otras palabras, "¿Cómo se supone que vamos a saber quién te tocó? Claro, también está la mujer. El texto dice que ella había estado enferma durante doce años, ese es un largo período e indica el estado grave del problema. Además, está Jesús.

Pasemos ahora a la hija de Jairo. Está Jairo, su hija, y la madre. Está Cristo, quien tomó a Pedro, Juan y Jacobo. Eso es instructivo. Estaban también un grupo de endechadotes profesionales. ¿No es fascinante? Jesús llega a la escena y dice, "ella no está muerta, sólo duerme". Los demás se rieron. Tal vez era la primera vez que se reían en un funeral.

Los medios

Observemos los medios que Jesús utiliza para cada milagro. Hay algunas cosas fenomenales sucediendo en todo esto. En la tormenta, todo lo que Él hizo fue decir "Calla", y vino la calma completa.

Con el endemoniado, una vez más, todo lo que hizo fue hablar.

En el caso de la mujer, Él ni siquiera necesita palabras. Con frecuencia Jesús utilizaba tocar; pero en esta ocasión, ella le tocó a Él.

En la experiencia de Jairo, Jesús emplea ambos, el toque y las palabras. Tomó a la niña pequeña de la mano, y le llamó por el nombre.

Resultados

Ahora es tiempo de unir los medios con los resultados. El resultado cuando calma la tormenta, fue precisamente, "una gran calma". Pero cada pescador y navegante sabe que porque la tormenta acabó no significa que también el mar se calmó de inmediato. A veces puede tomar hasta un día para calmar. Pero este fue un milagro, y la calma llegó inmediatamente.

Con el endemoniado, los espíritus salieron, y el hombre retornó a su condición normal. Él para nada estaba en su juicio cabal antes del milagro.

En relación a la mujer con hemorragia, el resultado de tocar a Jesús fue su sanidad inmediata. Eso es significante puesto que su problema había persistido durante doce años. Pero no le tomó doce días, ni doce minutos su recuperación.

Finalmente, la hija de Jairo. Ella inmediatamente se pudo en pie, lo que indicó su restauración instantánea. También comenzó a hablar, y comió.

Fe

El componente de fe es crítico en cada uno de los milagros. En la tormenta, los discípulos perdieron la fe. Estaban aterrados. Aún luego que Jesús calmara la tempestad, continuaban atemorizados. Sin fe, pero con mucho temor.

Con eso y todo, los discípulos acababan de oír el discurso sobre la fe en el capítulo 4. Se sentaron a los pies del mayor maestro del mundo. Pero cuando tomaron el examen en el lago, sus libretas de calificaciones lucían un "reprobado". Jesús les dijo, "¿Cómo es que no tienen fe? (v. 40).

MARCOS 4:35 - 5:42

Milagro	Área	Personas	Medios	Resultados	Fe
Calma la tormenta	Física	Discípulos Jesús	Palabras	Una gran calma	Sin fe Solo temor
Demonios	Mental	Jesús El hombre Aldeanos	Palabras	Normal Vestido Comiendo	Reconocimiento Deseos de seguirle
Mujer con la hemorragia	Física Emocional	Jesús Mujer Discípulos	Toque	Juicio cabal Sanidad instantánea	Su fe le sanó
La hija de Jairo	Física Emocional Espiritual	Jesús Jairo Hija Madre Endechadores	Toque Palabras	Se para Camina Come	Gran fe

En el caso del endemoniado, la fe comienza por el reconocimiento de quién era Jesús. Él había venido a la persona correcta; y quiere seguirle –una clara expresión de compromiso. Pero Jesús le dice, "No, tú necesitas regresar a casa y dar tu testimonio".

La mujer es quizá la estrella de esta sección por cuanto vino ya con fe. Ella fue quien tomó la iniciativa a partir de lo que había escuchado acerca de Jesús. Jesús mismo dijo que su fe la había sanado. Es impresionante.

Jairo demuestra fe en Cristo a través de sus dos etapas. Primero cuando vino a Él diciendo, "Mi hija está a punto de morir". Ese es un comienzo. Pero entonces sus amigos llegaron para decirle que su pequeña había muerto. ¿Puede usted imaginar sus sentimientos? Mientras hay vida, hay esperanza. Pero una vez que murió, estoy seguro que solo habrá querido rendirse. Debió haber quedado destrozado.

Entonces Jesús le dijo, "No, mantente creyendo", y lo hizo. No sólo empezó con fe, sino que continuó con fe. ¿Ya imagina quienes vieron todo esto? Los discípulos. ¿Recuerda quienes eran los que no tenían fe? Ellos estaban allí mismo viendo este hombre sin razones para cobijar esperanzas. Él no había asistido a los discursos. No obstante tenía una gran fe debido a lo que el Señor le había dicho, "Espera, cree en mí. Sígueme"... y él lo hizo.

UTILIZACIÓN DE LA TABLA GRÁFICA

Observe los recuadros. Recogimos bastante material, pero está resumido de una manera que podemos aprovechar. Podemos estudiar la tabla de dos maneras. Primera, podemos estudiarla según la composición, moviéndonos de derecha a izquierda. De esta manera, podemos tomar cada milagro y evaluarlo según su área, gente, los medios, los resultados y los elementos de fe.

Por otra parte, podemos estudiar su composición moviéndonos desde arriba hacia abajo. Por ejemplo: ¿Qué tipo de fe tenían los discípulos? ¿Qué tipo de fe tenía el endemoniado? ¿Qué tipo de fe tenía la mujer con hemorragia? ¿Qué tipo de fe tenía Jairo?

Una tabla gráfica como esta es invaluable, ya que nos da un máximo de ganancias en nuestra inversión en el proceso de estudio de la Biblia. Cada vez que usted regrese a este pasaje, puede sacar su tabla y ver de un vistazo de qué se trata toda la sección. No tiene que comenzar desde cero otra vez. Tampoco tiene que depender de su memoria. De hecho, la realización de estas tablas es tan importante, que vamos a examinarla con detenimiento en el siguiente paso de Observación.

CÓMO ESTUDIAR UNA SECCIÓN

Permítame ofrecerle algunas sugerencias acerca de cómo puede obtener el máximo del estudio de una sección.

Lea la sección completa. Es más, intente leerla dos o tres veces, tal vez en diferentes versiones.

Identifique los párrafos, y póngale una etiqueta o título a cada párrafo. En la sección que vimos anteriormente, etiqueté los cuatro milagros como puede verse en la columna de la izquierda de la tabla. Recuerde que el párrafo es la unidad básica de estudio. Así que es importante captar la idea central así como el tema de cada párrafo, y entonces, enunciarlo en una o dos palabras.

Evalúe cada párrafo a la luz de los otros párrafos. Utilice las seis pistas que le di anteriormente en el libro, para encontrar las relaciones. En los casilleros encima, comparé y contrasté los cuatro milagros según su área, la gente, los medios, los resultados y los elementos de fe.

Evalúe la sección como una unidad completa y relaciónela con el resto del libro, usando los mismos principios (las cosas enfatizadas, repetidas, y así sucesivamente).

Intente enunciar el punto central de la sección. Si puede, declárelo en una o dos palabras, o una frase breve que sintetice todo el contenido. Por ejemplo, yo podría llamar Marcos 4-5, "los discursos y el laboratorio de la fe".

Mantenga una lista de sus observaciones de la sección. Mejor aún, escríbalos en su Biblia, utilizando palabras breves y descriptivas.

Estudie las personas y lugares mencionados. Vea lo que puede aprender acerca de ellos que pueda arrojar más luz sobre la sección como un todo completo.

Mantenga una lista de sus preguntas sin responder y problemas irresueltos. Ellos llegan a ser avenidas para investigaciones futuras.

Pregúntese a usted mismo: ¿Qué he visto en esta sección que desafía mi estilo de vida? ¿Qué dilemas prácticos encara este pasaje? ¿Qué cambios necesito implementar a la luz de este estudio? ¿Qué tipo de oración necesito orar reflejando lo que he visto?

Comparta los resultados de su estudio con alguien más.

AHORA INTÉNTELO USTED

Tengo un pasaje para que usted lo intente, ahora que ya ha visto un ejemplo de cómo realizar observaciones en una sección. Es la parábola del sembrador en Mateo 13:1-23. Acá tiene la tabla gráfica para ayudarle a empezar. Considera cuatro preguntas para cada una de los cuatro tipos de suelo: ¿Cómo describe Jesús el suelo? ¿Qué tipo de crecimiento tuvo lugar? ¿Cuáles eran los obstáculos para el crecimiento? ¿Cuál fue el resultado del sembrado?

Suelo	Descripción	Crecimiento	Obstáculos	Resultados

25

RESUMA SUS OBSERVACIONES

Una de las historias más fascinantes de las últimas décadas es el surgimiento de *USA Today* [periódico norteamericana]. Aún queda por verse si el diario triunfará financieramente, pero sin lugar a dudas ya es exitoso conceptualmente. Los lectores parecen gustar de sus resúmenes de noticias, ya que les da una opción de información rápida. La sencillez y los gráficos coloridos son algunos de sus medios fundamentales para lograr su fin. Es más, no interesa cuál sea el futuro de *USA Today*, ya alteró permanentemente la apariencia de los diarios en este país.

Aquí tenemos una lección para los estudiantes de las Escrituras. El estudio de la Biblia es informativo-intensivo. Si usted realiza el trabajo de observación tal como lo he descrito en los capítulos anteriores, usted tendrá más información de la que podrá manejar. Eso es un problema, debido a que no surte beneficio tener buena información si no se puede acceder a ella. Una estrategia es la de *USA Today*: muestre en vez de decir. Resuma sus descubrimientos en una tabla.

EL VALOR DE LAS TABLAS GRÁFICAS

Una tabla gráfica para el estudiante de la Biblia es igual al mapa para el marinero. Ayuda a navegar el mar de palabras, páginas, libros, ideas, personajes, eventos y otra información. Sin una tabla u otro elemento similar, el estudiante está en riesgo de un hundimiento por sobre carga mental. Existen demasiados detalles como para poder tenerlos todos en mente.

Pero una buena tabla puede mantenerle en curso de varias maneras. Es especialmente útil en nuestra cultura. Tal cual indiqué en un capítulo previo, vivimos en una sociedad visualmente orientada. Hemos llegado a preferir imágenes en vez de textos. Las tablas toman ventaja de esto al mostrar las relaciones entre versículos, párrafos, secciones e incluso libros. Utilizando una tabla usted puede comprender la relación entre contenido y estructura de una porción bíblica de un vistazo.

Una tabla bien construida también contribuye a la memorización. Una vez más, esta es su gran ayuda visual. Por ejemplo, suponga que usted nunca ha memorizado los nombres de los libros de la Biblia. Si yo le entrego una lista de ellos, probablemente le tomará un buen tiempo memorizarlos. Pero si yo le muestro una tabla de los libros, arreglados por categorías, usted podría memorizarlo mucho más rápido. Eso se debe a que una tabla le da un panorama visual.

Un beneficio final digno de mención es la forma en que las tablas pueden ilustrar las observaciones. Por ejemplo, mencioné las seis pistas para buscar: las cosas enfatizadas, las cosas repetidas, las cosas que ilustran la parte a la luz del todo. Puede resaltar las ideas importantes o sus personajes. Puede demostrar contrastes y comparaciones. Puede indicar las frases y los términos claves. Lo más importante es que puede esbozar una estructura, lo cual es crucial para los propósitos del autor.

EL ARTE DE LAS TABLAS

La tabla es una herramienta increíblemente útil en el estudio de la Biblia, pero tenga en mente que es únicamente un medio para alcanzar un fin. Su meta final al estudiar la Palabra de Dios no es producir una tabla sino producir un cambio en su vida. La tabla es un simple modo para manejar una información que usted puede obtener del texto.

Permítame enseñarle los ejemplos de tablas mostrados aquí, y luego realizaré una lista de sugerencias acerca de cómo podría comenzar una tabla que le fuera efectiva.

Marcos

La primera tabla muestra el evangelio de Marcos, el libro completo de un vistazo, en un pequeño trozo de papel. La persona que lo hizo muestra que el versículo clave, el que resume toda la estructura del libro, es el 10:45: "Porque el Hijo del Hombre no vino para ser servido, sino para servir, y para dar su vida en rescate de muchos".

EL EVANGELIO DE MARCOS

"Vino a servir"		y	"Vino a dar su vida"	
Prólogo	Servicio		Sacrificio	Epílogo
Jesús vino	¿Quién es Él?	¿Quién dice la gente que soy?	¿A dónde va?	Jesús... Recibido arriba
1:1-45	2:1-8:26	8:27- 30	8:31-15:47	16:1-20
Su Persona		Y	Su propósito	

Eso le ayudó a observar que el libro está dividido en dos secciones principales: la primera mitad trata con el servicio de Jesús, y la última mitad trata con su sacrificio. Usted puede ver cómo registró ésta y otras observaciones, tanto de forma visual como verbalmente para entender el libro de un vistazo.

1 Pedro

La tabla siguiente es una que desarrollé para 1 Pedro, el libro que llamo "Estudios para santos sufrientes". (2 Pedro le llamo "Estudios para santos significantes").

Mientras estudiaba 1 Pedro, noté que la carta tiene tres divisiones principales: salvación, sumisión, y sufrimiento. Es interesante pensar en ellos en orden reverso: el sufrimiento nunca tendrá sentido hasta que no haya sometimiento a la voluntad del Padre; y la sumisión nunca tendrá sentido hasta que entiendo de qué se trata la salvación. Así es como el escritor desarrolla su argumento a través de los cinco capítulos de la epístola.

I PEDRO
ESTUDIOS PARA SANTOS SUFRIENTES
Cómo resistir – sin rendirse

SALVACIÓN	SUMISIÓN	SUFRIMIENTO
Privilegios de la salvación 1:2-12 Productos de la salvación 1:13-25 Proceso de la salvación 2:1-10	En el Estado 2:13-17, civil en la casa 2:18-25, social en la familia 3:1-7, doméstica	Como ciudadanos 3:13-4:6 como santo 4:7-19 como pastor 5:1-7 como soldado 5:8-11
LA DOCTRINA ES DINÁMICA	EL ESTILO DE VIDA CRISTIANO	EL CRISOL PARA MOLDEAR EL ALMA
1:3-2:10	2:11-3:10	3:13-5:11
El DESTINO del cristiano	El DEBER del cristiano	La DISCIPLINA del cristiano

Malaquías

El ejemplo presente muestra a Malaquías. Le he titulado "el alarido del amor herido"

¿Desea estudiar un libro del Antiguo Testamento? Este es tremendo. ¿Recuerda que hablamos acerca de utilizar el método de preguntas-respuestas (capítulo 11)? Bueno, Malaquías fue un profeta con el signo de interrogación en la mente. Una y otra vez realiza preguntas.

Como puede ver en Malaquías, Dios está reprendiendo a la nación de Israel por sus pecados. Cada vez que lo hace, el pueblo responde, "pruébalo". Ellos son como un niño pequeño con las galletas y dulces en las manos y pegotes de chocolate por todas partes. Su madre le dice, "hijo, te dije que no comieras más galletas de chocolate".

Entonces él dice, "¿De qué galletas hablas?"

Eso es exactamente lo que usted encontrará en este libro.

MALAQUÍAS
"El alarido del amor herido"

	REPRENSIÓN	ADVERTENCIA	APELACIÓN	
	Sacerdotes 1:6-2:9	Acusación 2:17	Respuesta 3:7-18	
Introducción 1:1-5	Pueblo 2:10-16	Anuncios 2:17-3:6	Razones 3:7-4:3	Conclusión 4:4-6
	1:6-2:16	2:17-3:6	3:7-4:3	

Lucas

Al pensar en una tabla gráfica, debe pensar en más que un producto acabado, pulido, y perfecto de estudio. Son poderosas herramientas de ayuda para la investigación del texto.

Por ejemplo, acá tiene una sinopsis del evangelio de Lucas que muestra lo que llamo las leyes de proporción. Ya hablamos de fijarnos en las cosas que son enfatizadas mediante la cantidad de espacio que se les brinda. La ley de proporción dice que la importancia de material empleado por un autor está en directa proporción con la cantidad de espacio que le otorga en su escrito. Una tabla como la siguiente ilustra este principio.

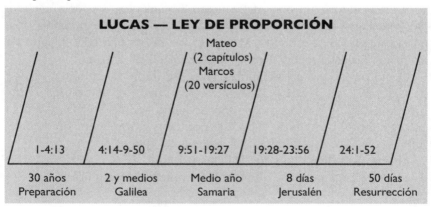

Efesios

Preste atención a la tabla de Efesios debajo. Recuerde, yo que usé una similar en el último capítulo de estudio de Marcos 4-5.

Digamos que he estado observando la epístola de Efesios, y noto que hay cuatro temas que se mencionan repetidamente: la gracia de Dios, la actividad de Satanás, el estilo de vida del creyente o el "andar", y la oración. Por lo tanto, necesito preguntar: ¿Existe alguna relación entre estos temas? ¿Es uno de ellos más dominante que los otros? ¿Cuánto espacio es dedicado a cada uno? ¿Cómo se relacionan al tema general y la estructura del libro?

Esta tabla cuadriculada puede ayudarme a seguir estos cuatro temas a través de la carta, para que cuando acabe, pueda ver las relaciones.

EFESIOS

GRACIA						
SATANÁS						
ANDAR						
ORACIÓN						

Amor

La tabla final, a continuación, es diferente de las demás. Resume un tema de estudio sobre el amor. Los estudios temáticos son fascinantes puesto que examinan un asunto que aparece en diferentes pasajes, y relaciona los resultados. Aquí, el estudio revela que dos pasajes claves en Mateo son textos centrales en el tema del amor. Una es la norma del amor, que es el amor de Dios, y el otro describe el proceso del amor, que es amar a los demás como a usted mismo. Observe el texto relacionado en 1 Corintios 13, el capítulo del amor.

El estudio también revela que respecto a la práctica del amor, existen tres dominios –amar a Dios, amarnos a nosotros mismos y amar a otros. En cada caso, hay una verdad revelada para considerar y una respuesta a esa verdad.

Existen otras maneras obvias en las cuales se podría haber ordenado este material y mostrar las relaciones. Lo que importa es que la tabla gráfica tenga sentido para la persona que la construye. Necesita mostrar lo que ha encontrado en el texto. Es su herramienta, su manera de apropiarse del texto.

COMENZANDO CON SU TABLA GRÁFICA

¿Está usted listo para desarrollar su tabla? Permítame darle algunas sugerencias.

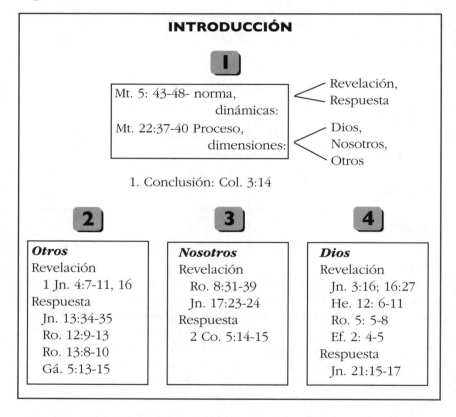

Mientras estudia el texto, asigne títulos y etiquetas al contenido de manera que pueda resumir el material. Sea creativo. Ya hice referencia a la lectura bíblica adquisitiva, es aquella donde usted se apropia del texto. Colocando sus propios títulos en los versículos, párrafos, secciones, y libros de la Biblia es una manera de hacerlo. Ellos le ayudan a mantener sus observaciones prolijamente.

Mientras visualiza su tabla, pregúntese: ¿Cuáles son las relaciones? ¿Qué estoy tratando de mostrar? ¿De qué se trata esta gráfica? ¿Una vez que la acabe, cómo pienso utilizarla?

Mantenga su tabla sencilla. Siempre podrá agregar detalles; pero el desafío es recortar lo accesorio. ¿Cuáles son las ideas claves, los personajes, los temas, los versículos, los términos, y otra información del texto que debe priorizarse? ¿Cuál es la idea central? ¿Qué estructura necesita mostrarse? ¿Qué material desea ver de solo un vistazo?

Si usted nota que ha acumulado demasiado material como para ser incluido en la tabla gráfica, recórtelo, y organícelo en varias tablas. Dicho sea de paso, si tiene demasiado material sin relación entre sí, es una pista que necesita regresar al texto y realizar algunas observaciones adicionales.

Sea creativo. Simplemente le he mostrado un puñado de posibilidades encima. Existen docenas de otras modalidades por medio de las cuales mostrar las relaciones en el texto. Permítale a su imaginación fluir. Dibuje ilustraciones o símbolos si fueran de alguna ayuda. Es su tabla, así que hágala para usted.

Revise sus tablas a la luz de su estudio. Ninguna tabla gráfica puede incluir todo. Mientras prosiga con el estudio de un pasaje, usted adquirirá nuevas ideas que provocarán revisiones y reconstrucciones de sus tablas. Recuerde, las tablas son medios para alcanzar un fin, no el fin en sí mismas. Son útiles en la medida que representen adecuadamente lo que está en el texto bíblico.

AHORA INTÉNTELO USTED

Ahora que usted ha visto diversas ilustraciones de cómo realizar una tabla, intente construir su propia tabla del libro de los Hechos, utilizando las sugerencias otorgadas en este capítulo. Para iniciar, revise el capítulo 6 donde miramos Hechos 1:8. Indiqué los cuatro lugares mencionados –Jerusalén, Judea, Samaria, y los confines de la tierra– forme un bosquejo para el libro. Usted querrá utilizar esta observación para organizar su material. O, tal vez, le surja una sinopsis diferente. De todos modos, desarrolle una tabla que resuma el relato de una manera que le ayuda a ver rápidamente lo que está sucediendo en el libro de Lucas.

26

"LOS HECHOS SON RIDÍCULOS HASTA QUE..."

Recuerda la historia de Louis Agassiz y su método para enseñarles a los estudiantes a observar un pescado? Él dejaba al estudiante frente a su espécimen durante días y semanas, dándoles únicamente una instrucción: "¡Mire! ¡Mire! ¡Mire!"

Si yo pudiera darles a los estudiantes de las Escrituras una solo instrucción, sería la misma: "¡Mire! ¡Mire! ¡Mire!" La verdad de Dios está en la Biblia, pero la mayoría de las personas la pasan por alto, principalmente, debido a que no observan, no examinan. No invierten el tiempo suficiente ni el esfuerzo requerido para responder la pregunta fundamental de la observación, ¿Qué es lo que veo? Como resultado, no tienen base para comprender lo que Dios ha revelado.

En esta sección del libro, yo le doy una introducción al proceso de observación. Tal cual indiqué, la observación es tan solo el primer paso del método de estudio de la Biblia. Pero es un paso absolutamente crucial, y desafortunadamente uno al cual la mayoría de las personas le dan poca atención.

Hemos visto que para realizar observaciones en las Escrituras, primero debemos aprender a leer. Necesitamos leer mejor y más rápido, como si fuera la primera vez, y como si la Biblia fuera una carta de amor. Entonces vimos diez estrategias que pueden ayudarnos a desarrollar una lectura de primera categoría de la Palabra de Dios.

Luego vimos qué cosas buscar en el registro bíblico. Descubrimos seis pistas que abrían el texto a nuestro entendimiento: las cosas enfatizadas, las cosas repetidas, las cosas relacionadas, las cosas similares y las diferentes, y las cosas que son verdaderas en la vida práctica.

Entonces pusimos en prácticas estas destrezas en tres tipos de material bíblico –un versículo, un párrafo, y una sección. Notamos que no tenía fin la cantidad de detalles que el observador puede realizar; y todo puede guiar a un mayor entendimiento.

Finalmente, nos fijamos en el valor de las tablas gráficas como medios de resumir los frutos del estudio. Vimos que las tablas son herramientas eficientes para visualizar la información y ayudarnos a comprender el texto.

Ahora necesitamos movernos en el proceso. El profesor Agassiz entrenó a sus estudiantes en el método de descubrir los hechos y a arreglarlos ordenadamente, pero nunca pretendió dejar el asunto ahí. "Los hechos son cosas estúpidas", solía decir, "hasta que son conectados con alguna ley general".

Esto nos lleva al segundo paso en el método de estudio bíblico. Una vez que he visto lo que el texto dice, estamos listos para preguntar, ¿qué significa? Así que cambiemos al segundo equipo y veamos la segunda etapa del proceso, la Interpretación.

AHORA INTÉNTELO USTED

Uno de mis estudiantes me mostró el siguiente ejercicio de observación, acerca del relato de la caída en Génesis 3:1-7. Es una excelente oportunidad para utilizar todas las habilidades que usted ha aprendido en esta sección.

Lunes
Lea Génesis 3:1-7 desde la perspectiva del Padre celestial como testigo del pecado de sus hijos.

Martes
Lea el relato con la meta de encontrar el versículo más importante del párrafo.

Miércoles
Léalo desde la perspectiva de Satanás como el tentador de los hijos de Dios.

Jueves
Lea con la meta de determinar cómo este pasaje afecta su entendimiento de lo que Jesús hizo en la cruz.

Viernes
Lea desde la perspectiva de Adán y Eva mientras están pecando. ¿Qué estaba pasando por sus mentes?

Sábado
Lea desde la perspectiva de alguien que no sabe nada de la Biblia o de las cosas "religiosas" y que está leyendo el pasaje por primera vez.

El científico y la pulga

Un científico está usando el método inductivo para observar las características de una pulga. Arrancándole una pata, le ordenó "¡salta!"

La pulga saltó de inmediato.

Le arrancó otra pata, y el científico ordenó una vez más: "¡Salta!"

La pulga saltó otra vez.

El científico continuó este proceso hasta que llegó a la sexta y última pata. Para entonces la pulga estaba teniendo mayores dificultades para saltar, pero todavía lo estaba intentando.

El científico le arrancó la última pata y le ordenó saltar a la pulga. Pero la pulga no respondió.

Entonces, levantando su voz le ordenó, "¡Salta!" Una vez más la pulga fracasó en el intento.

Por tercera vez el científico gritó a todo pulmón, "¡Salta!" Pero la pobre pulga yació inmóvil.

El científico realizó la siguiente observación en su cuaderno de notas: "Cuando se remueven todas la patas a una pulga, pierden por completo el sentido auditivo".

Interpretación

27

EL VALOR DE LA INTERPRETACIÓN

En cierta ocasión escuché acerca de un orador que realizó una presentación extraordinaria de un pasaje de las Escrituras. Al salir del auditorio, escuché a dos personas conversando.

"Bueno", estaba preguntando a una de ellas, "¿qué piensas de esto?"

La otra persona encogió sus hombros. "No mucho. Él no hizo mucho más que explicar la Biblia".

¿Nada más que explicar la Biblia? Esa es la máxima queja que puedo imaginar. Después de todo, la tarea primordial del maestro es explicar el significado del texto. Como puede ver, no es posible aplicar la Palabra de Dios sin primero comprenderla. De hecho, cuanto mejor la entienda, mejor podrá aplicarla. Por dicho motivo David oró diciendo, "Dame entendimiento para seguir tu ley, y la cumpliré de todo corazón" (Sal. 119:34).

Actuar según lo que Dios ha dicho, asume que usted entiende qué es lo que Él ha dicho. A eso se debe que el segundo mayor paso, en el estudio bíblico de primera mano, es la interpretación. Aquí usted realiza la pregunta y responde a: ¿Qué significa esto?

¿ENTIENDE USTED LO QUE LEE?

Hechos 8 registra la historia de Felipe, Felipe fue el Billy Graham de su tiempo. Predicó el evangelio en Samaria, y la región completa respondió positivamente. Pero cierto día el Espíritu de Dios le dijo, "Ve por el camino hacia el sur –el camino del desierto– de Jerusalén a Gaza" (v. 26).

"¿Qué?", podría haber él protestado. "Yo soy un hombre de la metrópolis. Únicamente dirijo grandes cruzadas. Yo no me ocupo de la tarea uno a uno".

Pero en vez de protestar, se dirigió hacia el sur, y en el camino se encontró con un hombre, un eunuco etíope. En realidad, era el secretario del tesoro de su país. Comenzaron una conversación, puesto que el oficial estaba leyendo un pasaje de las Escrituras.

Así que Felipe le preguntó, "¿Entiendes lo que lees?"

Imagínese abordar un avión, sentado a su lado está alguien leyendo la revista *Times*, y usted pregunta, "Hola, ¿puede usted entender lo que lee?" Sospecho que la persona pensaría que usted ha perdido la cabeza.

Pero Felipe debió saber cómo realizar aquella pregunta, ya que el hombre respondió, "Bueno, ¿cómo podría saber si alguien no me lo explica?" (v. 31).

Márquelo bien: este hombre tenía una copia de las Escrituras, pero necesitaba ayuda para comprenderlas. Él estaba profundamente involucrado en el proceso de la interpretación. Eso es claro debido al tipo de preguntas que hace, luego de la lectura del pasaje: "Dígame usted, por favor, ¿de quién habla aquí el profeta, de sí mismo o de algún otro?" (v. 34).

Felipe ayudó a aquel hombre a entender el sentido del texto. Luego que él lo comprendió, pudo responder a la fe. El versículo 29 dice que se regocijó. Así que de manera real, el segundo paso, la interpretación ayudó en el inicio de la expansión del evangelio en África.

¿QUÉ ES LA INTERPRETACIÓN?

Cada libro de las Escrituras tiene un mensaje, y ese mensaje puede ser comprendido. ¿Se ha preguntado usted alguna vez si la Biblia es únicamente un gran acertijo? Dios quiso que fuera una revelación. 2 Timoteo 3:16 dice, "Toda escritura es útil" (itálicas añadidas). O

sea que tiene un propósito, un significado. Dios no está jugando a
las escondidas. Él no le invita a su Palabra para confundirlo con un
rompecabezas. Él esta mucho más interesado que usted pueda comprenderla.

La pregunta es, ¿qué quiere decir interpretación? Permítame darle una ilustración. Yo he sido parcialmente daltónico, por lo que no
puedo distinguir con claridad entre los colores verdes y los azules. Supóngase que usted me muestra un buzo y me dice, "Profesor, a mi me
encanta este buzo azul". Ambos estaríamos mirando el mismo buzo,
pero el color que usted viera no sería exactamente el mismo que yo.

Algo similar sucede todo el tiempo en asuntos de interpretación
bíblica. Dos personas mirarán al mismo versículo y saldrán con interpretaciones completamente diferentes. De hecho, pudieran ser interpretaciones opuestas. ¿Pueden ambos estar en lo correcto? No si las
leyes de la lógica se aplican a las Escrituras.

Pero desafortunadamente, muchas personas hoy en día prefieren
pensar que las leyes lógicas no se aplican a las Escrituras. Para ellos,
no interesa si lo que usted ve en el texto es verde o azul. Para ellos, el
significado del texto no está en el texto, está en la respuesta al texto.
Por tanto, cada uno tiene la libertad de tener su propia respuesta. El
significado queda relegado a un mero detalle subjetivo.

No obstante existen buenas razones para que los cristianos estén
en desacuerdo respecto a la interpretación de cierto pasaje. Trataremos
eso en el próximo capítulo. Pero si vamos a tener alguna esperanza in-
terpretando la Palabra de Dios acertadamente, debemos comenzar por
una premisa fundamental: "Significado" no es un pensamiento subjetivo inferido al texto, sino la verdad objetiva de Dios que sale del texto.
Él tiene mente, y la reveló en su Palabra.

El milagro es que Él uso autores humanos para hacerlo. Trabajando a
través de sus personalidades, sus circunstancias y sus intereses, el Espíritu Santo dirigió la elaboración del documento. Cada uno de los agentes
humanos –los coautores de Dios, deberíamos llamarles– tuvieron un
mensaje específico en mente mientras escribían sus textos.

A esto se debe que yo prefiero referirme a la interpretación como el
proceso de recreación. Intentamos colocarnos en los zapatos del autor
y re-crear su experiencia –pensar como pensó, sentir como sintió, y
tomar sus decisiones. Estamos preguntando, ¿qué significó esto para
él?, antes de preguntar, ¿qué significa esto para mí?

LA CONSTRUCCIÓN DEL SIGNIFICADO

¿Cómo se relaciona la interpretación a la observación? Recuerde que en la observación realizábamos la pregunta, ¿qué veo? Esa fue la fase fundacional del estudio bíblico, la piedra fundamental. Luego de eso, avanzamos a la interpretación, donde desarrollamos una estructura superior.

Como puede ver, en la observación excavamos. En la interrelación erigimos. Los edificios están siempre determinados por sus cimientos. Cuanto más sustancial es la cimentación, más sustancial puede ser la estructura superior.

Imagínese que vamos al centro de su ciudad y vemos a unos obreros trabajando en los cimientos de un edificio. Ellos han estado allí durante dos años y medio; han colocado la piedra fundamental, e invitado al publico a la ceremonia de dedicación. Nosotros asistimos –para encontrarnos con un gallinero en el medio de la cimentación. Nos preguntaríamos, ¿qué pasó acá? ¿Para qué cavar semejante cimentación para un edificio minúsculo?

De modo similar, la calidad de su interpretación siempre dependerá de la calidad de sus observaciones. Es imposible entender lo que un escritor quiere decir hasta que preste atención a lo que el escritor está diciendo. Por lo tanto, observar bien es interpretar bien. Usted siempre necesita observar poniendo su vista en la interpretación (y eventualmente en la aplicación) de las Escrituras. La observación nunca es un fin en sí mismo, sino que, siempre es un medio para un fin.

¿POR QUÉ INTERPRETACIÓN?

La pregunta permanece, ¿por qué debemos interpretar las Escrituras? Usted sabe que conocer el significado de las palabras no es suficiente. Usted debe saber el estado mental, la cultura, la cosmovisión de quienes hablan, si en verdad desea entender lo que están diciendo.

Así es también cuando de la Biblia se trata, tenemos excelentes traducciones del hebreo, el griego y el arameo, idiomas en los que se escribió originalmente la Biblia. Pero el español nos deja bastante distancia como para comprender en plenitud. Eso se debe a que el proceso de la interpretación involucra el uso de un diccionario bíblico y recursos similares. Debemos retroceder y recobrar las tonalidades de significados que la mera traducción de las palabras nunca podrá darnos.

Barreras culturales

Están íntimamente relacionadas con los problemas del lenguaje, ya que este es un elemento esencial de la cultura. La Biblia es el producto y la presentación de culturas dramáticamente diferentes de la nuestra –y también diferentes unas de otras. Para apreciar lo que estaba sucediendo en las Escrituras, debemos reconstruir el contexto cultural en las áreas de la comunicación, el transporte, el comercio, la agricultura, las ocupaciones, las religiones, la percepción del tiempo, y así sucesivamente.

Acá es donde la arqueología nos provee ayuda. Voy a sugerir algunos recursos en el capítulo 34.

Barreras literarias

Otro problema en el que incurrimos durante la interpretación de las Escrituras, es la variedad de terreno. Si fuera todo montañas o desiertos u océano, sería mucho más simple. Pero los géneros literarios de la Biblia son bastante diversos y demandan un tratamiento diferente. No podemos leer igual el Cantar de los Cantares de Salomón, con la misma lógica que tiene Romanos. Nunca llegaremos al punto de las parábolas mediante el estudio exhaustivo de vocablos que pudieran abrir las verdades de Gálatas.

En el capítulo 29, hablaré acerca de los diferentes tipos de literatura de la Biblia, junto con sugerencias para interpretar cada uno de ellos.

Barreras de comunicación

Tal vez usted haya visto una caricatura en la cual aparece un hombre instruyendo a su perro: "¡Muy bien, Ginger! Creo que ahora nos entendemos. ¡Tú te mantienes fuera del garaje! Entiendes, ¿Ginger? ¡Quédate fuera del garaje, sino...!" El título es: "lo que la gente dice". En el siguiente recuadro, el título es: "Lo que los perros oyen". ¿Qué oyen los perros? "¡Blah, blah, blah, blah...!"

En ocasiones me siento de ese modo como profesor. Me pregunte qué estarán pensando mis estudiantes; y francamente, es probable que se estén preguntando de qué estoy hablando.

Es el viejo problema de la comunicación. Pese a que es Dios mismo quien está hablando por medio de las Escrituras, nosotros todavía tenemos que luchar con rupturas del proceso comunicativo. Como criaturas finitas, nunca podremos saber qué es lo que está pasando por la mente de otra persona. Por tanto, debemos conformarnos con objetivos limitados en nuestra interpretación de las Escrituras.

¿Podemos, por tanto, interpretar algo? ¿Es acaso posible interpretar la Biblia?

Por supuesto que sí. Pero debe saber que siempre encontrará problemas. Usted no podrá responder a cada pregunta –como lo percibió un predicador veterano y experimentado. Él estaba cenando en un restaurante cuando entró el ateo del pueblo, quien pesaba que podía tener un poco de diversión con él. El escéptico se sentó, apuntó a la Biblia del predicador, y preguntó, "Reverendo, ¿usted todavía cree en ese libro?"

—"Definitivamente", respondió el viejo predicador.

—"¿Quiere decir que cree en todo lo que dice?"

—"Cada palabra".

—"Bueno", dijo el ateo, "¿hay algo que me pueda explicar?"

—"Oh, hay muchas cosas que le puedo explicar", respondió el predicador. Él abrió su Biblia y le mostró todos los signos de interrogación escritos al margen.

Sorprendido el hombre respondió, "Bueno, ¿qué hace usted con todas las cosas que no puede explicar?"

El predicador respondió, "Es muy simple. Hago la misma cosa que estoy haciendo con el pescado que estoy comiéndome. Como la carne y dejo las espinas al lado del plato, y las dejo para cualquier tonto que quiera se ahogue con ellas".

Me he topado con gente que se sorprenden cuando yo y otros miembros de la facultad teológica decimos que no podemos explicar todo de la Biblia. Así que usualmente provoco sus pensamientos con la pregunta: ¿en verdad les molesta que una persona limitada como yo, no pueda comprender a una Persona infinita? ¿En verdad le molesta? Me molestaría más si pudiera, porque entonces, no necesitaría a Dios. Yo sería tan inteligente como Él.

No se complique en demasía con los problemas y las preguntas sin responder que encuentre durante su estudio bíblico. El milagro es que usted puede entender todo lo esencial que Dios quiere que entienda para su salvación eterna y para su vida diaria.

Eso nos trae a la quinta barrera para entender el texto bíblico –la interpretación defectuosa. Quiero advertirle al respecto en el próximo capítulo.

¡Yo no sé griego ni hebreo!

¿Se ha sentido usted en alguna ocasión imposibilitado para interpretar la Biblia porque no sabe los idiomas en los cuales fue escrita originalmente? Ya no necesita sentirse mas de esa manera, gracias a los múltiples recursos bíblicos que se han desarrollado en los últimos años. Iré a discutir varios de ellos en el capítulo 34. Pero acá tiene un adelanto de lo que hay disponible para ayudarle a interpretar las escrituras acertadamente.

TIPO DE RECURSO	DESCRIPCIÓN	UTILÍCELO PARA SOBREPONERSE A..
Atlas	Colecciones de mapas de los lugares mencionados en los textos, y quizá, alguna descripción histórica de su importancia	Barrera geográfica
Diccionarios	Explican los orígenes, significaos, y uso de palabras claves y términos en el texto bíblico	Barrera cultural
Manuales	Presentan información útil sobre temas en el texto	
Comentarios	Presentan un estudio académico del texto bíblico	Barreras literarias, del lenguaje, y culturales
Textos interlineales	Traducciones son el texto griego o hebreo, posicionado encima de la traducción, para la comparación	Barrera del lenguaje

28

¡MANÉJESE CON CUIDADO!

Un domingo por la mañana yo estaba en la casa recuperándome de una cirugía, cuando dos hombres aparecieron a mi puerta, uno más viejo y el otro más joven, ambos bien vestidos. "estamos visitando el vecindario para hablar con las personas acerca de Dios y la religión", me dijeron. "¿Podemos entrar?"

Por curiosidad, le dije, "Adelante, por favor".

Así que mantuvimos una conversación. Ellos se mantenían hablando de un pasaje particular, mientras yo les repetía "pero eso no es lo que toda la Biblia dice".

"Sí, claro que es", insistió el más joven. "Está en el griego". Él no sabía que yo enseño en el seminario.

Así que le pregunté, "¿Qué tiene que ver el griego con esto?"

"Bueno, señor Hendricks, aparentemente usted no sabe que el Nuevo Testamento fue escrito en griego".

"Cierto", respondí, "eso es fascinante para mí. ¿Sabe usted griego?"

Él respondió, "Sí, es parte de nuestro programa de entrenamiento".

"Bien", le dije, y le alcancé mi Nuevo Testamento en griego. Hubiera pagado lo que fuera para grabar lo que sucedió a continuación.

Él balbuceó con el texto, intentando encontrarle algún sentido. Entonces el hombre mayor intervino e intentó sacarlo del aprieto. Finalmente dije, "espere un minuto", y les leí primero el pasaje en el griego, entonces en nuestro idioma, y les dije, "ve usted, no dice eso y tampoco significa eso".

El hombre más joven encontró el asunto muy interesante, pero el mayor, pronto lo arrastró fuera de mi casa. (Desde entonces, nunca más he recibido una visita de gente perteneciente a ese grupo. Sin dudas, hicieron correr la voz que debían mantenerse alejados de Hendricks). Pero este tipo de cosas sucede cada día de la semana, alrededor del mundo. El problema no está en la Palabra de Dios; sino con la interpretación del texto.

RIESGOS QUE EVITAR

Permítame mencionar seis dificultades de interpretación. Preste atención a ellos mientras lee y estudia las Escrituras.

Malinterpretar el texto

Usted nunca logrará una comprensión del texto si no lee o no puede leer el texto apropiadamente. Si Jesús dijo: "Yo soy el camino" (Jn. 14:6), pero usted lee "yo soy un camino", usted está leyendo mal el texto. Si Pablo escribe, "porque raíz de todos los males es el amor al dinero" (1 Ti. 6:10), pero usted lee, "porque raíz de todos los males es el dinero", usted está leyendo mal el texto. Si el salmista exclama diciendo, "Deléitate en el Señor, y Él te concederá lo deseos de tu corazón" (Sal. 37:4), pero usted pone atención solo a, "Él te concederá los deseos de tu corazón", usted está leyendo mal el texto.

A esto se debe que al inicio del libro dije que si quería estudiar la Palabra de Dios, debía aprender a leer. No hay otra manera. Ignorar lo que dice el texto es el pecado imperdonable de la interpretación. Indica que usted no ha realizado su deber básico. Ha salteado el primer paso del método de estudio bíblico —la observación.

Distorsionar el texto

Los dos hombres que me visitaron aquel domingo por la mañana eran culpables de distorsionar el texto. Ellos estaban haciendo que el texto diga una cosa que el texto nunca había dicho.

Aparentemente Pedro luchaba con el mismo problema durante la época de la iglesia primitiva, porque en 2 Pedro 3:16 escribió, "Hay en ellas [las cartas de Pablo] algunos puntos difíciles de entender, que los ignorantes e inconstantes tergiversan, como lo hacen también con las demás Escrituras, para su propia perdición". (A mi me da un gran alivio que Pedro encontrara algunos escritos difíciles de descifrar, supongo que no me debe sentir tan mal porque a mí me suceda igual).

Como usted puede ver, una cosa el la lucha con las dificultades en la interpretación; otra cosa es la distorsión de significado de la Palabra de Dios. Eso es serio. Es algo que acarreará juicio. Por lo tanto debemos ser cuidadosos respecto a cómo interpretar las Escrituras con precisión, practicidad y beneficio.

Contradecir el texto

Contradecir el texto es aún peor que la distorsión textual. Llega a llamar mentiroso a Dios. La ilustración clásica es Satanás en el huerto del Edén.

> La serpiente era más astuta que todos los animales del campo que Dios el SEÑOR había hecho, así que le preguntó a la mujer:
> —¿Es verdad que Dios les dijo que no comieran de ningún árbol del jardín?
> —Podemos comer del fruto de todos los árboles —respondió la mujer.
> —Pero, en cuanto al fruto del árbol que está en medio del jardín, Dios nos ha dicho: "No coman de ese árbol, ni lo toquen; de lo contrario, morirán."
> Pero la serpiente le dijo a la mujer:
> —¡No es cierto, no van a morir!
>
> (Gn. 3:1-4)

Esta es una contradicción directa a la Palabra expresa de Dios (Gn. 2:16-17). No hay lugar a dudas porqué Jesús llamó mentiroso a Satanás y padre de mentiras (Jn. 8:44). Satanás ha estado mintiendo desde el principio de la historia, y aún continúa mintiendo y alentando a las personas a contradecir el texto bíblico.

Una de sus estrategias favoritas es usar las palabras de Dios para autorizar una creencia o práctica que va en contra de la Palabra de Dios. ¿Es Dios un sádico que se deleita en la culpa y la flagelación propia humana? ¿Premia Dios la fe y la buena conducta con bienes materiales? ¿Está Dios de parte de las orgías sexuales e inmoralidades similares? ¿Aprueba el genocidio de la gente de color, los judíos, los orientales, los indígenas americanos, los musulmanes, los ancianos, los no nacidos, los dementes, o los "genéticamente inferior"? Claro que no. No obstante, gente ha usado las Escrituras para argumentar a favor de este tipo de cosas.

Subjetivismo

Muchos cristianos toleran una forma de misticismo en la lectura de sus Biblias que no permitirían en otras esferas. Así violan todo presupuesto racional y el sentido común. Sus estudios bíblicos son completamente irracionales y subjetivos. Dan vueltas alrededor de las Escrituras, esperando escuchar alguna voz extraordinaria.

Ahora bien, no hay nada de malo con tener una reacción emocional a la Palabra de Dios. Pero tal cual mencioné en el último capítulo, el significado del texto está en el texto mismo, no en nuestra respuesta subjetiva al texto.

En el clásico de Lewis Carroll, *Through the Looking-Glass* [A través del espejo] (la segunda parte de Alicia en el país de las maravillas), la Reina Blanca entabla con Alicia un diálogo muy instructivo:

"¿Cuántos años tienes?"
"Tengo siete años y medio exactamente."
"No necesitas decir "exactamente", remarcó la reina: "puedo creerlo sin que me lo digas así. Ahora te daré algo para que creas. Yo sólo tengo ciento un años, cinco meses y un día."
"Yo puedo creer eso", respondió Alicia.
"¿Puedes hacerlo?" dijo la reina, en un tono condescendiente. "Inténtalo otra vez: respira profundo, y cierra tus ojos."
Alicia se rió. "No tiene sentido hacer", dijo ella, "uno no puede creer cosas imposibles."
"Me atrevo a decir que no tienes mucha práctica", dijo la reina. "Cuando tenía tu edad lo hacía por media hora cada día; ya que ocasionalmente, solía creer hasta seis cosas imposibles antes del desayuno."[5]

Me temo que esa es la conclusión de muchas personas hoy en día. Piensan que nuestra fe es respirar profundo, cerrar los ojos, y creer lo que sabemos muy en lo profundo, que es increíble. El cristianismo ha sido incluso caricaturizado como una religión de hombres que no piensan.

Pero eso nada tiene que ver con la verdad. Jesús dijo que el mayor mandamiento era amar al Señor con todo el corazón, el alma, las fuerzas y la mente. Cuando usted se convirtió en cristiano, no colocó su cerebro en neutro. Usted no cometió suicidio intelectual.

Por lo tanto, permítame preguntarle. ¿Ama usted al Señor con toda su mente? Mientras avanzamos hacia el paso de la interpretación, le puedo asegurar que si desea interpretar las Escrituras acertadamente y perceptivamente, deberá usar su cabeza. Como dije antes, la Biblia no le da sus frutos al haragán –y eso incluye al haragán intelectual. Así que alístese a ejercitar los músculos de su mente.

Relativismo

Algunas personas abordan las Escrituras asumiendo que la Biblia cambia de sentido a medida que pasa el tiempo. El texto significó una cosa cuando fue escrito pero otra cosa hoy en día. Su significado, según estas personas, es relativo.

Tomemos por ejemplo el caso de la resurrección de Jesús. Como descubrió Frank Morison (capítulo 8), no existe otra explicación racional que coordine con el cambio de conducta de los discípulos luego de Su partida, ellos creyeron que Jesús había resucitado físicamente. A eso se refiere Pablo en 1 Corintios 15. Pero hoy en día, algunos maestros han cambiado el sentido que le dio Pablo. Sí, él está hablando de la resurrección, dicen ellos; pero hoy en día significa una resurrección espiritual, una "novedad de vida". A ellos no les interesa que Jesús le levantara y saliera andando de la tumba –mientras que Él viva "en tu corazón". Esa es una interpretación relativista de la Escritura.

Cuando lleguemos a la aplicación veremos que un pasaje puede tener múltiples aplicaciones. Pero puede tener solo una interpretación, un sentido o significado –que en definitiva, es el sentido que le dio el escritor original. Nosotros debemos reconstruir su mensaje si deseamos comprenderlo apropiadamente.

Confianza excesiva

En el estudio bíblico, así como en la vida, el orgullo llega antes de la caída. El momento en que usted piensa que domina un pasaje bíblico, se tendió una trampa. ¿Por qué? Porque el conocimiento envanece (1 Co. 8:1). Le puede hacer arrogante e indócil. Algunos de los peores abusos doctrinales ocurren cuando alguien se establece como la autoridad definitiva del texto.

Algunos de nosotros hemos pasado nuestras vidas estudiando las Escrituras. De todos modos no hay ser humano que pueda dominar más de un libro de la Biblia, ni siquiera con toda una vida de estudio. Así que no espere que por abrir la Biblia y pasar media hora o cuarenta y cinco minutos, vaya a salir con todas las respuestas que busca.

Eso no es para decir que usted no debe llegar a conclusiones acerca de lo que el texto quiere decir, o que pueda sentirse seguro de lo que cree. Sólo mantenga en mente que la interpretación nunca termina. Nunca podrá llegar al final del estudio y decir, "Bueno, entendí todo. Ahora conozco exhaustivamente este pasaje".

EL JUSTO DESACUERDO

A la luz de todos los peligros, ¿es realmente posible salir airoso, con una correcta interpretación del texto entre manos? Sí, lo es. En los siguientes capítulos, voy a mostrarle cómo lograrlo.

Pero permítame encarar un último asunto antes de adelantarnos en el proceso. Si bien, en última instancia, cada pasaje bíblico tiene sólo una correcta interpretación, usted siempre encontrará a dos cristianos en desacuerdo respecto a cual es la correcta interpretación. Eso puede ser frustrante, pero es inevitable. Dos personas pudieran ver exactamente el mismo robo de un banco, pero luego durante el juicio, podrían describir el robo de maneras diferentes.

Las diferencias en la interpretación están bien mientras que comprendamos que el conflicto no está en el texto, sino en nuestro entendimiento limitado del texto. Dios no está confundido respecto a lo que dijo, a pesar que nosotros solamos estarlo.

También necesitamos conservar el derecho de estar en desacuerdo los unos con los otros, siempre que mantengamos la responsabilidad de permanecer fieles a lo que el texto nos dice. En 2 Timoteo 2:15, Pablo nos alienta diciendo, "Esfuérzate por presentarte a Dios aprobado, como obrero que no tiene de qué avergonzarse y que interpreta rectamente la palabra de verdad".

Este versículo coloca un enorme letrero en la Biblia que dice, "¡Interprete con cuidado!" Ese es un buen lema para los pasos de interpretación. Así que comencemos. Quiero mostrarle cómo evitar los peligros y cosechar los beneficios de un entendimiento acertado de la Palabra de Dios.

AHORA INTÉNTELO USTED

¿Qué dice realmente la Biblia?

Casi toda gran herejía comenzó por una mala interpretación del texto bíblico. Acá verá un puñado de malas interpretaciones, así como lo que la Biblia en realidad dice.

LO QUE ALGUNAS PERSONAS DICEN	LO QUE LA BIBLIA DICE
"El dinero es la raíz de todos lo males."	"Porque el amor al dinero es la raíz de toda clase de males" (2 Ti. 6:10
"Jesús nunca afirmó ser Dios."	"[Jesús] incluso llamaba a Dios su propio Padre, con lo que él mismo se hacía igual a Dios". (Jn. 5:18) "El Padre y yo somos uno" (Jn. 10:30)
"Todos somos dioses o parte de Dios."	"el SEÑOR es Dios, y que no hay otro fuera de él" (Dt. 4:35) "¿Hay algún Dios fuera de mí? No, no hay otra Roca; no conozco ninguna." (Is. 44.8)
"Jesús fue sólo un gran maestro de moral."	"Pero éstas se han escrito para que ustedes crean que Jesús es el *Cristo, el Hijo de Dios, y para que al creer en su nombre tengan vida". (Jn. 20:31)
"La Biblia dice que los cristianos deben dar sus posesiones."	"A los ricos de este mundo, mándales que no sean arrogantes ni pongan su esperanza en las riquezas, que son tan inseguras, sino en Dios, que nos provee de todo en abundancia para que lo dis-

	frutemos." (1 Ti. 6:17) "...a trabajar con sus propias manos. Así les he mandado, para que por su modo de vivir se ganen el respeto de los que no son creyentes, y no tengan que depender de nadie." (1 Tes. 4:11, 12)
"La Biblia dice que el trabajo es un maldición."	"¡maldita será la tierra por tu culpa!" (Gn. 3:17)
"Todas las religiones son lo mismo. Ninguna religión es lo correcto."	"De hecho, en ningún otro hay salvación, porque no hay bajo el cielo otro nombre dado a los hombres mediante el cual podamos ser salvos." (Hch. 4:12)

29

¿QUÉ TIPO DE LITERATURA ES ESTA?

En su libro A Preface to *Paradise Lost* [Un prefacio al paraíso perdido], C. S. Lewis escribió:

> La primera habilidad para juzgar cualquier tipo de obra, desde un sacacorchos hasta una catedral, es saber qué es –que se supone que hace y debe funcionar. Luego que se ha descubierto eso, tal vez un reformador intemperante decidirá que el sacacorchos fue echo para un mal propósito, y lo mismo pensará un comunista de la catedral. Pero esa pregunta viene después. La primera cosa es comprender el objeto ante usted: tan pronto como piense que el sacacorchos fue hecho para decoración y la catedral para que los turistas la visite, no podrá decir nada acerca del propósito de ellos. La primera cosa que el lector necesita saber es lo que Milton quiso que fuera *El paraíso perdido*.[6]

Lo mismo puede decirse sobre la Palabra de Dios. Antes de arrojarse al estudio de un libro de la Biblia, la primera cosa que el lector necesita saber es qué pretendió su autor. En otras palabras, ¿qué tipo de literatura estaba escribiendo? ¿Qué forma literaria empleó?

Como ve, el género literario es crucial para la interpretación. Suponga que escoge un texto al azar de las Escrituras: "Oh Dios, ¡si les quitaras la vida a los impíos!

¡Si de mí se apartara la gente sanguinaria" (Sal. 139:19). "¿Qué traman contra el SEÑOR? ¡Él desbaratará sus planes!" (Nahum 1:9). "Padre Abraham, ten compasión de mí y manda a Lázaro" (Lc. 16:24). "Después de esto miré, y allí en el cielo había una puerta abierta." (Ap. 4:1) Al menos que usted sepa a qué tipo de literatura pertenecen estos textos, usted no está en posición para determinar su significado.

GÉNEROS BÍBLICOS

En el presente capítulo deseo darle una breve introducción a seis tipos de escritos que aparecen en la Biblia y mostrarle cómo ellos influencian nuestro entendimiento. Hay más, de seguro, asimismo como subdivisiones de los que voy a mencionar, y varios que se sobreponen. Pero éstos son los principales géneros literarios que Dios usó para comunicar su mensaje.

Exposición

Una exposición es una argumentación directa, la explicación de un conjunto objetivo de verdades. Es una forma de escritura que apela principalmente a la razón. Los argumentos usualmente tienen una estructura precisa que progresa desde un punto hacia el otro de manera lógica.

Las epístolas paulinas son excelentes ejemplos de la forma expositiva en las Escrituras. El libro de Romanos una explicación estrictamente razonada del evangelio. Pablo argumenta como un abogado presentando su caso frente a un tribunal, lo que no es sorprendente ya que sabemos que Pablo recibió entrenamiento rabínico durante su juventud, incluyendo conocimientos del arte oratorio.

Por ejemplo, el vincula sus párrafos y capítulos mediante transiciones, con palabras tales como *por, por lo tanto, entonces, y pero*. Realiza extenso uso de preguntas retóricas (2:17-21- 3:1, 3,5; 4:1, 3, 9). Utiliza oraciones largas y elaboradas (1:28-32; 9:3-5). Por otra parte, emplea oraciones cortas, pasajes de "fuego rápido" que sacuden la mente (como en 7:7-25; 12:9-21).

Los libros expositivos son ideales si usted recién comienza en su estudio de la Biblia. Su significado está cercano a la superficie. Apelan a la persona común con preferencias por la lógica, la estructura y el orden. Sus propósitos son fácilmente captados, ya que prácticamente se bosquejan a sí mismos. De todas maneras son óptimos para el análisis en profundidad, porque sus verdades son inagotables.

La clave para entender un trabajo de exposición es poner atención a su estructura y los términos empleados. Veremos un ejemplo de Romanos cuando lleguemos al capítulo 37.

Narrativa y biografía

Narrativa significa relato. La Biblia está llena de relato, motivo por el cual es tan popular.

Por ejemplo, Génesis cuenta la historia de Dios creando al mundo, la historia del diluvio, la historia de la torre de Babel, y la de los patriarcas, Abraham, Isaac, Jacob, y José. Éxodo continúa la historia al relatar la partida de Israel de Egipto, guiado por Moisés. Rut relata la historia de la bisabuela del Rey David.

En el Nuevo Testamento, los cuatro evangelios cuentan la historia de Jesús desde diferentes perspectivas. Uno de ellos es Lucas, quien continúa la narrativa en el libro de Hechos de los apóstoles. Dentro de los relatos de Jesús, encontramos historias que Él contara a sus seguidores (en más de una ocasión).

Así que la Biblia está llena de relatos. Eso la hace una lectura interesante, pero también la hace interesante para la interpretación. ¿Qué debemos hacer con las historias de la Biblia? ¿Cómo determinamos sus significados?

"No existe ningún método, excepto ser muy inteligente", dijo T. S. Eliot. Tal vez sea cierto, pero déjeme sugerir tres elementos en los cuales hay que poner atención.

Primero, ¿cuál es la trama? En otras palabras, ¿qué movimientos hay en la historia? Estos pueden ser físicos, tanto como en el caso de los israelitas moviéndose a través de la península del Sinaí en el libro de Éxodo; también puede ser espiritual, como en el caso de Sansón en Jueces, o Jonás en el libro de Jonás; podría también ser relacional, como en Rut, o político, como en 1 y 2 Reyes. La pregunta es, ¿cómo se desarrolla el relato y por qué?

Otra cosa que se debe estudiar son los personajes. ¿Quiénes están entre los personajes principales? ¿Cómo son presentados? ¿Qué papeles juegan? ¿Qué decisiones realizan? ¿Cómo se relacionan entre ellos y con Dios? ¿Qué avances o retrocesos realizan? ¿Fracasan? Si así es, ¿por qué? ¿Qué haríamos nosotros en su lugar?

El tercer elemento a considerar es, ¿de qué manera se relaciona esta historia con la vida real? Recuerde, que esta fue una de las pistas que seguimos en el paso de observación. Es también una puerta para el entendimiento. Las historias de las Escrituras muestran la vida como Dios quiere que la veamos. Así que podemos preguntar: ¿Qué preguntas surgen de esta historia? ¿Qué problemas manejaron los personajes? ¿Qué lecciones aprendieron o reprobaron? ¿Qué cosas encontraron que nosotros debemos asegurarnos en evitar? O, ¿cómo manejaron las cosas inevitables de la vida? ¿Qué descubrieron acerca de Dios?

Hay mucho más sobre narración en las Escrituras. Pero si usted comienza por realizarse este tipo de preguntas, llegará lejos en su comprensión de lo que tratan las historias.

Parábolas

Están relacionadas de cerca con la narrativa, podíamos decir que la parábola es la prima alegórica de la narración. La parábola es un relato breve que ilustra un principio moral. La mayoría de las parábolas en las Escrituras provienen de las enseñanzas de Jesús. De hecho, según el registro de Mateo podemos inferir que las parábolas posiblemente fueran el método de comunicación preferido por el Señor (Mt. 13:34).

Es fácil ver porqué Jesús prefería las parábolas. Las parábolas son simples, fáciles de recordar y entretienen. Sin embargo, la mayoría son difíciles de comprender. Abordan temáticas de la vida cotidiana, tales como sembrar, pescar, viajar, el dinero, y las distintas dinámicas humanas. Las parábolas pueden tener un poderoso impacto. Ellas hacen uso de los principios éticos más elementales, tales como el bien y el mal (el sembrador y los tres tipos de semillas), amor y compasión (el hijo pródigo, el buen samaritano), justicia y misericordia (el fariseo y el recaudador de impuestos).

Poesía

La Biblia contiene alguno de los más finos versos que hayan sido jamás compuesto. Ciertamente, algunos han llegado a ser íconos de la cultura. "El Señor es mi pastor, nada me faltará" (Sal. 23:1 RVR60); "Dios es nuestro refugio y fortaleza, nuestro pronto auxilio en la tribulación" (Sal. 46:1 RVR60). "Todo tiene su tiempo, y todo lo que se quiere debajo del cielo tiene su hora" (Ec.. 3:1). "Padre nuestro, que estás en los cielos, santificado sea tu nombre" (Mt. 6:9 RVR60).

El factor distintivo de la poesía es su apelación a las emociones, tanto como a la imaginación. A esto se debe la popularidad de los salmos. Ellos expresan algunos de los sentimientos más profundos, como la soledad, el quebrantamiento, y el dolor del corazón humano.

Pero cuando estudie un verso bíblico, asegúrese de entender las dinámicas de la poesía hebrea. En primer lugar, la mayoría de los salmos fueron escritos para ser cantados, no para ser leídos. Fueron compuestos para adorar, y varios de ellos incluyen una nota acerca de los instrumentos a emplearse para acompañarlos. Así que si bien ya no los cantamos, aún debe escuchar cómo se oyen (que es clave a toda poesía).

Una de los elementos centrales de la poesía hebrea es su amplio empleo de los "paralelismos". Si ojea a través de los salmos, por ejemplo, notará que la mayoría de los versículos tienen dos líneas. Las dos líneas trabajan juntas para comunicar el significado. En ocasiones, la segunda línea refuerza lo que ha dicho la primera, al repetir su pensamiento. Tal es el ejemplo del Salmo 103:15, que dice:

El hombre es como la hierba,
sus días florecen como la flor del campo:

A veces extiende el pensamiento al agregar nueva información, como en el Salmo 32:2:

Dichoso aquel a quien el SEÑOR no toma en cuenta su maldad
y en cuyo espíritu no hay engaño.

Otras veces la segunda línea se opone a la primera con un pensamiento alternativo (Sal. 40:4):

Dichoso el que pone su confianza en el SEÑOR y no recurre a los idólatras ni a los que adoran dioses falsos.

Otra clave para apreciar la poesía hebrea es reconocer la "hipérbole", el extremo o el lenguaje exagerado que presenta un punto mediante la exageración. Anteriormente cité una línea del Salmo 139. Acá tiene el contexto mayor:

Oh Dios, ¡si les quitaras la vida a los impíos!
 ¡Si de mí se apartara la gente sanguinaria,
esos que con malicia te difaman
 y que en vano se rebelan contra ti!
¿Acaso no aborrezco, SEÑOR, a los que te odian,

y abomino a los que te rechazan?
El odio que les tengo es un odio implacable;
¡los cuento entre mis enemigos! (vv. 19-22)

Este no es un lenguaje frecuente en la Biblia. ¿Qué sucede acá? La respuesta es notar de qué está hablando David –"los impíos", gente que ha derramado sangre, que habla contra Dios, que toman su nombre en vano, (todas violaciones de los diez mandamientos), y que de este modo demuestran que odian al Señor. Al constituirse en enemigos de Dios, llegan a ser enemigos de David. De modo formal, ritualizado, él les denuncia con el lenguaje más fuerte que puede.

Acá hay otras preguntas interpretativas para considerar mientras se aproxima a la poesía de la Biblia: ¿Quién compuso este material? ¿Es posible determinar por qué fue compuesto? ¿Cuál es el tema central del poema? ¿Qué emociones transmite y qué respuestas recibe? ¿Qué preguntas realiza? ¿Cuáles responde y cuales deja sin respuesta? ¿Qué dice el poema acerca de Dios? ¿Acerca de la gente? ¿Qué imágenes emplea el poema para disparar la imaginación? ¿Hay referencias a personas, lugares, o eventos con los cuales usted no está familiarizado? Si fuera así, ¿qué podrá encontrar sobre ellos en el resto de la Biblia o recursos secundarios?

Los proverbios y la literatura sapiencial

Una de las minas más ricas de explotar en el material bíblico es la amplia categoría conocida como literatura sapiencial. En este género, el escritor asume el papel de un sabio, veterano en la vida que comparte ideas con los más jóvenes e inexpertos, pero dispuestos al aprendizaje.

El libro de Proverbios obviamente pertenece a esta categoría. Un proverbio es una verdad pronunciada de manera breve y penetrante, típicamente práctica, y con frecuencia considerando los resultados de cierto tipo de conducta. Igual que la poesía de los salmos que acabamos de ver, los proverbios también emplean estratégicamente los paralelismos, especialmente los pares de opuestos. Por ejemplo, Proverbios 15:27:

El ambicioso acarrea mal sobre su familia;
el que aborrece el soborno vivirá.
Proverbios 20:3:

Honroso es al hombre evitar la contienda,
pero no hay necio que no inicie un pleito.

Los proverbios van directo al grano. Entre todo el material bíblico, son quizás el más fácil de comprender, si bien, ocasionalmente pueden ser difíciles de aplicar. Si usted necesita una "vitamina espiritual" para adelantarse en la vida, mastique los proverbios. Será una fiesta para su alma.

Profecía y apocalíptica

El último y quizá el tipo de literatura más desafiante en la Biblia es la profecía. Generalmente, tendemos a pensar acerca de la profecía como una predicción de eventos futuros. Definitivamente los libros proféticos miran hacia delante. Pero la cuerda más sutil es su tono de advertencia y juicio y el empleo de una formula para denotar palabra directas del Señor: "Así dice el Señor".

El papel del profeta en las Escrituras no fue predecir el futuro sino proclamar las palabras del Señor; no dar pronósticos confusos pero decir directamente las cosas. Dios levantaba profetas en Israel cuando que el pueblo estaba determinado a resistirle. Su tarea poco grata era advertir a la nación de las duras consecuencias de sus continuas desobediencias, con la esperanza del arrepentimiento y retorno al Señor.

Al leer los profetas, es crítico que usted recree la situación. Es absolutamente decisivo que bombardee el texto con las seis preguntas de lectura bíblica selectiva –quién, qué, dónde, cuándo, por qué, cómo. Con responderlas encontrará información invaluable para considerar estas otras preguntas: ¿Cuál es el problema central que confronta el profeta? ¿Qué imágenes utiliza para describirlo? ¿Cuál es la respuesta del pueblo? ¿Qué le dice el mensaje de este profeta acerca de Dios? ¿Qué sucedió luego que el profeta entregó el mensaje? ¿Por qué piensa usted que Dios incluyó este libro en su Palabra?

Una categoría profética especial es la apocalíptica, en la cual la revelación es primordial. Tal como el término lo implica, la literatura apocalíptica trata de cataclismos, eventos de envergadura global que tienen que ver con el fin del mundo. El lenguaje de la literatura apocalíptica es altamente simbólica, los eventos se desenvuelven con rapidez, con destellos de luz, ruido y poder.

Esto hace del género un terreno fértil para las especulaciones y la interpretación subjetiva. Para evitarlo, sugiera que cuando estudie Apocalipsis, ponga especial atención a la estructura del libro. ¿Qué movimiento está allí desde la apertura hasta el cierre? ¿Qué cambios acontecen? ¿A quién está dirigido el material escrito? ¿Cuál fue el contexto histórico y cultural en el cual el escritor estaba trabajando? ¿Cómo pudo este haber influenciado su método de comunicación? En términos de comprensión de los símbolos del libro, fíjese cuidadosamente en las posibles conexiones con el Antiguo Testamento en lo que el autor está describiendo. En lugar de preocuparse acerca de una sucesión cronológica de eventos venideros, pregúntese acerca de las implicaciones que este libro pudo aportar para los cristianos de la iglesia primitiva.

GÉNEROS LITERARIOS DE LA BIBLIA

Género	Características	Libros bíblicos y ejemplos
Apocalíptico	Dramático, material altamente simbólico, imaginario vívido, marcados contrastes, toman lugar eventos de escala global, frecuentemente son narrados en primera persona, presenta una lucha cósmica entre el bien y el mal	Apocalipsis
Biográfico	Presenta la vida de un individuo; el sujeto es ocasionalmente contrastado a alguien más; eventos selectos revelan el desarrollo del personaje; positiva (comedia) o negativamente (tragedia).	Abraham, Isaac, Jacob, José, Moisés, Saúl, David, Elías, Jesús
Encomio	Cantos de exaltación a alguien o algo; reitera con entusiasmo los orígenes, actos, atributos, o superioridad del individuo; exhorta al lector a incorporar algunas características en su propia vida.	1 S. 2:1-10 Sal. 19 Sal. 119 Prov. 8:22-36 Prov. 31:10-31 Cantares Jn. 1:1-18 1 Co. 13 Col. 1:15-20 He. 1-3
Exposición	Argumento cuidadosamente razonado o explicación; bien organizado; fluir lógico; se desarrolla hacia un clímax lógico; el propósito es ganar la opinión y la acción.	Las cartas paulinas Hebreos Santiago 1 y 2 Pedro 1, 2 y 3 Juan Judas
Narrativa	Una categoría amplia en la cual el relato es prominente; incluye relatos históricos; la estructura es transmitida mediante la trama; los personajes experimentan desarrollos sicológicos y espirituales; eventos escogidos son utilizados para dar significado; los eventos se yuxtaponen por contraste y comparación.	Génesis a Esdras

Género	Características	Libros bíblicos y ejemplos
Oratoria	Presentación oral estilizada de un argumento; uso formal de convenciones retóricas y oratorias; frecuentemente utiliza referencias a autoridades bien conocidas por los oyentes; usualmente intenta exhortar o persuadir	Jn. 13-17 Hch. 7 Hch. 17:22-31 Hch. 24:10-21 Hch. 26:1-23
Parábola	Breve historia oral que ilustra una principio moral; la verdad frecuentemente reside en los personajes y estereotipos; presenta escenas y actividades comunes y cotidianas; alienta a la reflexión y la evaluación de sí mismo.	2 S. 12:1-6 Ec. 9:14-16 Mt. 13:1-53 Mr. 4:1-34 Lc. 15:1-16:31
Pastoril (Poesía idílica)	Composiciones que abordan temas rurales, rústicos, especialmente pastoriles; cargado de descripciones, magro en acción; con frecuencia meditativo y tranquilo; énfasis en la relación entre el pastor y sus ovejas; presentación idealizada de la vida fuera de la urbe maligna.	Sal. 23 Is. 40:11 Jn. 10:1-18
Poesía	Versos con la intención de ser declamados o cantados en vez de leídos; énfasis en la cadencia y sonido de las palabras; vívidas imágenes y símbolos; apela a las emociones; puede emplear elementos de encomio, pastoril, y otros géneros literarios; en el Antiguo Testamento utiliza bastante el paralelismo.	Job Salmos Proverbios Eclesiastés

Género	Características	Libros bíblicos y ejemplos
Cantares	Presentación estridente, autoritativa de la voluntad y Palabra de Dios; frecuentemente procura corregir; intenta motivar cambios mediante la advertencia; anuncia los planes de Dios en respuesta a las elecciones humanas.	Profecía
Isaías a Malaquías	Declaración de una verdad moral de manera breve y aguda; reduce la vida a categorías de blanco y negro; con frecuencia se dirige a los jóvenes; utiliza ampliamente los paralelismos; dirige al lector hacia lo recto distanciándole de los malo; cargado de metáforas y símiles.	Proverbios
Sátira	Expone y ridiculiza los vicios y la torpeza humana; es empleado por varios estilos literarios, especialmente el narrativo, el biográfico, y el proverbio; advierte a los lectores mediante ejemplos negativos.	Prov. 24:30-34 Ez. 34 Lc. 18:1-8 2 Co. 11:1-12:1
Tragedia	Refiere a la caída de una persona; utiliza eventos selectos para mostrar el camino hacia su ruina; problemas usualmente giran en torno a un defecto del carácter del personaje y sus elecciones morales; advierte al lector mediante ejemplos negativos.	Lot Sansón Saúl Hch. 5:1-11

Género	Características	Libros bíblicos y ejemplos
Literatura sapiencial	Una amplia categoría en la cual un anciano, una persona experimentada comparte sabiduría a alguien más joven; da observaciones de áreas fundamentales de la vida –nacimiento, muerte, trabajo, dinero, poder, tiempo, la tierra, y asuntos similares; apela a las bases de la experiencia humana	Job Proverbios Sal. 37 Sal. 90 Eclesiastés

CINCO CLAVES DE INTERPRETACIÓN

El contenido
El contexto
La comparación
La cultura
La consulta

30

EL CONTENIDO

Cuando el salmista ora a Dios diciendo, "Dame entendimiento para seguir tu ley, y la cumpliré de todo corazón." (Sal. 119:34), estaba llamando a la puerta de la interpretación. Se percató que aparte de la comprensión del significado del texto, no podía haber aplicación de la Palabra a la vida. Por otra parte, una vez que el Espíritu abría la puerta del entendimiento, el estaba preparado para actuar acorde a lo que Dios le decía.

¿Está usted listo? ¿Es su propósito al llegar a las Escrituras un cambio de vida? Entonces, alístese para la acción, porque Dios siempre abra la puerta para aquellos que llaman por ese motivo.

En este capítulo quiero ofrecer la primera de las cinco claves que le ayudarán a abrir el texto bíblico, los cinco principios de interpretación. La primera clave es una que usted ya posee:

CONTENIDO

Existe una relación directa entre el contenido y el significado. El contenido de un pasaje es el material bruto, la información por medio de la cual usted interpretará el texto. Debido a su trabajo de observación, usted ya sabe algo acerca de cómo determinar el contenido de un pasaje.

Recuerde, usted buscará términos, estructuras, formas literarias, y el ambiente. Realiza una serie de preguntas para penetrar: quién, qué, dónde, cuándo, por qué, cómo. Se fija en las cosas enfatizadas, repetidas, relacionadas, similares, diferentes, y que están relacionadas con la vida real.

En breve, usted invade el texto con una variedad de estrategias con el propósito de responder las preguntas. ¿Qué es lo que veo? Si usted ha realizado su parte bien, ha descubierto el contenido del pasaje. En otras palabras, ha respondido a las preguntas; usted sabe lo que el autor está diciendo.

A eso se debe que dijera: cuanto más tiempo pasa en el paso de la observación, menor será el tiempo que pase en la interpretación, y más acertados serán los resultados. Cuanto menos tiempo pase en la observación, más tiempo deberá pasar en la Interpretación, y menos acertado serán los resultados.

Así que lo que hace en la observación proveerá la base del contenido, sobre la cual interpretará el significado del texto.

Pero no se detenga ahí. Dios ha provisto cuatro claves más para ayudarle a abrir su Palabra.

AHORA INTÉNTELO USTED

En este capítulo hemos visto las primera de las cinco claves de la interpretación, el contenido. Así que quisiera que comience un estudio interpretativo que continuará durante los próximos cinco capítulos. La sección que quisiera que usted considere es Daniel 1-2, uno de los pasajes más instructivos para el creyente de hoy, especialmente si usted trabaja en el ambiente de los negocios.

Comience por observar el contenido de Daniel 1-2. Utilice todas las herramientas que discutimos anteriormente en el libro. Recuerde que su tarea en esta etapa es determinante para la interpretación posterior. Las observaciones serán la base sobre la cual construirá el significado del texto.

En la primera vista al libro de Daniel 1-2, invierta tanto tiempo como pueda para responder las seis preguntas de lectura selectiva: ¿Quién? ¿Qué? ¿Dónde? ¿Cuándo? ¿Por qué? ¿Cómo?

31

EL CONTEXTO

La Biblia es una colección de sesenta y seis libros, pero unida como un libro. Es una unidad completa. Es ahí en ese principio donde la segunda clave de interpretación bíblica reposa:

CONTEXTO

¿Qué quiero decir por contexto? El contexto se refiere a lo que va antes y después del pasaje en estudio.

Supongo que cualquiera que haya tenido que enfrentar la prensa puede apreciar la importancia del contexto. Cuando yo era capellán de los Dallas Cowboys, un día estaba visitando el antiguo lugar de entrenamiento en Thousand Oaks, California. El futbolista norteamericano Roger Staubach había estado de acuerdo entrevistarse con *Sports Illustrated*, y yo estaba sentado en la sala con él durante la sesión.

Escuché cada palabra que Roger dijo. Pero cuando leí el artículo en el número del siguiente mes, varias de sus oraciones estaban arrancadas del contexto y presentadas de una manera completamente distorsionada de su sentido original. Le hacía decir a Roger cosas que él nunca había dicho.

Una persona puede hacer el mismo tipo de cosas con la Palabra de Dios. De hecho, cada secta grande está basada en la violación del principio de contexto. Mencioné los dos hombres que golpearon a mi puerta buscando persuadirme con su religión (capítulo 31). Ellos estaban distorsionando las Escrituras. Pero gran parte de ese tipo de error doctrinal podría ser corregido mediante la simple pregunta, "¿Podría usted, por favor, leer los versículos anteriores y los siguientes?"

Hubiera querido saber eso desde muchacho. Solía visitar la casa de una muchachita con la cual me encantaba jugar porque se asustaba fácilmente (a los muchachitos les encanta asustar a las muchachitas). Su casa tenía una sala de recepción donde siempre había sombra, y su familia raramente la utilizaba. Me encantaba esconderme allí, especialmente detrás del sofá, mientras ella me buscaba. Cuando finalmente llegaba al lugar, yo saltaba y gritaba, "¡Buu!" y a ella se le salía el corazón del susto.

Pero mientras estaba escondido, ocasionalmente se atascaba mi cabeza como para poder estar mirando alrededor. En la pared había un pequeño letrero con el escrito: "Lleven a cabo su salvación con temor y temblor". Yo tenía una vaga idea de que fuera un texto de la Biblia. Pero me asustaba bastante. Pensaba, si eso es cierto, no hay esperanza para mí. Nunca lo lograré.

Estaba en lo cierto al pensar que la cita provenía de la Biblia. Es la última parte de Filipenses 2:12. Pero está incorrecto en mi comprensión, de que la salvación es básicamente por obras. Desafortunadamente, muchas personas que leen este versículo como yo solía hacerlo llegan a la misma conclusión errónea. No fue sino años después que descubrí que el versículo al lado dice: "pues Dios es quien produce en ustedes tanto el querer como el hacer para que se cumpla su buena voluntad". Eso pone el versículo 12 bajo una luz diferente.

Igualmente, ¿recuerda nuestra observación de Hechos 1:8? Comenzamos el párrafo en el versículo 8, y debido a que el versículo comenzaba diciendo "pero", que es un contraste, fuimos forzados a mirar lo que el contexto decía antes. Allí descubrimos a los discípulos preguntándole a Jesús acerca del reino. El versículo 8 resultó ser parte de su respuesta.

Pero también descubrimos que inmediatamente después del versículo 8 está la ascensión, lo que culmina por darle un profundo efecto al versículo 8. Lo que Jesús dijo allí resultó ser lo último que dijo en su vida aquí. Por supuesto, fue lo último y lo más duradero. Así que al darles el contexto, sus oyentes nunca olvidarían lo que sucedió cuando Jesús lo dijo. Sus palabras debieron haberles impulsado a la acción.

Así que en toda ocasión que estudie un versículo, un párrafo, una sección, o un libro completo, siempre consulte los versos vecinos del versículo, del párrafo, de la sección, del libro. Cada vez que se pierda, trepe un árbol contextual y recibirá una mayor perspectiva.

DIFERENTE TIPOS DE CONTEXTOS

Existen diferentes tipos de contextos. Cada uno da una perspectiva diferente al pasaje que está considerando.

Contexto literario

En el ejemplo de Hechos 1:8 en el capítulo 6, vimos una ilustración del contexto literario, que son, las palabras antes y después del versículo 8. El contexto literario de cualquier versículo es el párrafo al cual pertenece, la sección a la cual pertenece el párrafo, y el libro al cual pertenece la sección. Dada la unidad de las Escrituras, el último contexto de un libro es la Biblia completa.

Contexto histórico

En otras palabras, ¿cuándo sucedió esto? ¿En qué lugar de la historia encaja este pasaje? ¿Qué otras cosas estaban sucediendo en el mundo de aquel entonces? ¿Cuáles fueron algunas de las influencias sociales, políticas y tecnológicas que afectaron al escritor mientras escribía?

Contexto cultural

La cultura tiene una poderosa influencia en todas las formas de comunicación, y las culturas en los tiempos bíblicos tenían un profundo efecto en la creación de la Biblia. Así que cuanto más sepa acerca de las culturas antiguas, mayor comprensión tendrá del texto. Ya que esto es tan importante, regresaré al tema, tanto como al del contexto histórico, en el capítulo 33.

Contexto geográfico

La geografía es un asunto fascinante e increíblemente relevante para la interpretación de las Escrituras.

Por ejemplo, en Marcos 4 ya vimos el milagro de la tormenta repentina. Yo destaqué que las características geográficas en torno al Mar de

Galilea provocan tormentas como aquella. Sabiendo la información le da tremenda relevancia y realismo al relato de Marcos. También nos ofrece una idea de cuán violenta puedo haber sido aquella tormenta en particular; aterró a los pescadores que habían pasado sus vidas con las tormentas de aquel Lago.

Investigar el contexto geográfico responde preguntas tales como: ¿Cómo era el terreno? ¿Qué características topográficas hacían aquella región única? ¿Cómo era el clima? ¿Qué tan lejos estaba esta ciudad de otras mencionadas en el texto? ¿Qué tamaño tenía la ciudad? ¿Cuál era la forma de la ciudad? ¿Por qué era conocida esta localidad?

En el capítulo 34 mencionaré algunos recursos, tales como un atlas, que usted puede consultar cuando busque contenido geográfico.

Contexto teológico

La pregunta aquí es, ¿qué sabía este autor acerca de Dios? ¿Cuál era la relación de sus lectores con Dios? ¿Cómo adoraba la gente de aquel tiempo? ¿Cuántas Escrituras tenían disponibles el autor y sus lectores en su época?

Un asunto central aquí es, ¿en qué lugar encaja este pasaje en las Escrituras abiertas? Usted sabe, la Biblia no cayó del cielo como una pieza acabada. Tomó miles de años para unirse. Durante aquel tiempo, Dios reveló más y más su mensaje a los autores.

¿Ha tenido usted una cena progresiva con un grupo de amigos? Usted va a la casa de una persona y le ofrecen un aperitivo. Entonces va a otra casa por la ensalada. Luego llega a la de otro diferente por el plato principal. Bueno, ese es el tipo de proceso que sucedió con la Biblia, solo que le llamamos "revelación progresiva". Sobre el paso del tiempo, Dios lentamente fue develando la verdad de Su Palabra.

Así que el importante localizar su pasaje en el fluir de las Escrituras. Si está estudiando Noé en Génesis, entonces está antes de los Diez Mandamientos, antes del Sermón del Monte, antes de Juan 3:16. Es más, Noé no tenía ni una página del texto bíblico con él. Así que, ¿qué le dice todo esto cuando usted lee que "Noé halló gracia ante los ojos del Señor" (Gn. 6:8)?

Un recurso muy útil que usted pude consultar mientras examina el contexto teológico es un comentario. Diré más sobre los comentarios en el capítulo 34.

AHORA INTÉNTELO USTED

En el último capítulo usted comenzó un estudio de Daniel 1-2 mediante la observación del contexto, poniendo particular atención a las preguntas, ¿Quién?
¿Qué? ¿Dónde? ¿Cuándo? ¿Por qué? ¿Cómo? Sus observaciones de aquel ejercicio
le dieron la información básica como para interpretar el texto.

Ahora es tiempo de adelantarse al contexto. Dado que Daniel 1 comienza
el libro, deberá ir y leer 2 Reyes 24-25, también 2 Crónicas 36 para tener el
contexto precedente. Entonces vea los últimos capítulos de Daniel para ver lo
que sigue a esta sección.

32

LA COMPARACIÓN

Todos nosotros estamos familiarizados con la Reforma Protestante. Una de sus proclamas fue sola scriptura –Únicamente la escritura es la autoridad final de fe y práctica. Eso llevó a un desarrollo crucial en la historia del cristianismo, el derecho a la interpretación privada. La reforma, de la mano con la Biblia de Gutenberg, pusieron las Escrituras nuevamente en las manos de la gente común. No obstante, tal como lo dice con gran agudeza R. C. Sproul:

> Interpretación privada nunca significó que cada individuo tiene el derecho de distorsionar las Escrituras. Con el derecho a la interpretación privada vino la sobria responsabilidad de la interpretación precisa. La interpretación privada nos dio la licencia para interpretar, no para distorsionar.[7]

¿Cómo puede evadirse la distorsión del mensaje divino? Ya vimos dos claves que nos ayudan a abrir la puerta al entendimiento preciso –contenido y contexto. Ahora viene una tercera clave, que es quizá la mejor seguridad contra la distorsión:

LA COMPARACIÓN

En la comparación, comparamos las Escrituras con las Escrituras. Esto ofrece una gran red de seguridad, debido a que el principal intérprete de las Escrituras son las mismas Escrituras.

Donald Grey Barnhouse solía decirlo muy claro: "Usted en pocas ocasiones necesita salir de las Escrituras para explicar cualquier cosa de la Biblia". Eso es muy instructivo, particularmente viniendo de un individuo sumamente educado y que sabía con pericia utilizar las fuentes secundarias. Pero también sabía la prioridad de la Palabra de Dios. Él se percató de que cuanto más se compara una Escritura con otra Escritura, más evidente se hacía el significado de la Biblia. Las partes tomaban sentido a la luz del todo completo.

Recuerde, si bien tenemos como unos cuarenta diferentes autores humanos, los sesenta y seis libros fueron el resultado de un Autor primordial, el Espíritu Santo, quien coordinó el mensaje completo. Su Libro es integral y se mantiene unido.

EL VALOR DE UNA CONCORDANCIA

La comparación destaca la gran necesidad de tener una concordancia. La concordancia es una herramienta que nos permite seguir ciertos términos y conceptos de un libro a otro libro de la Biblia. Utilizando una concordancia, usted logrará poner junto cosas que parecen separadas en el texto; y que le darán mayor significado en relación mutua. Permítame darle algunas ilustraciones.

"Creer"

La palabra creer es uno de los términos determinantes de la Biblia. Pero es empleado en una diversidad de maneras. Si usted lo mira en una concordancia, encontrará que es particularmente prominente en el evangelio de Juan. Por ejemplo, en Juan 2:23-25 leemos:

> Mientras estaba [Jesús] en Jerusalén, durante la fiesta de la Pascua, muchos creyeron en su nombre al ver las señales que hacía. En cambio Jesús no les creía porque los conocía a todos; no necesitaba que nadie le informara nada acerca de los demás, pues él conocía el interior del ser humano.

Como puede notar, ellos "creían" superficialmente, basados en milagros. Era obvio que Él los había hecho; era conocido por todos. Pero los datos no salvan. Son una base esencial para la salvación, pero uno debe creer, eso significa, abrazar la verdad, utilizar esos datos como base personal.

Permítame ilustrar cómo Juan utiliza creer aquí. Suponga que usted viene a mí y me dice, "Profesor, odio decirle esto, pero yo sufro de una enfermedad terminal".

Hablamos por un rato al respecto, y luego de conocer algo más acerca de su situación, le pregunto: "Oiga, le tengo muy buenas noticias. Yo tengo un amigo médico en Houston que recientemente descubrió la cura para este tipo de enfermedad. Si usted va a verlo, le garantizo que quedará sano por completo".

Entonces, usted dice, —"Eso es fantástico".

—"¿Usted lo cree?", le pregunto.

—"Sí, definitivamente".

Entonces le extiendo la mano y le digo, "usted está sano".

Naturalmente, usted irá a pensar que "se me aflojó un tornillo". Ninguna cantidad de información acerca del médico en Houston, que cura el tipo de enfermedad que usted adolece, hará algo para devolverle la salud. Usted debe ir allá. Necesita comenzar el tratamiento. Tiene que recibir el beneficio de las medicinas que le prescriban.

Esa es la conexión entre los datos y la fe en el evangelio de Juan. Jesús lo sabía, por eso en el versículo 24, dice: "él conocía el interior del ser humano". Es más, Juan en los capítulos 3 y 4 da tres muestras interesantes de la omnisciencia del Señor, concerniente a "lo que hay en el interior del ser humano": Nicodemo (3:1-21); la mujer junto al pozo de Samaria (4:1-42); y el funcionario real (4:46-54).

"Equipar"

Una segunda ilustración del estudio comparativo de la Biblia viene de Efesios, que es una epístola fascinante que nos cuenta cómo vivir una vida celestial en un mundo infernal. Cuando lo lee resaltan dos cosas:

> Él mismo [refiriéndose al Cristo resucitado, vv. 7-10] constituyó a unos, apóstoles; a otros, profetas; a otros, evangelistas; y a otros, pastores y maestros, a fin de capacitar al pueblo de Dios para la obra de servicio, para edificar el cuerpo de Cristo.

¿Hay algunos términos que examinar en este pasaje? Claro que sí, uno es capacitar. ¿Cómo es usado aquí? Una vez más tome su concordancia y véalo. Entonces, descubrirá tres cosas.

Primero, la palabra *capacitar* es usada para referir a la costura o remiendo de redes. Los pescadores, tales como los discípulos, podrían pasar el día pescando, y sus redes retornaban dañadas, rotas. Así que durante la tarde las reparaban (literalmente "equipar", "capacitar"), para que la próxima mañana estuvieran listas. Qué expresión hermosa de los que el pastor-maestro está llamado a hacer. Vivir en el mundo, donde las redes de gente se rompen. El trabajo del pastor es ayudar a reparar, "capacitar" o "perfeccionarlos" [vocablo utilizado por RVR60] a ellos.

Segundo, la misma palabra es usada para referir a un conjunto de huesos rotos. Es un término médico. Dos huesos salidos de la coyuntura. ¿Qué es lo que el médico hace? Los une, los repara, los "equipa". Los vuelve a colocar juntos para que se sanen y retomen su fortaleza inicial. Una vez más, lo mismo sucede en la vida. No existe manera de vivir en este mundo sin ser afectado, sin quebrarse. Nuestra sociedad es una sociedad quebrada. Por lo que necesitamos estar bajo la Palabra de Dios con alguien que nos "capacite", que sane nuestros huesos.

Tercero, la palabra también se refiere al aprovisionamiento de un barco para realizar un viaje. Imagine que un barco está siendo preparado para cruzar el Mediterráneo. No habrá lugares donde comprar provisiones. Así que la tripulación debe traer a bordo todo lo que sea necesario hasta que arriben a su destino. La imagen es cautivante, pues la buena predicación y enseñanza de la Palabra debe aprovisionar a la gente para que realicen el viaje a través de la vida. Debe "capacitarlos" para que cuando estén en el lugar de la acción, en las crisis, cuando en realidad necesitan conocer la mente de Dios, la conocen. Alguien le ha equipado para ser y hacer lo que Dios quiere que sean y hagan.

Moisés

El estudio comparativo va más allá del estudio de términos. Supongamos que usted desea estudiar un personaje de las Escrituras, cosa que recomiendo encarecidamente. El estudio biográfico es fascinante. Digamos que usted está cautivado por la vida de Moisés. Le sugiero que tome su concordancia y busque cada referencia a su persona.

La primera cosa que se evidencia, es que la gran mayoría de su historia está narrada en el libro de Éxodo. Por lo tanto, usted debe realizar un estudio conjunto del libro de Éxodo para encontrar sus inicios. Deseará estudiar sus destacados padres, quién le escondió del rey, y cómo al final llegó a convertirse en el gran líder de Israel.

Por medio de su concordancia también descubrirá algo sobre Moisés en Hechos 7. Realmente, allí encontrará uno de los materiales más iluminadores acerca de este hombre, editado por el Espíritu Santo. Así que cualquiera que quiera estudiar la vida de Moisés y no lee Hechos 7, en realidad no ha dado en el punto.

Moisés puede ser hallado en Hebreos 11. De hecho, él es quien toma más espacio que ningún otro en el Salón de los personajes famosos de Dios. Encontrará su vida descrita desde la perspectiva de Dios. ¿Qué piensa Dios de Él? ¿Qué destaca como significante en la vida de Moisés?

AHORA INTÉNTELO USTED

Hasta aquí, usted debe haber mirado el contenido y el contexto de Daniel 1-2. ¿Está comenzando a tener idea de lo que está sucediendo en la historia? ¿Qué preguntas tiene como resultado de su estudio?

Quizá ha respondido alguna de ellas al realizar una simple comparación de este texto con otras porciones de las Escrituras. Utilizando una concordancia, fíjese en los siguientes términos, cada uno es crucial para comprender el pasaje. Vea cuánto puede aprender acerca de los otros pasajes de las Escrituras:

- Daniel
- Nabucodonozor
- Babilonia
- Sueños

LA VACA

Iré a través de un breve artículo escrito por un estudiante de diez años. Tiene algunas observaciones correctas, pero con interpretación incorrecta. Tiene ciertas interpretaciones correctas, a partir de observaciones incorrectas. Esto es lo que el niño escribió:

La vaca es un mamífero. Tiene seis lados. Derecho, izquierdo, superior e inferior. Atrás tiene una cola en la que cuelga un pincel. Con este espanta las moscas para que no caigan en la leche. La cabeza tiene el propósito de criar guampas así la boca puede estar en otra parte. Las guampas son para embestir y la boca para mugir. Bajo la vaca está la leche. Está dispuesta para ser ordeñada. Cuando la gente ordeña la leche baja y nunca se acaban las reservas. ¿Cómo es que la vaca logra esto? Todavía no tengo idea. Pero hace más y más leche. El hombre de la vaca es llamado buey. No es un mamífero. La vaca no hace mucho, sino comer, y come dos veces para que sea suficiente. Cuando tiene hambre muge, y cuando no dice nada es porque está toda llena de hierbas.

Como puede notarlo, necesitamos ser muy precisos respecto al proceso de interpretación. Debemos asegurarnos que nuestras observaciones son precisas y así tengamos la base para realizar una interpretación precisa.

33

LA CULTURA

En cierta ocasión fui el huésped de un hombre que vivía en San Francisco, California. Él era un importador de un exquisito encaje oriental. Una tarde mientras estábamos dejando la casa, una pequeña mesa al final del vestíbulo llamó mi atención. Lo que me llamó la atención no fue la mesa en sí, sino una pieza de encaje encima de ella.

Mi anfitrión frunció el ceño y dijo, "Es una cosa baratija insignificante. Constantemente le digo a mi esposa que lo quite".

Así que sorprendido le pregunté, "¿cómo puede confundir un buen encaje?"

Él nos guiñó el ojo y dijo, "Cuando regresemos, le mostraré".

Créame que no lo olvidé. Así que cuando regresamos él me llevó a una habitación que tenía una mesa negra larga, con una luz brillante por todas partes. Él colocó el masivo encaje sobre la mesa, y prosiguió a darme una lección de cómo diferenciar entre un encaje fino y una baratija. Durante el proceso, comentó, "usted nunca entenderá la exquisitez de un buen encaje hasta que lo vea contra una superficie oscura con luz brillándole encima".

Luego pensé, esa es una pista para el estudio de la Biblia. Usted debe verla contra el trasfondo correcto, con la luz apropiada brillándole encima, si es que va a captar su significado. En el capítulo 31 vimos la importancia del contexto en términos del texto de las Escrituras –colocando atención acerca de lo que estaba antes y lo que venía después del pasaje que estudia. De modo similar, debe colocar atención al contexto cultural e histórico –los factores que llevaron a escribir el pasaje, las influencias que tuvieron, y qué sucedió como resultado del mensaje. Esta es la cuarta clave para la interpretación precisa de las Escrituras.

CULTURA

Permítame ilustrar a lo que me estoy refiriendo al hablar del contexto cultural mediante algunos ejemplos.

Rut

El libro de Rut en el Antiguo Testamento es una hermosa historia de amor y coraje. Pero la mayoría de las personas pasan por alto que esta historia tuvo lugar durante el período de los jueces, la edad oscura de Israel. Eso se debe a que no ponen atención a lo que dice Jueces 21:25, que establece el contexto para Rut 1:1. Muestra que la nación estaba hundida en un pozo de iniquidades. Era un tiempo en la cultura cuando no lograban distinguir entre el perfume *Channel Nº 5* y una cloaca. Leyendo el relato, usted debe preguntarse, ¿eran todos fieles a Dios durante aquel período?

¿Dónde buscar la respuesta? En el libro de Rut. Es un rayo de luz en medio de un período oscuro. Es una violeta florecida en medio de un pantano maloliente. La historia presenta una bella familia, fieles a Dios, aún en medio de la apostasía.

De todas maneras, debido a unos pocos eventos en la historia, he escuchado a algunas personas reírse del libro. Un hombre me dijo con una risita, "Oiga, ese es un libro algo descarado, ¿no le parece un poco sensual?"

Yo pensé: Mi amigo, ese es más un comentario acerca de usted, que acerca del libro de Rut.

Como usted notará, el dejaba ver que no sabía nada, desde el principio al fin del libro, acerca de la cultura en la cual tomó lugar. Cuando usted regresa y estudia las costumbres involucradas, descubre que en el contexto hay dos cumbres de moralidad. Ninguna es una moralidad baja. Es una elevada forma de literatura, tanto en términos de contenido como de moralidad.

Pero aquí, como en todas partes, leemos la Biblia según nuestra propia cultura, como con un par de lentes que distorsionan el contexto bíblico. A eso se debe que no se le encuentre sentido al pasaje.

La última cena

Una ilustración clásica de esta tendencia es la obra maestra de Leonardo da Vinci, La última cena. Sin lugar a dudas, es una pieza artística increíble. Pero no es el lugar a donde recurrir si quiere descubrir a qué se hubiera parecido la última cena del Señor. La pintura nos da un escenario distorsionado –que en realidad es una interpretación del siglo quince.

En primer lugar, Leonardo colocó a Jesús y sus discípulos sentados a una mesa. Pero la gente no se sentaba a una mesas en los tiempos de Cristo; se reclinaban. Se recostaban como se hace en un sofá, apoyados sobre un codo, dejando la otra mano libre para comer. Eso es importante, recuerda que Pedro le preguntó a Juan, "—Pregúntale a quién se refiere. (Jn. 13:24). El resto de los discípulos no podía oír a Pedro. ¿Por qué? Porque podía recostarse, Juan podía inclinarse hacia delante, y los dos podían comunicarse.

Leonardo, además, los tiene a todos sentados del mismo lado de la mesa, como si fuera una mesa de conferencia. Es un arreglo cuidadoso, como si alguien hubiera dicho, "Muchachos, juntémonos todos de este lado de la mesa y tomémonos la última foto de la compañía, antes que se vaya el Señor". Pero por supuesto, que leyendo el relato se nota que esa no fue la disposición en que estaban.

Otra interesante característica de La última cena es que Leonardo ha pintado un friso del siglo quince en la pared posterior. Si observa con cuidado, notará que en la pintura de Leonardo, hay luz diurna afuera. Pero en el relato bíblico, la última cena se realizó al atardecer, y muy probablemente hasta entrada la noche.

Ahora bien, no me mal entienda. Como pintura, La última cena tiene un gran valor. Pero el asunto desafortunado es que al mirar esta hermosa pieza de arte, la gente recibe una visión imperfecta de la interpretación del pasaje bíblico. La precisión demanda regresar al período y la cultura para encontrar qué era lo que estaba sucediendo. En verdad, al menos que usted comprenda el contexto original de la última cena, usted no puede apreciar a pleno la obra maestra de Leonardo.

Salmo 24

Compartiré con usted otra ilustración. Cuando yo era niño vivía en Philadelphia, podíamos leer la Biblia en las escuelas –pero sólo cinco de los salmos. El salmo 24 era uno de ellos. Yo aún recuerdo sus palabras:

> Eleven, puertas, sus dinteles;
> levántense, puertas antiguas,
> que va a entrar el Rey de la gloria.
> Quién es este Rey de la gloria?
> El SEÑOR, el fuerte y valiente,
> el SEÑOR, el valiente guerrero.
> Eleven, puertas, sus dinteles;
> levántense, puertas antiguas,
> que va a entrar el Rey de la gloria.
> ¿Quién es este Rey de la gloria?
> Es el SEÑOR Todopoderoso;
> ¡él es el Rey de la gloria! Selah

Yo solía escuchar esto y me decía, ¿De qué se trata todo esto? No tenía sentido alguno para mí. (Por eso es que no nos interesaba leer este salmo; ya que nadie entendía de qué se trataba).

Pero años después estudié la vida de David, y miré un mapa de Palestina. La historia dice que antes de la entrada del rey, cualquiera fuera el lugar desde el que deseara entrar, sur o norte, debía pasar por un ciudad llamada Jebus. Jebus era una antigua fortaleza –una resaca de los días de Josué, cuando los israelitas fallaron en tomar posesión completa de la tierra prometida tal cual Dios les mandara.

Así que cada vez que David pasaba por Jebus, sus defensores aparecían en las murallas y le provocaban diciendo. "Oye David", le gritaban, "si en algún momento llegas a ser rey, no intentes conquistar este lugar. Pondremos cojos en la puerta. Pondremos hombres ciegos como vigilantes. Pero ni siquiera así tu lograrás conquistarnos".

Cuando David llegó al trono, él no olvidó aquellas palabras. Entonces le dijo a sus guerreros, "la primera cosa que vamos a hacer es arrasar Jebus".

Resulta que el Salmo 24 está haciendo referencia a eso. David derrotó a Jebus y la convirtió en su capital (que hoy día es conocida como

Jerusalén, 2 Samuel 5:3-10). Una de sus primeras obras fue traer el arca del pacto a Jebus. El Salmo 24 es un himno procesional que él y la gente cantó mientras la subían a la ciudad: "Eleven, puertas, sus dinteles; levántense, puertas antiguas, que va a entrar el Rey de la gloria."

Los muros, como si compartieran la antigua antipatía de sus defensores, preguntan, "¿Quién es este Rey de la gloria?"

La respuesta es: "Es el SEÑOR Todopoderoso;

¡él es el Rey de la gloria!"

Como puede ver, una vez que comprende el contexto histórico, el Salmo 24 de pronto, toma vida.

1 Corintios 8

Una última ilustración la tomamos de 1 Corintios 8, donde Pablo discute los problemas de comer carne ofrecida a los ídolos –no precisamente un problema que enfrentemos hoy en día. No obstante, una vez que salí del seminario, pensaba que sabía más acerca de Corinto y comer CARNE sacrificada a los ídolos que ningún otro ser humano. Hoy, luego de haber enseñado durante cuarenta años, todavía estoy buscando a alguien que tenga ese problema. Si algún día encuentro a alguien, créame, estoy preparado.

¿Significa esto que 1 Corintios 8 es irrelevante para nuestros días? Lo es si usted desconoce el trasfondo cultural al pasaje. Fíjese en el versículo 1: "En cuanto a lo sacrificado a los ídolos, es cierto que todos tenemos conocimiento". Una vez más, en el versículo 4, escribe, "De modo que, en cuanto a comer lo sacrificado a los ídolos, sabemos que un ídolo en sí no es nada, y que hay un solo Dios".

Pero el versículo 7, declara: "Pero no todos tienen conocimiento de esto". Por lo tanto Pablo advierte que se debe tener cuidado en este tema. ¿Por qué? Acá es donde el trasfondo cultural entra en juego. Un poco de investigación revela que la mejor carne en la ciudad era reservada para los ídolos. No es de sorprender, que los mejores mercados de carne y los restaurantes estuvieran ubicados alrededor de los templos paganos. Si usted deseaba sacar a alguien a comer, debía ir allí.

Pero suponga que la persona fuera un nuevo convertido. Suponga que acaba de salir de un trasfondo pagano donde el sacrificio y la comida eran ofrecidos a los ídolos. Ahora usted le está pidiendo que coma la misma comida, llevándole a sus días de pagano. ¿Cómo se podría sentir esa persona?

Pablo dice claramente que "sabemos que un ídolo no es absoluta-mente nada", queriendo decir, que los ídolos no tienen ningún poder real; eran dioses falsos. Pero ese no es el punto en discusión. El asunto es hacer lo que es mejor para el hermano o la hermana en Cristo. Aún prácticas inofensivas pueden ser una fuente de ofensa a los hermanos débiles, que aún tienen una conciencia sin educación.

Dada esta perspectiva cultural, ¿tiene 1 Corintios 8 algo que decir-nos hoy en día? Bueno, ¿hay acaso áreas "grises" en el mundo de hoy? ¿Hay asuntos de conciencia que unos cristianos practican libremente mientras para otros es una ofensa? Le dejaré a usted responder esa pregunta. Pero si quiere mi consejo, 1 Corintios 8 debe estar en su lista de lecturas obligatorias.

Cuando lo estudie –o cualquier otra porción de las Escrituras– ase-gúrese que estudia su trasfondo. Recree la cultura. Porque entonces y únicamente entonces el texto cobrará vida.

AHORA INTÉNTELO USTED

¿Cómo le va en su estudio de Daniel 1-2? ¿Aprendió algo útil del trasfondo mediante la utilización de la concordancia, acerca de Daniel, Nabucodonozor, Babilonia y los sueños?

Ahora está listo para fijarse fuera del texto bíblico, y recabar información de fuentes extra-bíblicas, tales como diccionarios bíblicos y manuales bíblicos. Tal vez tenga que dar un vistazo en la biblioteca de la iglesia o de su comunidad, para localizar alguna de esas fuentes.

Utilizando uno o ambos recursos, fíjese en los cuatro asuntos que ya estudió dentro del texto bíblico –Daniel, Nabucodonozor, Babilonia y los sue-ños. Vea qué información adicional logra encontrar y que pueda arrojar mayor luz sobre Daniel 1-2.

34

La consulta

Tengo un buen amigo que es carpintero. En realidad es un artesano, increíblemente dotado para el trabajo en madera. Me encanta bromear con él cada vez que viene a casa, porque siempre trae varias herramientas.

Cierto día, cuando estaba haciéndole una broma, me respondió, "Bueno, usted sabe Profesor, cuanto más herramientas tiene un hombre, aumentan las posibilidades que llegue a ser un buen carpintero".

Lo mismo es cierto en relación al estudio bíblico. Usted puede ir un buen trecho únicamente con sus ojos y el texto en español. Pero puede llegar aún más lejos si le adiciona ciertas herramientas al proceso. Por eso, la quinta y última clave de interpretación es:

LA CONSULTA

La consulta involucra consultar fuentes secundarias. Ellas pueden arrojar luz sobre el texto, ayudándole a encontrarle mayor sentido a lo que está viendo.

Como entenderá, nunca quisiéramos caer en un estado de arrogancia en el estudio bíblico, pensando que tenemos todas las respuestas, que el Espíritu Santo nos habló, y que nunca les ha hablado a otras personas. La verdad del asunto es que, miles de personas han transitado esta senda antes que nosotros. Algunos de ellos nos han dejado valiosas ayudas. Ellos son como algunos alpinistas que dejan sus estacas metálicas clavadas en las rocas, para que otras luego también puedan utilizarlas al escalar. Al utilizar fuentes secundarias, usted puede apalancarse en las contribuciones de otros.

Pero debo decir una palabra de precaución: Nunca olvide el orden. Primero el texto de las Escrituras; después las fuentes secundarias. Ir directo a las fuentes secundarias sin siquiera consultar el texto es darle poca importancia a la Palabra de Dios. Por eso, la primer cosa que necesita antes de obtener cualquiera de los recursos mencionados abajo, es una buena Biblia de estudio (vea "cómo seleccionar una Biblia" en el 3 capítulo). Comience por allí, después podrá ir agregándole a su biblioteca sobre la marcha.

Hay cinco herramientas especialmente útiles y que deseo describirle. Muchas más podrían ser mencionadas, pero estas cinco le darán un inicio para construir un valioso conjunto de herramientas para su trabajo de interpretación.

Concordancias

Ya he mencionado las concordancias varias veces. Junto a una Biblia de estudio, es posiblemente la otra herramienta sin la cual no podría realizar el trabajo. Una concordancia es, de alguna manera, como un índice de la Biblia. Contiene la lista de palabras del texto, ordenadas alfabéticamente, con las referencias indicando dónde aparecen, rodeados de unas cuantas palabras del contexto.

Existen diversas ganancias al utilizar una concordancia. Una común es el estudio de palabras. Vimos un poco de eso cuando hablamos de la comparación en el capítulo 32, y veremos más en el próximo capítulo.

Una concordancia puede ayudarle a localizar un pasaje cuando usted no recuerda la referencia. Eso sucede todo el tiempo. Digamos que está estudiando 1 Pedro y lee: "Antes eran ustedes como ovejas descarriadas, pero ahora han vuelto al Pastor que cuida de sus vidas." (2:25). Esta es una referencia obvia a Cristo. En alguna parte de su memoria, usted recuerda que Jesús fue llamado el Buen Pastor. Pero no logra recordar dónde. Así que busca "pastor" en su concordancia, y encuentra la referencia de Juan 10:11, "Yo soy el buen pastor". ¡Lotería! Usted encontró el pasaje.

Cualquier cosa que haga, asegúrese de conseguir una Concordancia exhaustiva, en vez de una concordancia breve de la Biblia. Una concordancia exhaustiva es aquella que registra todas y cada una de las palabras del texto. Cada traducción principal de la Biblia tiene su concordancia, simplemente asegúrese de conseguir una que sea sobre la misma traducción que usted utiliza con mayor frecuencia. De otro modo, buscará palabras que fueron traducidas un poco diferentes en otras traducciones bíblicas.

CONCORDANCE   BEINGS-BELIEVE 145

Tal cual dije, una concordancia es probablemente la herramienta más esencial para tener su estudio bíblico. Si usted no consigue nada más, adquiera una buena concordancia. Valdrá la pena esa inversión.

Diccionarios bíblicos

Me admira ver cuánta cantidad de gente consulta diccionarios para buscar palabras del artículo de una revista, pero nunca consultan un diccionario bíblico cuando llegan a una palabra extraña en la Biblia. Los diccionarios bíblicos proveen enorme cantidad de información útil, relacionada con el texto. Hay varios excelentes diccionarios bíblicos en el mercado.

Como puede ver, en los años recientes una gran cantidad de luz ha iluminado las disciplinas de los estudios bíblicos, particularmente como resultado de los descubrimientos arqueológicos. Es más, sabemos más acerca de la Biblia ahora de los que supieron durante toda la historia de la interpretación. Una buena porción de esos conocimientos está disponible para usted mediante los diccionarios bíblicos.

Ciertos trabajos, son el resultado de toda una vida de estudio de eruditos, tal es el caso de W. E. Vine, y su *An Expository Dictionary of New Testament Words* [traducido al español bajo el título: Diccionario expositivo de palabra del Nuevo Testamento]. Gracias a él, usted no necesita saber griego para estudiar el Nuevo Testamento, ya que le da el trasfondo de las palabras. Le dice qué significan, cómo son empleadas, y todas sus variaciones. Vamos a utilizar Vine en el próximo capítulo cuando hablemos del estudio de palabras.

Otra obra de edición más reciente y ampliamente utilizada, es el *The New Bible Dictionary* [traducido al español bajo el título: Nuevo Diccionario Bíblico Certeza], editado por J. D. Douglas. Rebosa de material útil. Suponga que llego a la palabra "Babilonia", y que no sé nada sobre Babilonia. La busco y encuentro todo tipo de información. El libro tiene incluso una ilustración de un ziggurat, que era un centro de adoración. También tiene un mapa de las calles mostrando cómo podría haber sido la ciudad. Ese tipo de contribución es sumamente valiosa para interpretar pasajes como Génesis 11 (la torre de Babel), y libros como Nehemías, Daniel y Apocalipsis.

Una vez más, supongamos que llego a término "arca del pacto". ¿Qué era eso? Consultando el diccionario bíblico, aprendo que era una caja usada por los hebreos para adorar, en un lugar llamado el

Lugar Santísimo. Hay mucho más sobre la historia. Pero el término "arca" es también usado para referir al arca de Noé, el contenedor náutico en el que entraron Noé y su familia, así como también los animales durante el diluvio. Aún así, he visto gente que ve una ilustración de la caja –del arca de Noé– y dice, "De ningún modo, no hay manera de haber metido todos esos animales en esa cosa". Pero si lo hubieran buscado, sabrían que había dos diferentes arcas.

Manuales bíblicos

Un recurso relacionado a los diccionarios bíblicos es el Manual bíblico. Es un tipo de enciclopedia en un solo volumen.

Con cierta frecuencia utilizo el Eerdman's Handbook to the Bible. Algunos están muy bien hechos, con fotografías y varios cientos de eventos bíblicos. Van libro por libro a través de la Biblia, proveyendo todo tipo de material de trasfondo.

Por ejemplo, tal vez usted quiera saber algo acerca las monedas de la época. El texto bíblico menciona la dracma y el denario. ¿Qué eran estas unidades de cambio? Usted puede buscarlas y descubrir sus equivalentes modernos.

O quizá quiera saber acerca de vestimentas y calzados. ¿Qué vestían los personajes bíblicos? ¿Cómo lucían sus atuendos? ¿De qué materiales estaban hechos? Usted puede consultar The Handbook of Life in Bible Times [en español hay disponibles en el mercado varios "Manuales de usos y costumbre" de la vida en los tiempos bíblicos] y descubrirlo.

¿Qué acerca de la comida? Hay muchos pasajes en los cuales el alimento es mencionado, pero era bastante diferente de los alimentos que tenemos disponibles hoy en día. Usted puede buscarlo y ver secciones completas acerca de comidas y bebidas, y la preparación de los alimentos.

Luego que usted consulte un recurso como este, y obtenga el trasfondo, comienza a encontrar todo tipo de datos que le dan mayor comprensión del las Escrituras, que anteriormente no lograba captar. Este tipo de detalles hacen que la Palabra de Dios cobre vida.

Los atlas

La geografía es una de las ciencias más útiles para el estudio de la Biblia. Sin embargo, la mayoría de las personas subestima su importancia en el relato. Por ejemplo, las ciudades que Pablo visitó –Antioquia,

Corinto, Éfeso, Roma– son solo manchas de tinta en la página para la mayoría de los lectores. Pero estas eran algunas de las metrópolis con poblaciones de cientos de miles, tan cosmopolitas y sofisticados como cualquier ciudad en nuestro país hoy en día.

Hablé con un profesor en la Ivy League School recientemente.

—"¿Qué enseña usted?", le pregunté.

—"Literatura inglesa", dijo.

—"Fantástico", respondí, "¿Cómo va con la materia?"

Él respondió, —"es la peor asignación que jamás haya tenido".

—"¿Por qué?"

"Porque los estudiantes llegan sin ningún conocimiento bíblico", explicó. "¿Cómo se espera estudiar literatura inglesa, sin un trasfondo de la Biblia en inglés?"

Buena pregunta. Una generación anterior, eso era considerado conocimiento básico. Actualmente, se carece de él. Esa es una razón por la cual se debe contar con un atlas. Rellena el vacío de la historia detrás de los lugares mencionados en las Escrituras.

Uno de mis favoritos es el *Moody Atlas of Bible Lands* [Atlas Moody de las tierras bíblicas]. Es una hermosa presentación, con ilustraciones y diagramas. Habla de varias gemas halladas en Palestina, o sus suelos. También le da una idea de la topografía. Por ejemplo, cuando miramos la calma de la tormenta en Marcos 4, dijimos que el Mar de Galilea estaba a 210 metros bajo el nivel del mar. ¿Dónde aprendió eso? En un recurso como el atlas.

Un buen estudio de la Biblia incluirá los mapas. Pero si usted realmente desea investigar el contexto geográfico, investigue en un atlas detallado.

Comentarios bíblicos

¿Se ha sentado en alguna ocasión a estudiar a los pies de alguien que conoce cabalmente cierta porción de la Palabra y piensa: ¡Qué extraordinario!, quisiera tenerlo sentado a mi lado la próxima vez que abra las Escrituras? Bueno, en esencia, un comentario cumple esa función. Le ofrece entendimiento sobre algo que tal vez esa persona pasó toda su vida estudiando. Un comentario no puede hacer el estudio por usted, pero sin lugar a dudas es un excelente medio para evaluar su propio estudio.

Hay una gran cantidad de comentarios disponibles, especialmente sobre los libros más populares, como los Salmos, los evangelios, Romanos, y otros. La pregunta es, ¿cómo saber por dónde comenzar? Le sugiero que si usted recién comienza a formar su biblioteca de recursos bíblicos, consiga uno bueno, que sea un solo volumen, un comentario general –uno que cubra uno o ambos testamentos, en uno o no más de dos volúmenes.

Uno con el cual estoy sumamente familiarizado es el *Bible Knowledge Commentary*, [El comentario de conocimiento bíblico] producido por varios docentes del Dallas Theological Seminary, donde también enseño. Está presentado en dos volúmenes, uno del Antiguo Testamento y otros del Nuevo. Abarca cada libro de la Biblia, desde Génesis hasta el Apocalipsis. Para cada libro, presenta el trasfondo en términos del autor y su propósito, un bosquejo, y la discusión del texto, particularmente de los pasajes difíciles.

Además de un comentario general, usted tal vez quiera consultar un comentario específico de un libro individual de la Biblia. Por ejemplo, la serie llamada, *Tyndale Old Testament Commentaries* [Comentarios Tyndale del Antiguo Testamento] incluye un volumen sobre Eclesiastés. ¿Alguna vez se rascó la cabeza mientras leía este libro? Quizá, incluso, le han pedido que enseñe sobre Eclesiastés, pero usted no sabe lo suficiente como para enseñarlo a otros. Un pequeño comentario tal como el que acabo de mencionar puede darle una buena mano.

Tal vez, usted esté listo para algo más profundo y con mayor detalle. Entonces deberá intentar con el Expositor's Bible Commentary, una serie por el Doctor Frank Gabelein. Puede comenzar con un volumen, y luego, ir agregando los demás volúmenes a la colección a medida que progresa a través de la Biblia.

Los comentarios pueden ser tanto una bendición como una maldición. El punto débil es la tendencia a depender de ellos en vez de familiarizarse con el texto bíblico por usted mismo. No hay nada de malo con los comentarios, pero recuerde que son, en última instancia, simplemente la opinión de otra persona. Ellos no fueron inspirados.

Al mismo tiempo, un erudito que puede invertir toda su vida en la investigación del texto bíblico, puede con frecuencia llevarle a usted más allá de las barreras del entendimiento. Sus comentarios pueden también ayudarle a evaluar su propio estudio personal.

Recursos adicionales

Podría continuar mencionando este y aquel recurso secundario y demás ayudas de estudio. Por ejemplo, existen varias publicaciones periódicas de arqueología disponibles, tales como *Biblical Archaeology Review* [Revista de arqueología bíblica]. Está escrita de manera accesible y tiene información valiosísima relacionada a los estudios bíblicos.

Otra área fructífera de estudios secundarios, es la vasta colección de literatura que ha perdurado desde la era bíblica. Historia coetáneas, teorías políticas, leyes, poesía y drama cubren abundantes detalles sobre la cultura de aquellos días. Relacionado a esto, usted querría también consultar materiales históricos escritos por especialistas de hoy en día, tales como los estudios de Roma y Grecia de Hill Durant, o del clásico Alfred Edersheim, *The Life and Times of Jesús the Messiah* [La vida y los tiempos de Jesús el Mesías]. Otra área fascinante de historia comparada es la de Bernard Grun, *The Timetables of History*, que es una enorme línea del tiempo que cubre un lapso de varios siglos.

No necesito decirle que hay muchísimos más recursos disponibles en español que usted podría consultar y beneficiarse en sus estudios bíblicos.

COMENZANDO

Hay disponible un océano de valiosos recursos. Así que, ¿por dónde comenzar? ¿Cuál debería adquirir primero?

Sugiero que inicie con una buena Biblia de estudio y una concordancia completa. Esos dos son cruciales. Si esos fueran los únicos dos que consiguiera, usted estaría en buena posición. Tiene el texto de las Escrituras y una lista de sus palabras. Por lo tanto, podrá navegar libremente los pasajes, utilizando las habilidades que ha aprendido en la observación y la interpretación.

Entonces, si además consigue un buen diccionario bíblico, un manual bíblico, un atlas, y comentario completo en un solo volumen, usted está sobre ruedas. Ya tiene las herramientas necesarias para funcionar a pleno, tiene una biblioteca básica con la cual trabajar. A ella podrá continuar agregándoles más con el paso del tiempo, pero al menos, tiene buenos recursos con los cuales comenzar.

Una palabra de advertencia, de todas maneras, es que a medida que utiliza estas herramientas: Cuídese de no descansar demasiado en las fuentes de información secundaria. La utilización de recursos extrabíblicos nunca debe sustituir el estudio personal de la Biblia, sino un estímulo para este. El orden es siempre el mismo: Primero la Palabra de Dios, después, las fuentes secundarias.

AHORA INTÉNTELO USTED

Anteriormente usted trabajó con su concordancia en su estudio de Daniel 1-2, y en la última parte usted consultó un diccionario bíblico y un manual bíblico. Ahora tiene dos recursos adicionales que considerar –los atlas y los comentarios.

Busque un altas que muestre Babilonia durante los tiempos de Nabucodonozor. ¿Dónde se encuentra con relación a Israel? ¿Cuál país moderno ocupa esa misma área?

Consulte, también, un comentario general del Antiguo Testamento y quizá un comentario de un volumen solo del libro de Daniel. ¿Qué preguntas responden estos recursos? ¿Qué otra información adicional proporcionan?

De paso, tal vez quiera regresar al diccionario bíblico y al manual bíblico para revisar asuntos adicionales al texto, tales como: el gobierno babilónico, los caldeos, los ziggurats, Ciro, y los alimentos del mundo antiguo.

35

ENTENDIENDO LOS TÉRMINOS

En una de las caricaturas de Gary Larson, *Far Side*, un músico está sentado en el medio de la orquesta durante un concierto. Apuntando la partitura que tiene por delante, dice: "¡Por Dios! ¡Mira que cantidad de puntitos negros!"

Las palabras en el texto bíblico son sólo pequeños puntos negros en la página para muchos lectores, jeroglíficos raros que permanecen inescrutables. Estas personas tal vez posean un Biblia, pero no poseen las palabras en la Biblia porque no saben cómo determinar su significado. Trágicamente, están perdiendo las mismas palabras de vida que Dios ha hablado.

Pero ese no tiene que ser su caso. Si usted ha estado practicando el proceso esbozado en este libro, ya ha descubierto un conjunto de estrategias para entender el sentido de las Escrituras. La cosa más importante que ha aprendido es a fijarse en los términos. En este capítulo, quiero ayudarlo a investigar los términos de modo que pueda descubrir su significado.

Un "término" es una palabra clave o frase que el autor utiliza para destacar su idea. A veces emplea la misma palabra para darle énfasis. Puede colocarla en un versículo prominente. Quizá construya una historia a su entorno para ilustrar su significado. O bien puede, también, colocarla en la boca de algún personaje central de la narración. Cualquiera sea el caso, un autor desea que usted ponga atención a sus términos, porque ellos son el medio que cargan el significado. Al menos que usted se "entienda con los términos", nunca comprenderá el mensaje.

Dos fuentes secundarias mencionadas en el capítulo anterior son especialmente útiles en este proceso –la concordancia y el diccionario bíblico. Déjeme mostrarle como puede sacarles mayor provecho.

UTILIZANDO UNA CONCORDANCIA EN EL ESTUDIO DE UNA PALABRA

Digamos que se encuentra con la palabra *gozo* en la epístola de Pablo a los Filipenses. *Gozo* y *regocijo* parecen ser dos términos claves en el escrito. Así que usted abre su concordancia y busca la palabra gozo. (Permítame dejarle saber que trabajaré con la Reina-Valera 1995).

La primera cosa que nota es que hay referencias en ambos, el Antiguo y el Nuevo Testamento. Eso es significante: *gozo* no es un término oscuro; es bastante común. Si usted desea iniciar un estudio exhaustivo del término, necesita fijarse en cada uno de los pasajes donde aparece. Deseará evaluar qué luz arrojan los varios contextos al sentido y significado de la palabra gozo.

Pero debido a que usted está concentrado en Filipenses, ponga especial atención a los usos en esta epístola. Esta es la lista que aparece:

Siempre en todas mis oraciones ruego con g	Fil. 1:4	5479
para vuestro provecho y g de la fe	Fil. 1:25	5479
completad mi g, sintiendo lo mismo	Fil. 2:2	5479
me g y regocijo con todos vosotros	Fil. 2:17	4796
g y regocijaos también vosotros conmigo	Fil. 2:18	4796
Recibidlo, pues, en el Señor, con todo g	Fil. 2:29	5479
hermanos míos amados y deseados, g y corona mía	Fil. 4:1	5479

Así que la palabra *gozo* aparece siete veces en la carta. Usted necesita hacer pequeñas observaciones comparación y contrastando sus diferentes empleos. Incluso, tal vez quisiera expandir su estudio de esta palabra a los varios usos que el apóstol Pablo hace en sus otras cartas.

Una cosa importante de estar seguro es la numeración que aparece a la derecha de cada entrada. En Filipenses 1:4, es 5479; del mismo modo en 1:25 y 2:2. Pero en 2:17, cambia a 4796. Esos números refieren a las palabras griegas de la cual se tradujo al español la palabra *gozo*. Al final de algunas concordancia –las que contienen el listado de las palabras griegas– hallará que 5479 es la palabra *chara*, que significa "gozo" o "deleite". Proviene del verbo griego *chairo*, "regocijarse" o "estar contento".

¿Qué acerca de 4796? Esa es la palabra *sugchairo* –obviamente relacionada con *chairo*, pero con un sufijo, *sug*, que le da otro tono al sentido. La concordancia le dice que la palabra *sugchairo* significa "regocijarse con". Así que en las dos ocasiones de gozo en Filipenses 2:17-18, Pablo está hablando de una experiencia compartida. En este caso, eso también es obvio en el texto en español, pero en otros casos no lo es. Así que incluso si usted no sabe los idiomas originales, usted está en una situación desventajosa.

USANDO UNA CONCORDANCIA PARA ESTUDIAR PALABRAS OSCURAS

Otro uso de la concordancia es seguir la huella de referencias oscuras. Por ejemplo, suponga que está estudiando los libros 1 y 2 Reyes, y se topa con el nombre Moloc en 1 Reyes 11:7.

Fue en esa época cuando, en una montaña al este de Jerusalén, Salomón edificó un altar pagano para Quemós, el detestable dios de Moab, y otro para Moloc, el despreciable dios de los amonitas.

¿Quién o qué era Moloc? El texto dice que era un ídolo detestable y que, aparentemente, Salomón estaba construyendo un centro de adoración para él. Pero usted decide realizar un pequeño estudio comparativo. Así que busca "Moloc" en su concordancia y encuentra que la palabra aparece ocho veces en el Antiguo Testamento y ninguna en el Nuevo. Eso ya le indica algo respecto al lapso de tiempo de Moloc.

También nota que de las ocho referencias, cinco son en Levítico, una en 1 Reyes, una en 2 Reyes, y otra más en Jeremías. Esto enfoca su atención en Levítico. Por simplemente mirar la concordancia ve que aparecen menciones de ofrecer los hijos a Moloc. Así que ya tiene un pista de porque el autor llama a Moloc "el dios o ídolo detestable". El pueblo estaba sacrificando sus niños a él. Aparentemente eso era en lo que se estaba metiendo Salomón.

De todas las herramientas de estudio bíblico, la concordancia es la que usará con mayor frecuencia. Es ideal para el estudio de palabras porque localiza los términos en el texto. También le da un inicio en la tarea de comparar unas Escrituras con otras Escrituras, lo cual es la mejor manera de entender el significado de un término bíblico. Si usted compara solamente una fuente secundaria para su programa de estudio de la Biblia, asegúrese que sea una concordancia exhaustiva. La inversión se pagará sola con el transcurso del tiempo.

UTILIZANDO UN DICCIONARIO BÍBLICO

La otra herramienta a utilizar cuando realiza la investigación de un término en las Escrituras es el diccionario bíblico. Mencioné el Diccionario Expositivo del Nuevo Testamento, escrito por Vine. Utilicémoslo para investigar la palabra *tierra*.

¿Recuerda nuestra observación de Hechos 1:8 (capítulo 6)? Jesús les dijo a los apóstoles que debían llevar el evangelio "hasta los confines de la tierra"? Yo dijo que la palabra *tierra* significaba la tierra habitada. ¿Cómo lo supe? Me fijé en el diccionario de Vine.

Vine nos da una perspectiva detallada de la palabra tierra. Nos muestra que habían dos palabras griegas que se traducen "tierra": *gé* y *oikouméne*.

Gé era usada para describir cinco ideas: la tierra como espacio arable; la tierra como un todo; el mundo (como opuesto a los cielos); la tierra habitada; un país o territorio; el suelo. Basado en su extenso conocimiento del griego antiguo, Vine lista versículos del Nuevo Testamento para cada uno de estos usos. Hechos 1:8 está en la tercera lista de significados, "la tierra habitada".

Es interesante notar que todas las referencias en Lucas y Hechos caen dentro del tercer significado, y ninguna dentro de los otros. De las nueve referencias de "tierra habitada", seis son del libro de los Hechos. Así que tierra es crucial para comprender a Lucas. Cada vez que la utiliza significa "tierra habitada" Su prominencia en los Hechos agrega peso a la conjetura que Hechos 1:8 es como un bosquejo del resto del libro. Jesús les dijo a sus seguidores que fueran a la tierra habitada, y eso fue exactamente lo que hicieron.

Otra información adición que recabamos de Vine, es que la otra palabra para tierra, *oikouméne*, también denota tierra habitada. Entonces, agrega esta nota (itálicas añadidas): es traducida "mundo" en cada lugar donde tiene este significado, excepto en Lucas 21:26... donde es traducida "tierra" Muy interesante. Una vez más, Lucas siempre tiene en mente la tierra habitada. ¿Qué supone usted que sugiere este relato en dos volúmenes?

Las palabras son el bloque básico del lenguaje. Para comprender cualquier obra literaria, usted debe llegar a un acuerdo con el autor; usted debe entender sus palabras. Las concordancias y los diccionarios bíblicos son ayudas invaluables para lograrlo. De todas maneras, algunas palabras tienen un significado que yace bajo la superficie. Les llamamos figuras del habla, y nos fijaremos como funcionan en el próximo capítulo.

AHORA INTÉNTELO USTED

Durante la última parte de su estudio en Daniel 1-2, quiero que realice dos estudios de palabras que tienen implicaciones importantes en este pasaje. La primera es la palabra *proponerse*, hallada en Daniel 1:8:

> Pero Daniel se propuso no contaminarse con la comida y el vino del rey, así que le pidió al jefe de oficiales que no lo obligara a contaminarse (itálicas añadidas).

El segundo término es *días venideros*, hallado en Daniel 2:28:

> Pero hay un Dios en el cielo que revela los misterios. Ese Dios le ha mostrado a usted lo que tendrá lugar en los días venideros. Éstos son el sueño y las visiones que pasaron por la mente de Su Majestad mientras dormía (itálicas añadidas).

Utilice una concordancia para localizar otros usos de estas palabras en la Biblia. ¿Qué puede aprender de estos textos adicionales? Entonces fíjese en proponer y días venideros en un diccionario bíblico para ver qué más puede descubrir acerca del significado e importancia de estos términos.

36

ENTIENDA LO FIGURADO

Un hombre bien anciano se sentó frente a sus doce hijos. Sus ojos ya no veían, pero sí su visión interior. Sabiendo que su tiempo se acercaba, el deseó pronunciar su visión futura de cada uno de sus hijos. Ellos esperaban respetuosamente en silencio. Finalmente el anciano habló: "Acérquense, hijos míos. Escuchen con cuidado lo que su padre tiene que decirles".

Los sucesores reunidos se reclinaron más cerca, para escucharle. Roberto, el mayor, ocupó la posición central. Fue a él a quien la temblorosa voz habló primero.

"Roberto, tu fuiste el primero, mi orgullo y gozo. Pero eres agua hirviente. No serás más el primero".

La cara del hombre se demudó disgustada, con vergüenza e indignación. Pero no respondió nada. El anciano continuó sin pausa.

"Esteban y Leonardo. Ustedes son ladrones y asesinos. A ustedes no les dejo bendición, sino maldición".

"Juan, tú eres un cachorro de león, así que tú gobernarás. Pero un día lavarás tus ropas en vino".

"Zacarías es un puerto que algún día encontrará albergue".

"Jacinto no es otra cosas que una mula. Satisfecho con cualquiera que lo alimente, pasará sus días en trabajo forzado".

"Daniel, tú eres una serpiente junto al camino. Tú atacarás a tus hermanos y serás su juez".

"Jorge, eres un bandido. Robarás y serás robado, viviendo en la incertidumbre".

"Alberto te deleitas con las selecciones de carnes. Pero pasarás tus días cocinando, no comiendo".

"Carlos es un siervo corriendo. Sus palabras brincarán y danzarán".

"Flavio, eres un árbol a la orilla de un río fresco. Crecerás y prosperarás dando sombra a tus hermanos. A ti vendrán las bendiciones de los padres, y por medio de ti continuará la bendición a mis descendientes".

"Antonio, mi último hijo, es un lobo vicioso, hambriento y salvaje. Todo el día matarás, y toda la noche devorarás".

Terminó abruptamente, y ningún sonido más se oyó aparte del zumbido de las moscas. Nadie se movió. Cada hermano meditaba en las palabras que había recibido. No se percataron que el estridente patriarca, ya sin palabras, tenía la cabeza caída sobre su pecho, con su última visión.

UNA MANERA DE HABLAR

¿Qué debemos hacer con este relato bíblico? Oh, ¿pasé por alto decirle? Esta es una versión vaga de Génesis 49, donde Jacob reunió a sus doce hijos y les profetizó el futuro de cada uno de sus linajes.

Si usted lee el relato, notará las descripciones raras asignadas a varios de ellos: Judá es llamado "cachorro de león" (v. 9); Zabulón es un "puerto seguro" (v. 13); Isacar es un "asno fuerte" (v. 14); Dan es una "serpiente junto al camino, una víbora junto al sendero" (v. 17); Neftalí es una "gacela libre, que tiene hermosos cervatillos" (v. 21); José es un "retoño fértil, fértil retoño junto al agua, cuyas ramas trepan por el muro" (v. 22); y Benjamín es un "lobo rapaz" (v. 27).

Una vez más, ¿qué debemos hacer con este tipo de descripciones? Podríamos esperar que Noé les hablara así a sus hijos luego de haber estado enclaustrado en el Arca por bastante tiempo pero, ¿qué son estas palabras en la boca de Jacob? ¿Debemos tomarlas literalmente? Si no, ¿por qué no? ¿Cómo saber cuándo las Escrituras están representando la realidad y cuando están describiendo la realidad?

El asunto aquí son las figuras de lenguaje. Estamos familiarizados con las figuras del habla. Las usamos todo el tiempo: "Casi morí de vergüenza". "fulano está loco como una cabra". "Acá hay gato encerrado".

Los escritores bíblicos y sus personajes no eran diferentes. Ellos llenaron su material con imágenes vívidas, y modos peculiares de hablar. David dice que la persona que sigue la Palabra de Dios será como un árbol, pero el impío es como el tamo soplado por el viento (Sal. 1:3-4). La novia en Cantares de Salomón 2:1 dice que ella es "la rosa de Sarón, el lirio de los valles". Llama a su amado un venado o un ciervo joven, "saltando por las colinas, brincando por las montañas" (2:8-9). Jesús llamó a Herodes una zorra (Lc. 13:32), a los fariseos tumbas blanqueadas (Mt. 23:27), y a Santiago y Juan los hijos del trueno (Mr. 3:17). Pablo llama a cierto maestros falsos, perros (Fil. 3:2).

Por supuesto que el lenguaje figurado de la Biblia puede ser mucho más elaborado, aún más allá de las palabras habladas a las lecciones gráficas objetivas. Dios le dijo a Jeremías que comprara una vasija, la llevara a lo líderes, profetizara contra ellos, y entonces rompiera la vasija como muestra de lo que Dios haría con la nación (Jer. 19). A Oseas el Señor le pidió que se casara con una mujer adultera como símbolo del fiel amor de Dios por su pueblo, y la infidelidad de ellos hacia Él (Os. 1:2-9; 3:1-5).

En lo que refiere al Apocalipsis de Juan, entramos en un lenguaje fuera de lo común. Un gobernador parece como piedra de jaspe o de cornalina (4:3). Ve un cordero con siete cuernos y siete ojos (5:6). También ve una bestia saliendo del mar, con diez cuernos y siete cabezas (13:1). Sobre el final del libro, una ciudad entera, con más de tres millones de kilómetros cuadrados, descendiendo del cielo (21:16).

Estos elementos constituyen una lectura interesante. Pero, ¿qué significan? ¿Cómo vamos a interpretarlos durante nuestro proceso de estudio bíblico? ¡Cómo saber cuándo interpretar la Biblia literalmente y cuándo figurativamente?

Voy a darle diez principios para entender lo figurado. Pero antes, permítame asegurarme que entendemos la diferencia entre lo "figurado" y lo "literal". La gente habla acerca de una "interpretación literal de la Biblia". ¿Significa eso que en Génesis 49, ellos veían a Judá como un verdadero cachorro de león? ¿Qué José estaba parado junto a un río con raíces enterradas en el suelo? ¿Qué Benjamín era algún tipo de lobo incontrolable? Si usted piensa así, conozco un buen siquiatra que podría recomendarle.

Cuando hablamos de "interpretación literal", lo que queremos decir es tomar el lenguaje en su sentido normal, aceptándolo con su valor llano, como si la gente estuviera comunicándose como normalmente se comunica. Como alguien ha dicho, "Cuando el sentido llano de las Escrituras tiene sentido común, no siga otro sentido".

Así que, según este principio, cuando Jesús nos dijo "den a Cesar lo que es de Cesar" (Lc. 20:25), no debemos buscar ningún sentido oculto ni una interpretación elaborada. Está llanamente diciéndonos que debemos pagar los impuestos. Por otra parte, cuando Él llama a Herodes una "zorra", obviamente no está diciendo que el hombre era un cuadrúpedo carnívoro. Jesús estaba hablando figuradamente, comparando a Herodes con esa criatura.

ENTENDIENDO LO FIGURADO

¿Qué sucede cuando el "sentido llano" no parece tener sentido? ¿Existen algunas reglas que gobiernen cuándo deberíamos interpretar literalmente? Me temo que no hay medios inequívocos para lograrlo. Pero acá tiene diez principios que le mantendrán fuera de los peores problemas.

1. Use el sentido literal al menos que haya una buena razón para no hacerlo

Esto es claro según lo que acabamos de decir. Si estoy leyendo la Biblia, debemos asumir que el escritor era una persona normal, racional, que se está comunicando del mismo modo que nosotros. Aún así, una y otra vez, la gente "espiritualiza" en lugar de interpretar llanamente lo que dice.

Una ilustración clásica es Cantar de los Cantares. Durante muchos años los intérpretes han dicho que es una alegoría de la relación entre Cristo y su iglesia. ¿Pero cómo puede eso encajar con el texto? El poema fue escrito siglos antes de Cristo. Tiene una definitivamente forma lírica y necesita estar de acuerdo a su género. Sin embargo, tiene una explicación más simple, una interpretación más sensible: este libro celebra el amor erótico matrimonial tal cual Dios lo planeó.

2. Use el sentido figurado cuando el pasaje le indica que debe hacerlo

Algunos pasajes le dicen directamente que están escritos en un sentido imaginario figurado. Por ejemplo, en cualquier lugar que encuentre un sueño, pude esperar encontrar lenguaje figurado debido a que ese es el lenguaje de los sueños. En Génesis 37, el contexto deja claro que los sueños de José refieren a cosas que iban a suceder en el futuro. Lo mismo es cierto en el caso de los sueños del Faraón en Génesis 41 y las visiones proféticas de Daniel en 7-12.

3. Use el sentido figurado si un sentido literal es imposible o absurdo

Aquí es donde necesitamos un poco de sentido común santificado. Dios no se esconde bajo una sábana de misticismo impenetrable. Cuando desea decirnos algo, nos lo dice. No nos confunde con sinrazones. De todas maneras, con frecuencia utiliza símbolos para resaltar sus ideas. Aún así, espera que los interpretemos como símbolos, no como absurdos.

Considere Apocalipsis 1:16, donde el Señor aparece y: "de su boca salía una aguda espada de dos filos". ¿Qué significa esto? ¿Es probable que literalmente de la boca del Señor estuvieran saliendo una espada? Difícilmente. La explicación más probable es que se trata de lenguaje figurado, así que necesitamos investigar a qué representa dicha imagen.

No es probablemente lo que usted piensa. Usted tal vez esté pensando en Hebreos 4:12, que dice que la Palabra de Dios es "más cortante que toda espada de dos filos". En esa base, debe asumir que la imagen revelada es acerca de Cristo y su Palabra. Pero un estudio de la palabra indica otra cosa.

La palabra "espada" en Apocalipsis 1:6 no es la misma palabra usada en Hebreos 4:12. En Hebreos, es una espada corta, una espada de batalla como las usadas por los soldados romanos. Pero la espada de Apocalipsis es larga, la espada ceremonial de victoria y juicio. Era cargado por el rey conquistador, que podía ser usada para ejecutar al derrotado luego de la procesión. Considere cómo esto encaja con el tema e imaginario de Apocalipsis.

Así que el lenguaje figurado puede ser tanto descriptivo como preciso.

4. Use el sentido figurado si el sentido literal involucrara algo inmoral

En Juan 6:53-55, Jesús enfrenta a ciertos judíos con estas palabras:

—Ciertamente les aseguro —afirmó Jesús— que si no comen la carne del Hijo del hombre ni beben su sangre, no tienen realmente vida. El que come mi carne y bebe mi sangre tiene vida eterna, y yo lo resucitaré en el día final. Porque mi carne es verdadera comida y mi sangre es verdadera bebida.

Esa es una manera extraña de hablar, en el menor de los casos. ¿Estaba Él sugiriendo que sus seguidores se convirtieran en caníbales? No, eso hubiera sido una violación repulsiva del Antiguo Testamento. Ninguno de sus oyentes lo tomó de esa manera. Quedaron desconcertados con sus palabras: "Esta enseñanza es muy difícil; ¿quién puede aceptarla?" (6:60). Pero reconocieron que el Señor hablaba figuradamente.

Dios nunca viola su carácter. Puesto que fundamenta su Palabra en su carácter, podemos estar seguros que sus mandamientos son consistentes con quien es Él. Él nunca nos pediría algo que Él no haría ni que no ha hecho Él mismo.

5. Use el sentido figurado si la expresión es una figura del habla obvia

El texto bíblico con frecuencia señala estar empleando figuras del habla. Los símiles, por ejemplo, utilizan la palabra *como* y *así* para realizar comparaciones. "Como argolla de oro en hocico de cerdo es la mujer bella pero indiscreta" (11:22; itálicas añadidas). El Señor "hace que el Líbano salte como becerro, y que el Hermón salte cual toro salvaje" (Sal. 29:6).

Las escrituras usan otras figuras del habla que tiene sentido sólo cuando son leídas figuradamente. Cuando Isaías predice que "La luna se sonrojará y el sol se avergonzará" (Is. 24:23), está obviamente empleando personificaciones. Cuando Pablo cita a Oseas, "¿Dónde está, oh muerte, tu victoria? ¿Dónde está, oh muerte, tu aguijón?" (1 Co. 15:55), está empleando una forma llamada apóstrofe, refiriendo a una cosa como si fuera una persona. Expresiones tales como "se ha reunido con sus padres", que un hombre "conoció" a su mujer, el Señor entregó a su pueblo "en la mano" de sus enemigos, o que alguien "duerme," son eufemismos.

6. Use el sentido figurado si la interpretación literal va en contra del contexto y alcance del pasaje

Apocalipsis 5:1-5 describe una escena fascinante ante el trono de Dios. Leemos acerca del "León de la tribu de Judá". ¿Está el escritor refiriéndose a una bestia literal? Obviamente no, puesto que eso no tendría sentido en el contexto. Un poco de estudio comparativo nos muestra que está usando un título dado al Mesías. Así que necesitamos determinar qué título representa y porqué lo emplea.

Recuerde que para entender lo figurado una de las mejores guías es el contexto.

7. Use el sentido figurado si una interpretación literal va contra del carácter general y el estilo del libro

Este es en realidad una extensión de lo que acabamos de ver. Recuerde, el contexto de cualquier versículo es el párrafo, la sección, y finalmente el libro del cual forman parte.

Este principio se aplica especialmente a dos tipos de literatura: la profética, en la cual seguido es leída sólo figuradamente; y a la poética, la cual emplea lenguaje imaginativo constantemente.

Por ejemplo, el salmista dice, "A la sombra de tus alas cantaré" (Sal. 63:7). Eso no significa que Dios tiene plumas. Sino que Él protege a sus hijos con el mismo cuidado vigilante de un águila madre por sus aguiluchos. La imagen encaja con el contexto general y el estilo del salmo.

8. Use el sentido figurado si la interpretación literal va contra el propósito y plan del autor

Otra vez, el contexto ese crucial. ¿Ha escuchado alguna vez a alguien salirse con una interpretación que, hubiera sido plausible aislando el texto, pero hereje en comparación con los versículos de alrededor? Es un patito feo. No encaja. Algo está fuera de lugar. De hecho, un buen hábito para utilizar cada vez que se enfoque a la tarea de interpretar un pasaje, es retroceder, mirar la interpretación y preguntarse, ¿qué hay fuera de lugar en este escenario? ¿Está todo encajando en su lugar?

Vimos en el Salmo 1 que la persona que se deleita en la ley de Dios será como un árbol bien plantado. El versículo 3 agrega "y todo lo que hace prosperará". Ahora bien, algunas personas llegan a este pasaje y aseguran que está asegurando prosperidad material garantizada para todo creyente. ¿Pero está realmente calzando con el contexto y el propósito del autor?

Difícilmente. Mirando el Salmo 1 y el resto de los salmos, es claro que los salmistas estaban mucho más interesados en el caminar con Dios de lo que estaban con el bienestar financiero. El Salmo 1:3 tiene más sentido si es entendido como una descripción de la calidad de persona que resulta, no de la cantidad de bendiciones que gozará.

9. Use el sentido figurado si la interpretación literal involucra una contradicción a otras Escrituras

La gran intérprete de las Escrituras son las misma Escrituras. La Biblia es uniforme en cuanto a su mensaje. Si bien ocasionalmente se presentan paradojas, nunca deben confundirse con contradicciones.

Jesús les dijo a sus seguidores, "Le resulta más fácil a un camello pasar por el ojo de una aguja, que a un rico entrar en el reino de Dios." (Mr. 10:25). Qué pasaje tan intrigante. Algunas personas han realizados extensos intentos tratando explicar lo que Jesús estaba diciendo.

Pero una cosa sabemos con certeza: Él no está diciendo que los ricos no pueden ser salvos. Eso era lo que los discípulos estaban sospechando (v. 26). No sólo que les respondió esa pregunta (v. 27), sino que también las Escrituras enseñan otra cosa. Por ejemplo, Pablo advierte acerca de los peligros de la riqueza (1 Timoteo 6:17-19), pero nunca dice que la riqueza fuera categóricamente excluida del reino.

Si Marcos 10 fuera todo lo que tuviéramos sobre el tema, tendríamos razón de pensar como los discípulos. Pero al comparar Escrituras con Escrituras, lo podemos poner en perspectiva.

10. Use el sentido figurado si la interpretación literal incurriera en una contradicción doctrinal

Este punto se deriva de lo que acabamos de decir. Necesitamos ser consistentes en nuestra interpretación de las Escrituras y en los sistemas doctrinales que basamos en las Escrituras.

En 1 Corintios 3:16-17, Pablo escribe:

> ¿No saben que ustedes son templo de Dios y que el Espíritu de Dios habita en ustedes? Si alguno destruye el templo de Dios, él mismo será destruido por Dios; porque el templo de Dios es sagrado, y ustedes son ese templo.

Ese es un lenguaje severo. ¿Qué quiere decir Pablo por "Si alguno destruye el templo de Dios, él mismo será destruido por Dios"? ¿Es una amenaza indicando que si alguien se suicida entonces pierde su salvación? Algunos lo interpretan de esa manera. Pero esa interpretación no únicamente compromete el contexto, entra en conflicto la enseñanza que Dios preservará a sus hijos. Es más, Pablo nos alienta a leer este pasaje y su contexto figurativamente (4:6). Una interpretación literal no tendría sentido.

AHORA INTÉNTELO USTED

Aquí está su oportunidad para "entender lo figurado". Lea y estudie el Salmo 139, que es uno de los más profundos e íntimos de todos los salmos. Está lleno de lenguaje figurado. Utilice los principios cubiertos en este capítulo para interpretar lo que David está diciendo. Diríjase a la lista que está a continuación, "Figuras del habla", para ayuda adicional en el reconocimiento y comprensión del imaginario de David. (Por cierto, no olvide comenzar por el paso de la observación).

FIGURAS DE LENGUAJE

Antropomorfismo
Es la atribución de características o acciones humanas a Dios.

"La mano del SEÑOR no es corta para salvar, ni es sordo su oído para oír." (Is. 59:1).

Apóstrofe
Se dirige a una cosa como si fuera una persona, o una persona ausente o imaginaria como si estuviera presente.

"¿Dónde está, oh muerte, tu victoria? ¿Dónde está, oh muerte, tu aguijón?"

Eufemismo
El empleo de una expresión menos ofensiva para indicar otra más ofensiva.

"¡Ojalá que esos instigadores acabaran por mutilarse del todo!"

Hipérbole
Exageración para decir más de lo que literalmente significa.

"De hecho, despojé a otras iglesias al recibir de ellas ayuda para servirles a ustedes".
(2 Co. 11:8)

Apocatástasis
Una comparación en la cual el parecido está implicado en vez dicho directamente.

"Cuídense de la levadura de los fariseos, o sea, de la hipocresía".
(Lc. 12:1)

Modismo
Una expresión peculiar a un determinado pueblo.

"—Voy a la habitación de mi esposa —dijo él".
(Jue. 15:1)

Merismo
Sabes cuándo me siento y cuándo me levanto; aun a la distancia me lees el pensamiento. (Sal. 139:2)

Metáfora
Es una comparación en la cual una cosa representa otra.

"Ustedes son la luz del mundo. Una ciudad en lo alto de una colina no puede esconderse". (Mt. 5:14)

Paradoja
Es una declaración absurda, contradictoria en sí misma, o un pensamiento contrario a la lógica.

"Porque el que quiera salvar su *vida, la perderá; pero el que pierda su vida por mi causa, la encontrará". (Mt. 16:25)

Personificación
Adscripción de características o acciones humanas a objetos inanimados o animales.

"La luna se sonrojará y el sol se avergonzará" (Is. 24:23)

Pregunta retórica
Pregunta que no requiere respuesta, pero fuerza la respuesta mental y la consideración de ramificaciones

"Confío en Dios y no siento miedo. ¿Qué puede hacerme un simple mortal?" (Sal. 56:11)

Símil
Una comparación usando "como" o "así"

"Es como el árbol plantado a la orilla de un río" (Sal.1:3)

37

PONIENDO TODO JUNTO

Hasta esta sección le he dado bastantes aportes sobre la interpretación de las Escrituras. He indicado algunos de los obstáculos para comprender el texto, junto con menciones de los peligros que deben evitarse. Discutí la importancia del género y cómo influencia el modo de lectura. Le facilité cinco claves para abrir el significado del texto –contenido, contexto, comparación, cultura y consulta.

En términos de consulta, reseñé algunas de las tantas fuentes secundarias que pueden asistirle en el proceso. Luego me enfoqué en el uso de la concordancia para la investigación de términos. Finalmente realicé un listado de diez principios para entender el lenguaje figurado en los pasajes del relato bíblico.

Ahora pongamos las manos en la masa. En este capítulo quiero demostrarle cómo unir todas estas partes en un proceso, en los primeros dos versículos de Romanos 12. Ellos forman un párrafo, que es muy útil. Recuerde que el párrafo es la unidad básica del estudio bíblico.

¿QUÉ ES "POR LO TANTO" AQUÍ?

Dijimos que la primera clave para lograr una interpretación precisa de las Escrituras es el contenido. Se basa en la observación del texto. Así que comencemos por aquí.

La primera cosa que capta mi atención en este texto es el sentido de urgencia. "Les ruego" en el versículo 1, "les imploro". Me encanta la interpretación de J. B. Phillips, "con los ojos ampliamente abiertos a las misericordias de Dios". Así que Pablo viene a sus lectores con un sentido de urgencia.

Las primeras palabras del párrafo son clave, *por lo tanto*. Es esencial. Recuerda el lema: cada vez que vea un *por lo tanto*, deténgase y vea de qué se trata, porqué está allí. Nos impulsa a regresar y revisar el contexto que le precede. Así que tomemos la sugerencia del escritor y demos un paso atrás para ver el amplio escenario de Romanos.

La investigación muestra que el libro de Romanos tiene su tema en el capítulo 1 verso 17, donde el escritor nos dice que está hablando acerca de la "justicia de Dios" –no nuestra justicia, sino la que Él provee.

No obstante, hay tres grandes divisiones temáticas en el libro. Los primeros ocho libros versan sobre la justicia que Dios ha revelado pero que debemos recibir. Los capítulos 9-11 se tornan al tema de Israel. Pablo dice que la justicia de Dios fue rechazada por su propio pueblo. Finalmente, comenzando por el capítulo 12 (donde se encuentra nuestro pasaje, comenzando con *por lo tanto*), llegamos a la sección práctica del libro tratando la justicia reproducida en la vida del creyente.

Así que basados en una frase colectora, tenemos una buena idea del libro.

Pero hay una frase adicional que nos lleva a ver la conexión: "tomando en cuenta la misericordia de Dios". En otras palabras, la misericordia de Dios llega a ser la base de la apelación urgente de Pablo. En efecto, esa frase resume los once primeros capítulos del libro. Lo que Pablo está diciendo en esencia es, "basado en lo que Dios ha hecho por ti, yo quiero que tú hagas algo".

Esa es una verdad espiritual importante. Dios nunca nos pide hacer algo para Él hasta que Él nos dice por completo lo que ha hecho por nosotros.

¿Qué es lo que Él quiere que hagamos? El versículo 1 lo recita llanamente: "que ofrezcan sus cuerpos". ¿Qué quiere decir eso? El vocablo "ofrecer" (NVI) o "presentar" (RVR) necesita explicarse un poco para entenderlo mejor. Es un vocablo técnico. Era usado en referencia a la presentación de un sacrificio a Dios en el Templo, durante el período del Antiguo Testamento. Tiene la idea de dar algo a alguien más, cederle el control. Así que "ofrecer" algo no significa primero darlo y luego tomarlo de regreso. Hay un elemento de decisión involucrado.

Tema (1:17)

I Por lo tanto, hermanos, ⌐1 8|9 11|12 16¬

tomando en cuenta la misericordia de Dios,

¡urgencia!

les ruego que cada uno de ustedes,   *Base - Resumen del Cap. (1-11)*

en adoración espiritual,

Una decisión
ofrezca su cuerpo

como sacrificio vivo, santo

y agradable a Dios,

(que es vuestro culto racional).

2 No se amolden al mundo actual,

sino sean transformados

mediante la renovación de su mente.

Así podrán comprobar cuál es la voluntad de Dios,

buena, agradable

y perfecta.

INVESTIGANDO LOS TÉRMINOS

Ahora bien, como hemos visto, cada vez que encontramos un término como ese, necesitamos realizar un uso extensivo de la concordancia. Así que hagámoslo. La concordancia no dice que la palabra, presentar, es usada en Lucas 2:22:

Así mismo, cuando se cumplió el tiempo en que, según la ley de Moisés, ellos debían purificarse, José y María llevaron al niño a Jerusalén para *presentarlo* al Señor. (itálicas añadidas)

Así que Jesús fue presentado a Dios en el Templo por sus padres. Esto nos da una pequeña idea de la vida del Señor, dado el significado de *presentar*. Sus padres le estaban ofreciendo a Dios, sin intenciones de volver a tomarlo.

La concordancia también no dice que *presentar* es usado en otras partes de Romanos. Eso es de ayuda dado que el mismo término empleado por el mismo autor del libro nos puede dar bastante luz. Es como tener hermanos y hermanas en la misma ciudad, en vez de tenerlos a largas distancias. En Romano 6:13, encontramos esto:

No *ofrezcan* los miembros de su cuerpo al pecado como instrumentos de injusticia; al contrario, *ofrézcanse* más bien a Dios como quienes han vuelto de la muerte a la vida, *presentando* los miembros de su cuerpo como instrumentos de justicia. (itálicas añadidas)

En otras palabras, él está dando una opinión: Usted puede presentar su cuerpo como instrumento de justicia; o puede presentar su cuerpo como instrumento del pecado.

Permítame ilustrarlo. Considere el bisturí de un cirujano. Es más filoso que una navaja, liviano al pulso, y estéril. En breve, es perfecto para el propósito que fue diseñado. Pero la verdadera pregunta es, ¿en manos de quién está? En mis manos será una carnicería. Pero en las manos de un cirujano habilidoso, traerá sanidad y salud al paciente. Eso es lo que Pablo describe en Romanos 6: Presente su cuerpo a las manos correctas, a la Persona que va a usarlo habilidosamente para alcanzar sus propósitos.

Preste atención: Pablo está hablando acerca de la presentación del cuerpo –lo mismo que en Romanos 12. ¿Qué es "el cuerpo"? Un estudio de la palabra nos muestra que se refiere a la persona completa, la totalidad del ser. También representa el instrumento de sacrificio. De hecho, es realmente el único instrumento de sacrificio que tenemos, la única cosa que podemos darle a Dios. (Usted encontrará otros dos empleos de la palabra *presentar* en la misma sección de Romanos, son 6:16, 19. Le dejaré investigar esos dos por su propia cuenta).

Tema (1:17)

¹Por lo tanto, hermanos, 1 8 9 11 12 16

tomando en cuenta la misericordia de Dios,

¡urgencia!   *Base - Resumen del Cap. (1-11)*

les ruego que cada uno de ustedes,

en adoración espiritual,   *cf., 6:13 y Lc. 2:22/Ef. 5:25-26*

Una decisión   *6:16,19*

ofrezca su cuerpo

¿Se contradice?

como sacrificio vivo, santo

y agradable a Dios.   *¡Es lo mínimo que podemos hacer!*

² No se amolden al mundo actual, *Negativo*

Contraste   *Pasivo*   *Metamorfósis*   *Positivo*

sino sean transformados

mediante la renovación de su mente.

Así podrán comprobar cuál es la voluntad de Dios,

buena, agradable

y perfecta.

Presentar también aparece en Efesios 5, en el pasaje acerca del esposo y la esposa:

Esposos, amen a sus esposas, así como Cristo amó a la iglesia y se entregó por ella para hacerla santa. Él la purificó, lavándola con agua mediante la palabra, para presentársela a sí mismo como una iglesia radiante, sin mancha ni arruga ni ninguna otra imperfección, sino santa e intachable. (vv. 25-27)

Hallamos la misma palabra. Si usted es un esposo, la Biblia le entrega la responsabilidad de *presentar* su esposa a Dios. Usted es responsable de la relación con la mujer que Dios le dio.

Hay varios otros pasajes que podemos mirar, pero permítame ir a uno más de ellos, Colosense 1:28:

> ...Este Cristo proclamamos, aconsejando y enseñando con toda sabiduría a todos los *seres humanos, para *presentarlos* a todos perfectos en él.

¿Cuál era el propósito de Pablo al edificar la vida de otras personas? *Presentar* a cada uno de ellos al Señor, para que ellos pudieran llegar a la madurez.

CONOCIMIENTOS MEDIANTE LA CONSULTA

Regresando a Romanos 12, necesitamos destacar varias cosas acerca de la presentación a Dios de nuestros cuerpos. Primero, estamos presentando un "sacrificio vivo". Esa es un contradicción de términos –excepto en el mundo espiritual. Como verá, estamos hablando no acerca de ofrecer un cuerpo muerto sino un cuerpo vivo. Tiene que ser sacrificado a Dios. Además tiene que ser santo y aceptable.

Pablo da una conclusión acerca de hacerlo, en la expresión, "en adoración espiritual". ¿Qué involucra eso? Nos muestra que la expectativa de *presentarnos* a Dios es realmente lo menos que podemos hacer, la cosa más lógica que hacer, a la luz de lo que Él ha hecho por nosotros.

Ahora llegamos al versículo 2: "No se amolden al mundo actual". Hemos empleado el principio de interpretación de compara Escrituras con Escrituras para investigar el significado de presentar. Acá podemos usarlo para aprender algo acerca de "amoldarse" (NVI) o "conformarse" (RVR) al mundo.

Si nos miramos la palabra *conformar* en el diccionario bíblico, descubrimos que tiene la idea de derramar algo en un molde. Todos probablemente estemos familiarizados con el proceso de hacer gelatina, disolviéndola primero en agua caliente y después derramándola en un molde. Cuando se enfría, retiene la forma del molde.

Esta es la idea que Pablo emplea aquí. "No permitan al mundo envolverlos y apretarlos dentro de su molde", parafrasea una versión en inglés (Phillips). No tomen la forma del mundo. No permitan que el mundo los lleve a hacer lo opuesto de lo que Dios quiere hacer en ustedes.

Tenemos una opción según este pasaje. La pequeña palabra *sino* (NVI), o *pero* (RVR), indica un contraste, y nosotros ya aprendimos a ponerle atención a las cosas que son diferentes. Nuestra opción –la alternativa a conformarse patrón del mundo– es ser "transformados". Este también es un término importante, e indica una metamorfosis, una cambio completo. Luego de un tiempo, Es como una pequeña oruga que construye un capullo. Luego de un tiempo, comienza a temblar y gradualmente el trabajo está completo, revelando una forma completamente diferente como una mariposa.

Atención: la transformación de la crisálida viene de adentro. Así es en Romanos 8. Pablo lo indica cuando dice, "sino sean transformados *mediante la renovación de su mente*".

Otro principio que miramos fue la consulta. O sea, tras nuestro propio estudio del texto, ahora podemos acudir a fuentes secundarias, tal vez un comentario, para ver que luz adicional quizá puedan arrojar sobre el texto. Al consultar un comentario sobre este pasaje, ganamos nuevos conocimientos. Aprendemos que la palabra "ser transformados" es la forma activa de un verbo, mientras que la palabra "transformación" es activa.

Ahora tal vez tengamos que regresar a las clases del secundario, y quitarle el polvo a los libros de español. Todo pasivo es sobre quien recae la acción; si es activo, es quien realiza la acción. Así que Pablo está diciendo que nosotros no realizamos la transformación, es Dios quien la realiza. Nosotros no podemos, así que Él hace lo que nosotros no podemos hacer. ¿Hay algo que nosotros podamos hacer? Sí, podemos renovar nuestra mente. Ese es nuestro trabajo. De hecho, esa renovación de la mente es la que permite que Dios pueda efectuar la transformación.

En mis primeros años de creyente, fui fuertemente influenciado por Donald Grey Barnhouse, el pastor del la Tenth Presbiterian Church en Philadelphia. En efecto, el fue un mentor para mí. Yo pasaba bastante tiempo con él, y recuerdo haberle preguntado en una ocasión, "Dr. B. ¿cómo puedo encontrar la voluntad de Dios?

Yo nunca olvidé su respuesta. Con su típica manera brusca, se tornó y me dijo, "Hendricks, ¡el noventa por ciento de la voluntad de

Dios se encuentra de tu cuello hacia arriba!" Se dio vuelta y continuó caminando. Yo estaba algo perplejo. Pero de pronto, me di cuenta por qué el Doctor Barnhouse pasaba tanto tiempo "lavándome la mente" con la Palabra de Dios. Así fue como Dios comenzó a hacer su obra de conformarme a Cristo –en mi forma de pensar.

Desafortunadamente, la mayoría de nosotros estamos conformados al mundo. La mayor parte de las ocasiones no nos sentamos a examinar las posibles opciones, para luego tomar una decisión conciente. No, actuamos como nos indica la cultura. Nuestra sociedad nos aprieta dentro de su molde. ¿Cómo? Trabajando en nuestras mentes. Por eso es tan peligroso colocar nuestras mentes en blanco y sólo dejarlas fluir.

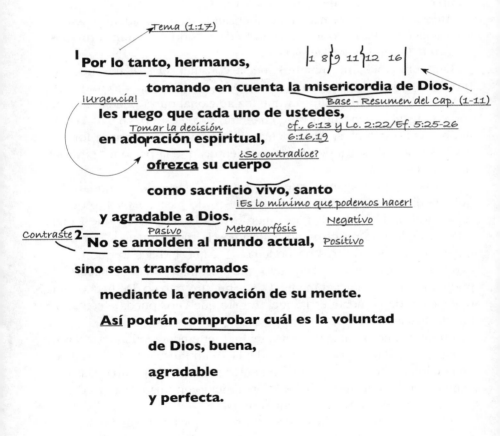

"COMPROBANDO" LA VOLUNTAD DE DIOS

¿Cuál es el propósito de la obra transformadora de Dios? ¿Qué va a hacer con nosotros? Pablo escribe diciendo, "Así podrán comprobar cuál es la voluntad de Dios". Si estudiamos la palabra *comprobar* vermos que significa probar o aprobar. Por ejemplo, es como una persona que lleva sus joyas a un joyero para recibir un valor estimado por medio de una evaluación. "Esto es plata genuina", dice él, "y vale tanto". Del mismo modo, Pablo dice que vamos a *comprobar* tres cosas acerca de la voluntad de Dios.

Primero, vamos a ver que es "buena". El término bueno ha sido devaluado por nuestra cultura. Suponga que anuncio un automóvil para venderlo, y un comprador me pregunta, "¿en qué condición está?".

"Está en buena condición", le digo.

Su tendencia será preguntarse, "¿Cuál es el problema con este aparto?" Está tan deteriorada la palabra bueno, que al menos que algo esté "fantástico", tendemos a pensar que es un basura.

Pero la palabra usada en Romanos 12 es la misma empleada en otras partes de las Escrituras. ¿Quiere saber que tan bueno es? Es tan bueno como Dios mismo.

Luego Pablo dice que es "aceptable", no sólo en perspectiva sino también en retrospectiva. No podemos añadirle nada a la voluntad de Dios ni mejorarla de manera alguna. No podemos quitarle nada ni mejorarla en ninguna forma. Su voluntad es totalmente aceptable.

Por si eso no es suficiente, es también "perfecta". Una vez más, es tan perfecta como Dios mismo. Encaja con su carácter y santidad.

Así es la voluntad de Dios y Él quiere que la comprobemos en nuestra vida. Desafortunadamente, la mayoría de nosotros derrochamos gran parte de nuestra vida intentando encontrar la voluntad de Dios, y vivimos nuestra vida sin presentar nuestro cuerpo como un sacrificio vivo.

Un descubrimiento adicional recibido mediante un comentario es que el verbo en este pasaje, "presentar" está en un tiempo llamado "aoristo". La forma del aoristo indica que es algo decisivo. Es una división importante en nuestras vidas, un punto en el cual nos presentamos a nosotros mismos a Dios, tal como lo hizo Jesús. A partir de ahí no hay lugar para retroceder ni mirar hacia atrás. Describe una rendición completa a Dios, para que Él haga su voluntad, cualquiera sea ésta.

¹ Por lo tanto, hermanos, — *Tema (1:17)* | 1 8|9 11|12 16|

Base - Resumen del Cap. (1-11)

tomando en cuenta la misericordia de Dios,

¡Urgencia!
les ruego que cada uno de ustedes,

en adoración espiritual,

Tomar la decisión
ofrezca su cuerpo

cf., 6:13 y Lc. 2:22/Ef. 5:25-26 6:16,19

como sacrificio vivo, santo

¡Es lo mínimo que podemos hacer!

y agradable a Dios.

² No se amolden al mundo actual, *clave* — *Negativo*

Contraste

Pasivo
sino sean transformados — *Positivo*

Activo *Metamorfósis* *Viene del interior*
mediante la renovación de su mente.

Probar/Aprobar
Propósito **Así podrán comprobar cuál es**

¹ la voluntad de Dios, buena, *Así como Dios.*

² agradable *Perspectiva Retrospectiva*

³ y perfecta. *¡Perfecta así como es Él!*

Imagine un cuaderno lleno de páginas que representan la voluntad de Dios para aspectos particulares de su vida. Entonces usted le dice a Dios, "esta es mi vida tal cual está ahora, quiero presentarte todo tal cual soy a Ti". Le entrega su cuaderno a Dios; se presenta a Dios en un acto de rendición completa y definitiva.

Pero más tarde, usted descubre cierto material que no fue incluido en su cuaderno original. ¿Entonces qué? Bueno, usted ya sabe dónde está el cuaderno –se lo entregó a Dios. Su vida pertenece a Él. Así que mientras entra a nuevas áreas de su vida, también puede entregárselas al Señor.

Obviamente usted no puede presentar su esposa a Dios si usted es soltero. Tampoco sabe cuántos hijos va a tener. Pero en el momento en que Dios le de un matrimonio e hijos, de inmediato usted sabe que ellos están bajo los términos de la voluntad de Dios. Ellos están en el mismo cuaderno que usted le presentó al Señor en primer lugar.

Esa es la idea de "presentar" en el tiempo aoristo, tal cual aparece en este capítulo.

Ahora regrese y déle otro vistazo a Romanos 12:1-2 tal cual lo hemos discutido en este capítulo. Vea si esto encarna alguno de los principios que nos hemos fijado hasta el momento. Primero observe el contenido del texto, lo que nos da una base para comprender el mensaje de Pablo. También nos fijamos en el contexto. "Por lo tanto" no guió a examinar el libro por completo. Realizamos algunas comparaciones usando la concordancia. Buscamos los verbos "presentar y "conformar".

Entonces realizamos unas pequeñas consultas. Revisamos algunas cosas en el comentario y descubrimos que "presentar" indica una decisión definitiva de nosotros mismos a Jesucristo. También encontramos lo que la transformación es algo que Dios realiza, mientras que la renovación de nuestra mente es algo que hacemos nosotros.

Así, aunque recién ponemos nuestros pies en el umbral de este pasaje, conseguimos entender con precisión, percepción y base bíblica de lo que Dios quiere que hagamos con nuestros cuerpos como parte de su pueblo redimido.

38

¡No se detenga ahora!

Vivimos en una sociedad que se ahoga entre tanta información, y el cúmulo de datos continúa en aumento. Un estudio estimó que el 90 por ciento de los descubrimientos realizados hasta el año 2000, nunca antes habían sido conocidos. Otro todavía llega más lejos: la cantidad de información disponible se aumentará noventa veces para finales del siglo. ¡Hablando de explosión de información!

Este desborde de información posee ventajas y desventajas. Por una parte, no tenemos que ser esclavos de la ignorancia. Mencione cualquier asunto, y es muy posible que alguien, en algún lugar, sabe sobre el asunto. Ese tipo de gran cantidad de especialidades ha traído increíbles desarrollos en campos como los de la medicina, la física, la biotecnología, la agricultura y el transporte.

Por otra parte, ¿cómo encontramos la información que estamos buscando? Ya no estamos buscando la proverbial aguja en el pajal; ahora estamos buscando la aguja en un granero de agujas. Es más, aún cuando tenemos tanta información disponible, mucha de ella no es de utilidad práctica. ¿Ese es un problema real? ¿Cómo usar la información? Cada vez más parece que una y otra carrera se basa en la acumulación de información en vez de relacionar información y productividad.

El mismo fenómeno es cierto para la Biblia. La mayoría de las personas que han estudiado la Biblia quedan atascadas en el paso de la interpretación. En primer lugar, comienzan con ese paso, que ya es un error; y luego se detienen allí, lo que es aún peor error.

El resultado es que apilan montañas de información sobre el texto, y bastante especulación acerca de lo que significa, ¿pero qué diferencia hace eso en sus vidas cotidianas? La Biblia se convierte en poco más que una colección de rompecabezas teológicos, en vez de ser un mapa de cómo vivir la vida.

¡Qué tragedia! La Palabra de Dios no lleva fruto cuando es entendida, sino cuando es aplicada. A eso se debe la exhortación de Santiago a que puedan "recibir con humildad la palabra sembrada" (1:21). En otras palabras, permitir que la Palabra de Dios se arraigue en su vida. ¿Cómo? Por comprometerse a ser un hacedor de la Palabra en vez de un oidor olvidadizo (v. 22).

Imagínese arar un campo, sembrar la semillas, cuidar las plantas que germinan, quitar las malezas, esperar por las lluvias y entonces, cuando la cosecha llega, irse a hacer otra cosa a un lugar diferente. Una persona moriría fácilmente de hambre al hacer eso. Sin embargo eso es lo que pasa si usted fracasa en pasar al próximo paso en el proceso de estudio de la Biblia, la aplicación. Usted puede pasar por todas las dificultades para preparar una cosecha abundante y aún así, morir de hambre espiritual si no prosigue.

Espero que hasta ahora, usted continúe con ganas de ver los resultados en su vida. Si es así, le invito a movernos a la siguiente sección, donde exploraremos algunas maneras de tornar la investigación bíblica en aplicaciones prácticas.

TERCER PASO

LA APLICACIÓN

39

EL VALOR DE LA APLICACIÓN

Un reportero estaba entrevistando al renombrado siquiatra Kart Menninger, en la famosa clínica Menninger en Topeka, Kansas. Cuando la conversación se tornó al asunto de las reformas en las prisiones, el doctor le alcanzó a su interlocutor un libro que había escrito sobre el asunto. El reportero gentilmente prometió leerlo.

"No, usted no lo hará", replicó el Doctor Menninger con manera amarga. "Además, ¿qué hará usted si lo lee? ¿Poner el libro a un lado y seguir con otra cosa?"

Esa es la misma situación que confronta a la gente en términos del estudio de la Biblia. Prometen tomar la Palabra, pero generalmente es muy poco. La pregunta base es: ¿Aún si leen y estudian la Palabra de Dios fielmente, qué harán en consecuencia? ¿Qué diferencias prácticas le permitirán hacer en sus vidas?

Esta es una pregunta que usted necesita ponderar mientras llegamos al tercer paso del estudio de la Biblia, la aplicación. La aplicación es el más descuidado, y a pesar de todo, el más necesario en las etapas del proceso. Demasiados estudios bíblicos comienzan y terminan en el lugar equivocado: inician en la interpretación, y culminan allí mismo. Pero hemos aprendido que usted no debe comenzar con la pregunta,

¿qué significa esto?; sino con: ¿qué dice esto? Es más, no debe culmina el proceso preguntando, ¿qué significa esto?, sino, ¿cómo funciona esto? Una vez más, no preguntamos si funciona, sino ¿cómo?

La comprensión es un simple medio para el propósito final –practicar la verdad bíblica en la vida diaria. La observación mas la interpretación, sin la aplicación, equivale a un aborto. En otras palabras, cada vez que usted realiza la observación y la interpretación de un pasaje de las Escrituras, pero falla en aplicarlo, usted realiza un aborto a las Escrituras en lo que a su propósito refiere. La Biblia no fue escrita para satisfacer la curiosidad; fue escrita para transformar su vida. La meta última del estudio bíblico, entonces, no es hacer algo respecto a la Biblia, sino permitirle a la Biblia hacer algo en usted, para que la verdad llegue a ser tangible en la vida.

Como puede notar, frecuentemente llegamos a la Biblia para estudiarla, enseñarla, predicarla, bosquejarla –todo excepto para ser cambiados por ella.

HAGA LA VERDAD ATRACTIVA

Tito 1:1 nos provee una declaración del propósito de las Escrituras: Pablo las describe como "el conocimiento de la verdad que es según la piedad" (RVR 95). Luego en el capítulo 2 da casos específicos:

> Enseña a los esclavos a someterse en todo a sus amos, a procurar agradarles y a no ser respondones. No deben robarles sino demostrar que son dignos de toda confianza, para que en todo hagan honor a la enseñanza de Dios nuestro Salvador. (vv. 9, 10)

Una traducción lo pone de esta manera, "para que adornen sus enseñanzas". En otras palabras, para que se vistan con ellas, así como un atuendo. La verdad bíblica es como un ropero del alma. Es mucho más exclusiva que cualquier cosa que pueda comprarse en una tienda de ropas caras, ya que está siempre en estilo, completamente coordinada, y perennemente atractiva.

La verdad atractiva es la verdad aplicada. Un hombre me dijo en cierta ocasión, "Usted sabe, hermano Hendricks, he leído la Biblia completa doce veces". Eso es hermoso. Pero la pregunta importante es, ¿cuántas veces ha pasado la Biblia completa por usted?

Como notará, existe un peligro inherente en el estudio bíblico: puede degenerar en un proceso intelectual fascinante pero espiritualmente frustrante. Puede moverle intelectualmente, pero fallar en realizar cambios morales. Si esto sucede así, usted debe saber que hay algún problema con su estudio de la Biblia.

Nuestra tarea, entonces, tiene dos aspectos. El primero, debemos entrar a la Palabra de Dios por nosotros mismos. Entonces, necesitamos permitirle a la Palabra entrar en nosotros, y realizar diferencias permanentes en nuestro carácter y conducta.

En esta sección final del libro, quiero investigar esta tercera área del estudio bíblico. Asegúrese el cinturón, porque es posible que existan ciertas turbulencias adelante. Quiero que este material le desafíe a pensar –en vez de paralizarlo.

CUATRO SUSTITUTOS DE LA APLICACIÓN

¿Qué sucede cuando fallamos en aplicar las Escrituras? Permítame sugerir cuatro sustitutos de la aplicación, cuatro rutinas que, desafortunadamente muchos cristianos toman en sus estudio de la Palabra. Cada uno de ellos es un camino sin salida.

Sustituir la aplicación por la interpretación

Cuán fácil es optar por conocimiento en vez de experiencia. Si usted se ha sentado en demasiados sermones, tal vez usted ha oído la muletilla, "que el Señor bendiga esta palabra en su corazón". Como alguien que se gana la vida enseñándole a otros cómo predicar, he descubierto que esto con frecuencia significa, "no tengo idea de cómo este pasaje puede funcionar en su vida".

Esto es un insulto porque según la Biblia, conocer y no hacer es en verdad ignorancia.

¿Recuerda la historia trágica de Kitty Genovese? Ella fue una joven mujer a quien atacaron, golpearon, violaron, y finalmente mataron en un prestigioso barrio de New York. Tras el crimen, los reporteros entrevistaron a incontable cantidad de vecinos para ver si alguien tenía alguna idea de lo sucedido. En realidad, varios de ellos habían visto el ataque. Pero ninguno de ellos acudió en auxilio. Sólo uno llamó a la policía, y eso luego del tercer ataque fatal.

El asesino de Kitty Genovese fue un hito en la cultura norteamericana, un evento que los sociólogos con frecuencia han reflexionado:

¿Cómo podemos desarrollar una sociedad en la cual un ser humano ataca de modo tan brutal y repetido, con el conocimiento del público, y aún así, nadie acudir en auxilio? Esa es la tragedia del conocimiento que no crea responsabilidad.

La falta de participación no es la perspectiva tomada por las Escrituras. De tapa a tapa la Biblia enseña que en el momento que usted conoce la verdad de Dios, "la pelota está en sus manos"; usted es responsable de ponerla en juego, en la acción. A eso se debe que Jesús frecuentemente dijo que a quien mucho se le ha dado, mucho se le demandará (Mt. 13:12; Lc. 12:48). A sus discípulos dijo, "¿Por qué me llaman Señor y no hacen lo que les digo? (Lc. 6:46). Implicación: o bien dejan de llamarme "Señor", o comienzan a hacer lo que les estoy diciendo.

En otra ocasión Jesús dijo, "Muchos me dirán en aquel día: "Señor, Señor, ¿no profetizamos en tu nombre, y en tu nombre expulsamos demonios e hicimos muchos milagros?" (Mt. 7:22). Jesús nunca negó que no lo habían hecho. Pero les rechazó de todas maneras: "Jamás los conocí. ¡Aléjense de mí, hacedores de maldad!"

¿Qué significa eso? ¿Qué nunca los conoció cognitivamente? No, eso sería una herejía. Jesucristo era omnisciente; Él sabía todo lo que estaba sucediendo. Jesús estaba hablando respecto a conocimiento relacional: "Yo nunca les he conocido en términos de una relación personal".

La clásica ilustración de interpretación sin aplicación es la de los escribas y fariseos. Aquellos religiosos tenían toda la información. Dominaban el Antiguo Testamento, pero no dominaban la verdad. ¿Sabían ellos donde iba a nacer el Mesías? Definitivamente. Ellos eran autoridades en la materia: en Belén de Judea, por supuesto. Pero cuando el reporte llegó, ¿fueron a verificar el caso? No, ni siquiera considerando que el pueblo quedaba a unos pocos kilómetros de distancia.

En última instancia, el conocimiento no les creó responsabilidades. Eso explica porqué Jesús dice en Mato 5:20, "Porque les digo a ustedes, que no van a entrar en el reino de los cielos a menos que su justicia supere a la de los fariseos y de los maestros de la ley". ¿Por qué? Debido a que su justicia era una mera fachada externa. Se basaba en datos y nunca les guió a una respuesta personal.

Pienso que el peligro está muy bien expresado en Santiago 4:17: "Así que comete pecado todo el que sabe hacer el bien y no lo hace".

¿Cómo le sobrecoge esto? La persona que sabe la verdad pero no actúa en consecuencia, no está simplemente cometiendo un error –realizando un juicio pobre– está en pecado. En la mente de Dios, conocimiento sin obediencia es pecado.

Sustituir el cambio de vida sustancial por una obediencia superficial

Esto es aún más común que el problema mencionado anteriormente. ¿Puede usted identificarse con él? Acá, se aplica la verdad bíblica a áreas que ya la estamos aplicando, no a nuevas áreas donde no estamos aplicándola. Resultado: no hay cambios de vida notables.

Por ejemplo, digamos que un hombre del mundo de los negocios se encuentra con Efesios 4:25, que versa sobre la honestidad: "Por lo tanto, dejando la mentira, hable cada uno a su prójimo con la verdad, porque todos somos miembros de un mismo cuerpo".

Bastante claro, ¿cierto? ¿Qué es lo que él hombre de negocios hace? Piensa en todas las áreas donde él ya está siendo honesto. El habla directo las cosas con sus hijos; ellos pueden contar siempre que su padre les cuenta la historia cierta. Él es honesto con sus socios de trabajo; la gente que confía en él. Cuando lee Efesios 4:25, piensa en todas las áreas en las que ya está obedeciendo esa verdad y se palmea la espalda. "¿Soy yo honesto con todas las demás personas", se pregunta a sí mismo. "Haga su apuesta".

Pero mientras sobreestima los hechos, él es solamente parcialmente honesto con sus competidores. Jamás piensa en esa área. Esa permanece siendo un punto ciego para él, con el resultado que la verdad nunca afecta esas partes de su vida.

¿Qué pasaría si él evaluara su honestidad en esas áreas? Él tomaría la tercera ruta...

Sustituir arrepentimiento por racionalización

La mayoría de nosotros hemos construido sistemas de alarma contra el cambio espiritual. En el momento que la verdad se aproxima, e incrementa la convicción, se dispara la alarma, y comenzamos a defendernos. Una de las estrategias favoritas es racionalizar el pecado en vez de arrepentirnos de él.

¿Cómo funcionaría esto en el caso del hombre de negocios y su dilema con la honestidad? Bueno, él racionalizaría su falta de integridad.

No puede evadir la realidad de que miente para salir delante, así que dirá, "Muy bien, lo admito. Me paso de listo aquí y allá con mis competidores. Pero usted tiene que entenderme. Ellos no son cristianos. Todos mienten. Es decir, usted no puede esperar que actúe angelito cuando tengo que competir contra un grupo como ese. Pienso que se debe ser tan honesto como se pueda, pero... –y el juego continúa con cosas por el estilo. La realidad es que él no cambia. Lo peor de todo es que se siente tranquilo con la situación.

¿Cómo lo sé? Porque cierta vez un hombre me invitó a cenar a su casa y alardeó –en presencia de sus hijos, desgraciadamente– acerca de cómo él había evadido pagar $ 500 de impuestos al gobierno. Claro que no recibió de mí la respuesta que esperaba. Así que sacó un artículo que tenía guardado, que decía como el gobierno había perdido 5 millones debido a un fiasco en Oklahoma.

"Imagine, ¡cinco millones de dólares! Cuando el gobierno deje de desperdiciar esas sumas enormes, yo comenzaré a pagar mis otros quinientos".

Pero eso no me persuadió. Así que cambió el enfoque. "Daré todo ese dinero a la misión", dijo con tono piadoso.

Yo pensé, estoy seguro que Dios estará impresionado. Eso es lo que llamo un sofisticado sistema de racionalización.

Cuanto más se envejece, más experiencia se adquiere en hacerlo. Acumulando respuestas de reserva para cubrirse contra cualquier verdad que amenace convencerle. Tendrá toda clase de justificaciones como: dieciséis razones porqué esto o aquello se aplica a los demás, pero no a usted.

Sustituir una decisión volitiva por una experiencia emocional

En otras palabras, estudiamos la Palabra de Dios, emocionados por su impacto –pero sin implementar cambios reales. No hay nada de malo con la respuesta emocional a la verdad. Pero si esa es nuestra única respuesta –si lo único que hacemos es mojar nuestros pañuelos y elevar un par de oraciones tristes, para luego continuar alegres sin modificaciones mínimas de conducta– entonces nuestra espiritualidad se evapora más rápido que nuestra emotividad.

En ocasiones tras predicar en una iglesia, al final del servicio, la gente se me acerca para darme la mano. Algunos dicen "Oh, hermano Hendricks, fue un hermoso sermón. Fue como escuchar al apóstol

Pablo". Suelen llegar algunas personas con lágrimas rodando por sus mejillas, diciendo, "Usted en verdad me tocó hoy. Aprecio mucho eso. Muchas gracias". Están bien quebrantados. ¿Aún así qué sucede después? Van a sus casas a mirar el partido de fútbol, sin haber cambiado.

El punto es que respondieron emocionalmente al sermón. ¿Pero será que alguna vez tendrán una respuesta volitiva a la verdad de Dios? ¿Harán cambios sustanciales, fundamentales, decisiones que les cambien la vida a partir de lo que dicen las Escrituras?

Afortunadamente, de vez en cuando sucede este escaso fenómeno –cambios genuinos en respuesta a la verdad bíblica. Cuando eso sucede, nunca lo olvido.

Estaba predicando sobre la importancia del evangelismo en la esfera de nuestro propio círculo de influencia –desarrollar relaciones y cultivar amistades. Tras acabar, fui a la parte trasera de auditorio, escuché el parloteo de siempre. Finalmente, se acercó una pareja joven, y supe que eran genuinos. Me extendieron la mano calurosamente y dijeron, "Gracias. Muchas gracias. Nunca volveremos a ser los mismos. Gracias por ser el instrumento que el Espíritu Santo usó".

Fueron a su casa, consiguieron comida para sus niños, los pusieron a la siesta, fueron a su sala y abrieron sus Biblias en el pasaje que había expuesta aquella mañana. Lo leyeron una vez más. Pensaron en él, sus términos, sus implicancias. Se arrodillaron y comenzaron a orar, "Señor, danos una carga por nuestros vecinos".

Cuando se levantaron de las rodillas, abrieron la ventana frontal de la casa. Vieron a su vecino cortando el césped de un lado a otro. El hombre miró a su esposa y le dijo, "¿estás teniendo la misma idea que yo?"

"Sí", respondió ella, "en verdad tenemos que conocer estas personas".Así que salieron y se involucraron en una conversación con su vecino. Finalmente el sugirió, "Oiga, ¿qué le parece si llega a nuestra casa para comer un filete esta semana? ¿Qué le parece el miércoles?"

"Claro que sí, me encantaría", dijo el sorprendido vecino.

Eso fue lo que hicieron. En realidad, eso inició un proceso que ha continuado hasta el día de hoy: hombres, mujeres y jóvenes han llegado a Cristo mediante las relaciones y el impacto de esta pareja. Ellos no estaban satisfechos con ser expuestos a la verdad de Dios o ser persuadidos; ellos fueron cambiados por ella. Realizaron una decisión volitiva en respuesta a lo que la Palabra de Dios les decía. Allí es siempre donde comienzan los verdaderos cambios, en la voluntad.

MÍRESE EN EL ESPEJO

El apóstol Santiago realiza una penetrante pregunta en el primer capítulo: ¿Funciona la Palabra? Responde: Si, lo hace, si es recibida (v. 21). Él utiliza una palabra interesante. Básicamente significa poner una estela de bienvenida. ¿Le da usted bienvenida a la verdad en su vida? ¿Le invita a pasar dentro y realizar el trabajo en usted?

Cuando salimos de la iglesia el domingo, el asunto no es qué dijo el predicador, sino qué va a hacer respecto a lo que dijo. Con frecuencia oímos sermones o vamos a un estudio bíblico y escuchamos tremendas lecciones –muy persuasivas– ¿y qué hacemos? Nos alejamos diciendo, "¿cuándo es el próximo estudio bíblico?

Santiago dice, "mire, tenemos que abrazar la verdad". Entonces ofrece una ilustración muy interesante para destacar su idea –la analogía de un espejo (vv. 23-24). La mayoría de nosotros pasamos un buen tiempo, arreglándonos, cada día frente al espejo. Santiago habla acerca de una persona que hace lo opuesto.

"Buenas noches", dice una persona, mirando al espejo. "Mejor me afeito. Mejor me arreglo el cabello que me queda". Pero luego de notarlo, se aleja y no hace nada.

Llega a su oficina, y pronto entra su jefe y le dice, "Oye hombre, ¿acaso no tiene una máquina de afeitar?"

"Si claro que tengo", responde.

"Bueno, mejor has algo al respecto", le advierte el gerente, "o no permanecerás mucho más tiempo empleado en esta compañía".

Esa es la situación que Santiago está describiendo. Es cuando usted se mira en el espejo, y nota que su cara está sucia, su cabello desordenado, sus dientes necesitan cepillarse, y usted simplemente se aleja sin hacer nada –eso es exactamente lo que usted hace cada vez que escucha la Palabra de Dios y permanece sin ser cambiado por ella.

Existe una alternativa: "Pero quien se fija atentamente en la ley perfecta que da libertad, y persevera en ella, no olvidando lo que ha oído sino haciéndolo, recibirá bendición al practicarla" (v. 25).

Todos nosotros deseamos las bendiciones de Dios. ¿Pero estamos respondiendo a la revelación de Dios? Acompáñeme al siguiente capítulo y veremos cuatro maneras de hacerlo.

40

CUATRO PASOS DE LA APLICACIÓN

Muchos cristianos son como los malos fotógrafos –exponen demasiado y desarrollan poco. Ha recibido abundantes contribuciones de la Palabra de Dios, ¿pero qué diferencia ha hecho en sus vidas? El desarrollo espiritual equivale a comprometerse a cambiar. De todas maneras, el corazón humano resiste pocas cosas tan tenazmente como la idea a cambiar. Haremos cualquier cosa para evitar cambiar.

En este capítulo quiero sugerir medios para superar la inercia espiritual. Hay cuatro pasos o procesos de aplicación, cuatro principios que reduciré a cuatro palabras, no para simplificar las cosas, sino para facilitarle el trabajo con ellos. Le ayudarán en la aplicación de las Escrituras bajo cualquier circunstancia.

PASO I: CONOCER

Si usted desea aplicar la Biblia, usted necesita conocer dos cosas.

Conozca el texto

Primero, debe conocer la interpretación del texto bíblico. La aplicación se basa en la interpretación, así que si la interpretación de un determinado pasaje está equivocada, la aplicación muy posiblemente será errónea. Si su interpretación es correcta, usted tiene la posibilidad de que su aplicación sea correcta.

Acá tiene una declaración para tener presente en sus pensamientos: La interpretación es una, las aplicaciones son varias. Existe sólo una interpretación definitiva del pasaje de las Escrituras. El texto no significa una cosa hoy y otra diferente mañana. Sea lo que sea que signifique, es eso por siempre. Pero nunca cesará el proceso de aplicación de la verdad en su vida. Implicación: sea cauteloso en cómo interpreta. Usted únicamente multiplicará errores si comienza por una interpretación fallida.

Una vez un amigo me ofreció llevarme a Canadá en el avión de su compañía. Yo tenía una agenda bastante apretada que cumplir, y él quiso llevarme. Así que nos subimos a la aeronave, y por supuesto que antes de despegar, debió preparar todo el instrumental, especialmente nuestro plan de vuelo.

Así que le pregunté, "¿Qué sucede si te sales un par de grados?

Él dijo, "¿Recuerdo lo que sucedió con la Aerolínea Coreana 007?" Asentí con la cabeza, mientras pensaba en aquel escalofriante accidente. Un jet había volado cientos de millas fuera de su curso, violando el espacio aéreo ruso. Un avión de combate ruso lo interceptó, derribándolo en instantes. "Eso es lo que sucede", dijo seriamente mi amigo. "Un par de grados fuera de curso aquí puede llevarnos kilómetros fuera de nuestro destino final".

Lo mismo ocurre con el estudio de la Biblia. Es lo que llamo "el error de la bifurcación". Supóngase que está avanzando en el camino de la interpretación bíblica y llega a una encrucijada de interpretación. A modo de ilustración, digamos que hay dos posibles interpretaciones: la interpretación A, y la interpretación B. Suponga que la interpretación A es la correcta; pero usted escoge B. Entonces, cuanto más avance por ese camino, más distante será la aplicación de la verdad bíblica.

En breve, cuanto mejor entienda un pasaje, mejores posibilidades tendrá de usarlo.

EL ERROR DE LA BIFURCACIÓN

Conózcase a usted mismo

No debe meramente conocer la interpretación, debe conocerse a usted mismo. En 1 Timoteo 4:16 Pablo le advierte a Timoteo, "Ten cuidado de tu conducta y de tu enseñanza". Observe el orden: Tener cuidado de él, está primero; entonces viene tener cuidado de la verdad que enseña a otros. ¿Por qué? Debido a que si usted no se conoce, es difícil que pueda ayudar a otros a aplicar la Biblia a sus vidas.

Es más, una de los motivos por lo que la aplicación no es más eficiente con muchas personas, es francamente, que no se conocen a si mismas. ¿Qué de usted? Permítame realizarle dos preguntas. Primera, ¿cuáles son sus virtudes? ¿Puede usted escribir sus tres mayores virtudes ahora mismo? (Acorde a mi experiencia a la mayoría de las personas les es difícil hacerlo). Segunda, ¿cuáles son sus debilidades? ¿Cuáles sus limitaciones? ¿Cuál es su mayor estorbo para crecer?

Ahora ponga ambas listas juntas, y verá el valor de la aplicación. Si usted sabe sus puntos fuertes, desarrollará confianza. Si usted sabe sus puntos débiles, desarrollará fe. Sus fortalezas indican lo que Dios ya ha hecho. Sus debilidades le dicen lo que Dios aún necesita desarrollar en usted. El motivo principal por el cual muchos no crecemos es que no sabemos lo que necesitamos.

Romanos 12:3 nos ofrece entendimiento al respecto: "Por la gracia que se me ha dado, les digo a todos ustedes: Nadie tenga un concepto de sí más alto que el que debe tener, sino más bien piense de sí mismo con moderación, según la medida de fe que Dios le haya dado". A veces tenemos una opinión exagerada sobre nosotros mismos; otras veces, una distorsionada. Pablo dice, "No se infle demasiado. Pero tampoco piense que es basura". Cada vez que se disminuye a usted mismo, está realizando la obra del diablo –y él no necesita su ayuda. Él es un especialista en el tema.

Entienda, luego viene el primer paso hacia el crecimiento espiritual –conozca el pasaje y conózcase a usted mismo.

PASO 2: RELACIONE

Una vez que conocemos la verdad de la Palabra de Dios, debemos relacionarla con nuestras experiencias. El cristianismo es mejor comprendido como una serie de nuevas relaciones. El patrón bíblico para eso es 2 Corintios 5:17: "Por lo tanto, si alguno está en Cristo, es una nueva creación. ¡Lo viejo ha pasado, ha llegado ya lo nuevo!"

Cuando usted se convirtió, Jesucristo vino a su vida –al mismo centro de ella. Una vez allí, Él afectó cada área. Mejoró su vida hogareña: usted fue más sensible como compañero, como padre, como persona. Él fortaleció su vida mental: su mente se recubre de pensamientos constructivos, y desarrolló intereses más variados, mientras cultiva valores más piadosos. Él renovó su vida social: sus relaciones con amigos y socios cambió a medida que usted les trataba cristianamente.

Cristo, inclusive, afectó su vida sexual. La mayoría de las personas no tienen ni idea que Cristo diseñó el sexo, lo que le constituye en el único que en verdad sabe cómo funciona. Algunos quizá sientan vergüenza abordando el tema, pero Él no se avergonzó de crearlo. Él quiere crear intimidad saludable en su vida, hacerla nueva, limpia y honorable para Dios.

¿Qué acerca de su vida laboral, su vocación? Algunos hablan de "cristianos empresarios". No, no son cristianos empresarios, son empresarios que resultan ser cristianos. Desafortunadamente, muchos nunca unen las verdades bíblicas a su vida en el lugar de trabajo.

Jesucristo quiere renovar cada área de su vida. A eso se debe que el crecimiento cristiano es un proceso –un proceso dinámico. Cada

REALICE UN INVENTARIO ESPIRITUAL

¿Desea aplicar la Palabra de Dios en su vida? Comience por conocerse. Para ayudarle a hacerlo, Doug Sherman del *Carrer Impact Ministries* ha desarrollado un inventario que revisa los hábitos y conductas a la luz de las expectativas de Dios en cinco grandes áreas de la vida. Acá están algunas preguntas que considerar.

En su vida personal
- ¿Cuál es la condición de sus disciplinas espirituales –disciplinas bien cono- cidas, en relación con el crecimiento espiritual, como el estudio de la Biblia, memorización de las Escrituras, oración, o lectura de literatura devocional?
- ¿Qué acerca de su condición física y hábitos alimenticios, ejercicios, sueño y descanso?
- ¿A qué conductas desea realmente sobreponerse: temperamento explosivo, engaño, o lujuria sexual?
- ¿Qué conductas desea establecer: paciencia, u hospitalidad, o perseveran- cia?

En su vida familiar
- ¿Tiene un tiempo establecido de regreso a casa para que su familia cuente con usted?
- ¿Usted sale en "citas románticas" frecuentemente con su esposa?
- ¿Se desentiende de los asuntos laborales para dedicar tiempo no exclusivo junto a sus hijos?
- ¿Está pasando sus responsabilidades a su cónyuge, a sus suegros u otros parientes?

En su vida eclesiástica
- ¿Qué tan seguido se sienta a bajo la instrucción de las Escrituras?
- ¿Dona dinero fielmente, con generosidad y gozo a la causa de Cristo?
- ¿Está orando regularmente por su pastor y demás líderes de la iglesia?
- ¿Sabe usted cuál es su don espiritual, lo está usando?

En su trabajo
- ¿Le entrega a su empleador un día laboral honesto?
- ¿Cumple los compromisos con sus clientes?
- ¿Está al tanto de los nuevos desarrollos, ideas y métodos en su campo de trabajo?

- Según la medida de sus posibilidades, ¿mantiene usted un trabajo que cubre las necesidades suyas y de su familia?
- ¿Mantiene usted un presupuesto familiar? ¿Se ajusta a él?

En su comunidad

- ¿Ejercita sus derechos y responsabilidades como ciudadano para dar un voto, tras informarse apropiadamente?
- ¿Paga justamente sus impuestos?
- ¿En qué condición están sus antecedentes como automovilista?
- ¿Mantiene su propiedad dentro de los estatutos de su comunidad?
- ¿Está usted involucrado de alguna manera activa y conciente con los pobres y sus necesidades?

Hay más preguntas que pudieran realizársele. El objetivo de semejante inventario es ayudarle a evaluarse a usted mismo críticamente, determinando las áreas en las cuales tiene necesidad de crecimiento espiritual. Cada una de estas aplicaciones surge de específicos pasajes y principios bíblicos.

Sugerencia: Pregúntele a alguien que le conozca bien, tal como su cónyuge o amigo cercano. Repase el inventario y reciba la evaluación de ellos en cada área. Entonces compare las respuestas. Este es una manera grandiosa de alcanzar objetividad y hacer el ejercicio más útil.

(Adaptado de Doug Sherman y William Hendricks, *Your Work Matters to God* [Su trabajo le importa a Dios] **(Colorado Springs: Navpress, 1987), pp. 232-33.)**

día despierto para darme cuenta que aún existen áreas en mi vida que necesito poner bajo el control del Señor. El cristiano es una persona desajustada al *status quo* (que ha sido bastante bien definido como "el desorden" en el cual vivimos actualmente). Así que necesito someterme a la Palabra de Dios durante toda mi vida. El crecimiento espiritual es un proceso de por vida. Al menos que me arrodille a la Palabra de Dios, jamás llegaré a ser como Cristo es.

La obra de la Palabra

Una vez que usted se percata que Jesucristo quiere impactar su vida de manera profunda, fíjese en las áreas de su vida que necesitan relacionase con la Palabra. Me gusta ver este aspecto mediante lo que llamo "la obra de la Palabra". En la observación e interpretación, usted afloró con nuevos conocimientos –cosas que nunca antes había notado. Estos conocimientos afectan una serie de nuevas relaciones.

Una nueva relación con Dios. Ahora, Él es su Padre celestial. Usted tiene una relación personal e íntima con Él. Dios entregó a su único Hijo para su salvación y el Espíritu Santo para ayudarle a crecer y alcanzar sus propósitos.

Una nueva relación con usted mismo. Usted desarrolla una nueva imagen propia. ¿Por qué? Si Dios le ama, si Cristo murió por usted, si el Espíritu Santo le ha dado dones y fortaleza, eso significa que usted tiene un tremendo valor y significado. Su vida toma un nuevo sentido y propósito.

Una nueva relación con los demás. Descubre que las demás personas no son sus enemigos. Que son víctimas del enemigo, pero que son gente que Dios ha puesto en su vida. Él le llama a ser como Cristo para ellos.

Una nueva relación con el enemigo. Por favor, preste atención: Una vez que usted llega a Cristo, usted cambió el lado de batalla. Antes, era una mera marioneta del enemigo. Él le movía alrededor cada vez que quería hacerlo, sin que usted tuviera idea que él le estaba engañando. Pero ahora descubre que está del lado de Dios, y créame: enemigo no está feliz acerca de eso. A eso se debe que su vida cristiana será una permanente batalla.

Su nuevo entendimiento obtenido de las Escrituras necesita ser aplicado a todas estas relaciones. Vea como sucede esto.

La Palabra expone sus pecados. ¿Recuerda 2 Timoteo 3:16? Las Escrituras tienen una función exhortadora y correctiva. Le dicen cuando usted está fuera de los límites para lograr limpiar su vida del pecado.

La Palabra le otorga las promesas de Dios. Le dicen lo que puede esperar de Dios y que usted puede confiar en Él. Eso es increíblemente reconfortante cuando se está enfrentando circunstancias más allá de nuestras fuerzas.

La Palabra le entrega los mandamientos de Dios. Tal cual hay promesas en las Escrituras, también hay condiciones que deben ser cumplidas. Los mandamientos y principios nos han sido entregados para guiarnos a la salud y la vida.

La Palabra le da ejemplos que seguir. A mi me gusta estudiar las biografías contenidas en las Escrituras, las historias de personas que vivieron sus vidas ante Dios. Allí es donde las Escrituras cobran vida. Algunos brindan ejemplos positivos, aquellos que usted desearía seguir. Otros presentan ejemplo negativos que se deben evitar.

Usando la Palabra funcional, Jesucristo produce cambios de vida en aquellos que desean aplicar la verdad bíblica. ¿Es ese su anhelo? Una buena manera de descubrirlo es así: Cuando alguien que le ha conocido a usted por bastante tiempo, muy, pero muy bien, sobre un lapso de tiempo prolongado, viene y le dice, "Oye, ¿qué te ha hecho cambiar tanto? Creí que te conocía, pero tú no eres la misma persona. Algo ha sucedido en tu vida". ¿Qué explicación puede darle? ¿Podría ser que Cristo ha venido a su vida?

En breve, ¿qué hay en su vida que usted no podría explicarlo de otra manera que no fuera la sobrenatural?

PASO 3: MEDIAR

Cuando era joven, tuve un momento en mi vida cuando llegue a ser un buen candidato para el manicomio, los muchachos de blanco estaban justo detrás de mí cuando un amigo personal, un ejecutivo, supo de mis penurias.

Él voló hasta Dallas a sus propias expensas y pasó tres días conmigo. Hacía todo lo que yo hacía. Iba a cada lugar que yo iba. Escuchaba cada una de mis conversaciones, se sentaba en cada clase, hasta vivía en mi casa. Posteriormente, sobre el final del período, me dio su diagnóstico: "Howie, tu problema es que no estás tomando suficiente tiempo para pensar".

Como podrá ver, si le hubiera pagado $20.000 no creo que hubiera sido suficiente por su discernimiento. Lo que me estaba diciendo era que yo estaba permitiéndole que demasiadas cantidad de cosas ocupar mi atención, que no me daba suficiente tiempo como para procesarlas a todas. A la postre todo estaba llegando a desbordarme.

Lo que mi amigo estaba describiendo es realmente el hábito de la meditación. Un hábito perdido en la sociedad contemporánea, excepto, por supuesto, entre los adherentes del misticismo oriental. Estoy refiriéndome a algo completamente distinto del ejercicio mental de dejar en blanco la mente. La verdadera meditación es considerar la verdad con la idea de permitirle ayudarle y ajustarse a su vida. Debido a que la mayoría de nosotros estamos activos, somos gente ocupada, tenemos la tendencia a pensar que la meditación fue apropiada para las generaciones anteriores, pero realmente sin relevancia para nuestra época.

Erróneo. Ya vimos en el capítulo 14 que la meditación es útil en el paso de la observación. Es absolutamente esencial en el paso de la aplicación. ¿Recuerde lo que dice Josué 1:8 y el Salmo 1:1-2? Ambos pasajes dicen que la clave para alcanzar la prosperidad espiritual es la meditación en la Palabra de día y de noche. En otras palabras, debemos llevar las Escrituras a la vida cotidiana.

Mi esposa hace una sopa que difícilmente puedo resistir. Hacerla, le toma horas de trabajo. Comienza temprano por la mañana, y pronto la casa está llena del delicioso aroma –y yo comienzo a dar vueltas, lamiéndome. Entonces ella dice, "Todavía no. Espera hasta la cena". Yo la llamo "la sopa entusiasta" –porque ella le pone todo lo que tiene. Comparadas con su sopa, las que venden enlatadas en el supermercado sabe a agua sucia.

¿Cómo es posible que esa sopa quede tan deliciosa? Ella la prepara a fuego lento, hasta que todos los sabores comienzan a mezclarse y le dan ese particular gusto. ¿Qué es lo que usted tiene en su hornalla? ¿Qué se está preparando en su mente? ¿Está usted aprovechando los beneficios de la meditación bíblica?

"Pero mire que yo pienso bastante", suelen decir algunos.

No, el problema es que usted está matando de hambre a su cerebro. No le está supliendo combustible alguno. Como notará, existe un vínculo directo entre la meditación y la memoria. La memoria provee a la mente con el combustible que necesita para sacarle resultado a la meditación.

Uno de los pesares que me sobreviene cuando recuerdo mi peregrinar espiritual, es que no memorizara más Escrituras mientras fui joven. Eventualmente, de todos modos, comencé a trabajar con el "sistema de memoria temática", que viene como un conjunto de cartas de los Navigators. Está disponible en el mercado en varias versiones bíblicas. Este programa le ayuda a memorizar dos versículos por semana. No es tanto, pero si lo piensa por un momento: hay cincuenta y dos semanas en un año y usted va a memorizar cien versículos de las Escrituras.

¿Puede eso hacer una diferencia en su vida? No mucho después que comencé con el programa de memorización bíblica, tuve una cirugía. Todo salió bien en relación a la cirugía, pero luego contraje una infección. Fue algo que me puso a pensar seriamente si sobreviviría o no, casi llegué al deseo de partir. Descubrí que había sólo una cosa que me sostenía durante aquel tiempo –la Palabra de Dios que me había comprometido a memorizar. Aquella experiencia me convenció que la memoria es la clave para la meditación y la meditación es la clave para cambiar mi perspectiva.

PASO 4: PRÁCTICA

La meta esencial del estudio de la Biblia es practicar la verdad. Las Escrituras no fueron escritas para engordar gansos, sino para entrenar atletas y equipar soldados los soldados que enfrentan las realidades de la vida. "Corra para ganar". "Pelee para vencer". Ese es el mensaje de la Palabra.

Usted no puede aplicar concientemente cada verdad que encuentra en su estudio, pero puede aplicar consistentemente algunas. Siempre debe preguntarse, ¿hay algún área en mi vida para la cual esta verdad es necesaria?

Permítame darle una ilustración personal. Filipenses 2:14 es un versículo persuasivo: "Háganlo todo sin quejas ni contiendas". Quizá eso no sea un problema para usted. Es más, desearía simplemente desde el versículo 13 hasta el 15. Pero este versículo está en el medio.

Como verá, hay muchas áreas en mi vida donde las quejas y las contiendas no son un problema. Por ejemplo, enseñando. Me encanta enseñar. Vivo para enseñar. Para mí, la cosa más grande en la vida es la enseñanza. Tal vez, hasta pagaría para enseñar. Pero el versículo dice: "Háganlo todo sin quejas ni contiendas" –no es solo enseñando.

Así que "todo", para mí, incluye la correspondencia. Yo aborrezco escribir cartas casi con la misma pasión que amo enseñar. Pero al final, se apila la correspondencia y no me queda otra opción que darle atención. Así que esa es un área donde puedo aplicar Filipenses 2:14. El versículo no dice que tiene que gustarme la correspondencia; simplemente dice que necesito aprender a hacerlo sin quejarme.

Pudiera parecer una cosa sin consecuencias. Pero no hay nada sin efectos en relación a los cambios que Dios quiere traer a nuestras vidas. Él nos ha dado su Palabra para transformar nuestras experiencias. Le aseguro que su hambre por esa Palabra estará en proporción directa a su obediencia a ella. Es más, hay un círculo: cuanto más la entiende, más la emplea; cuanto más la emplea, más llega a entenderla. Ambos aspectos son necesarios.

A la postre, siempre se encuentran dos aspectos de la verdad cristiana: usted necesita alimento, así como también necesita ejercicio. Demasiado alimento lleva a la obesidad. Carencia de alimento provoca anemia. Pero el alimento se transforma en energía, y la energía le permite hacer lo que Dios quiere que haga. Sin embargo, durante el proceso, usted se cansa y queda agotado. Pierde su perspectiva. Por tanto necesita nutrir su espíritu con la Palabra de Dios para renovarse. Recuerde que experimentar la Palabra de Dios es disfrutarla.

INTÉNTELO

Existe una correlación directa entre la meditación y la memorización. Cuanto más Escrituras memorice, más tendrá para meditar.

Desafortunadamente, la memorización de la Biblia ha recibido con frecuencia una mala propaganda. En sí, la memorización misma ha recibido una mala propaganda. Muchos de nosotros podemos recordar que durante los estudios superiores, éramos forzados a memorizar datos tediosos y figuras en materias como historia y aritmética. Una vez graduados, ¡jurábamos que nunca volveríamos a hacerlo nuevamente!

Pero si Dios promete bendecir nuestras vidas como resultado de la meditación (Jos. 1:8; Sal. 1), y si la meditación depende de la memorización, entonces, tal vez nos convenga darle una nueva revisión al tema. Ya recomendé el "sistema de memorización temática", publicado por los Navigators [los navegantes]. Aquí tiene un pequeño ejercicio para comenzar. Memorice el Salmo 100:

Salmo de acción de gracias

1 Aclamen alegres al SEÑOR, habitantes de toda la tierra;
2 adoren al SEÑOR con regocijo.
Preséntense ante él
con cánticos de júbilo.
3 Reconozcan que el SEÑOR es Dios;
él nos hizo, y somos suyos.
Somos su pueblo, ovejas de su prado.
4 Entren por sus *puertas con acción de gracias;
vengan a sus atrios con himnos de alabanza;
denle gracias, alaben su *nombre.
5 Porque el SEÑOR es bueno y su gran amor es eterno;
su fidelidad permanece para siempre.

Este salmo tiene tan solo cinco versículos de extensión. Definitivamente, es un salmo grandioso para meditar, puesto que eleva el corazón con gozo ante el Señor. Con confianza afirma el carácter fiel de Dios. A continuación tiene algunas sugerencias.

Lea y estudie el salmo utilizando los pasos de observación e interpretación. Lea el salmo repetidamente utilizando la versión aquí presentada (NVI).

Concéntrese en memorizar un versículo a la vez durante varios días. Por ejemplo, el primer día, memorice el versículo uno. Léalo varias veces. Entonces, repítalo varias veces más. Alrededor de una hora después, vea si aún logra recordarlo. Continúe repasándolo durante el resto del día. Al siguiente día, tome el versículo 2 de la misma manera. Continúe agregando versículos a medida que pasa la semana.

Repita lo que ha memorizado frente a un amigo o familiar. La otra persona debe leer el pasaje para asegurarse que usted lo domina palabra por palabra. Si tiene el talento, póngale música al salmo y cántelo. (La mayoría de los salmos fueron originalmente cantados, no leídos).

Continúe repasando el salmo en su mente durante las siguientes semanas, hasta estar completamente seguro que se ha gravado en su mente.

¿De qué se trata el proceso de transformación de la vida? Comienza con la Palabra de Dios. La Biblia es el medio divino para traer cambio a nuestras vidas. Pero preste atención, la Palabra debe cambiar primero mi vida, para después comenzar a cambiar el mundo. Como verá, cuando la verdad de Dios cambia mi vida, puedo ser un elemento de transformación en mi esfera de influencia. ¿Se ha preguntado alguna vez, cómo puedo provocar cambios en mi sociedad? El único modo de traer cambios permanentes y significantes es mediante la transformación de individuos.

41

NUEVE PREGUNTAS
QUE REALIZAR

nteriormente, cuando estábamos estudiando el paso de observación, dije que una de las cosas que hacer cuando estamos estudiando un pasaje de las Escrituras es bombardear el texto con preguntas. Lo mismo es cierto cuando referimos a la aplicación. Por lo tanto, aquí hay nueve preguntas que realizar cuando llegamos a cualquier lugar de la Palabra, procurando descubrir sus aplicaciones.

1. Hay algún ejemplo que deba seguir

¿Ha notado cuánta cantidad de la Biblia es material biográfico? Eso no es accidental, fue diseñado así. Dios llenó su Palabra con gente porque nada puede darle vida a la verdad como la verdad encarnada en personas.

El desafío, por supuesto, es descubrir los paralelos entre su situación y la del personaje sobre el cual está estudiando. Considere a Abraham en Génesis 18. El Señor le revela que está a punto de destruir a Sodoma y Gomorra, donde el sobrino de Abraham, Lot, vive con su familia. Así que Abraham ruega al Señor que no destruya Sodoma, si Él puede encontrar suficiente cantidad de gente justa viviendo allí.

No tantas personas se me han acercado diciendo, "Hendricks, Dios me dijo que va a destruir esta o aquella ciudad al menos que encuentre que gente justa vive allí". Si alguien me dijera eso, me preguntaría de qué manicomio se habrá escapado.

¿Significa esto que no hay ninguna posible aplicación de Génesis 18? No, Abraham es un modelo excepcional de oración compasiva a favor de los impíos. Allí estaba él arrodillado, rogando al Señor que les librara del juicio. Así que debo preguntar, ¿es este el tipo de oración que estoy orando por la gente que me rodea? ¿O acaso estoy deseando que Dios arranque a "estos paganos" de aquí?

2. ¿Hay algo que evitar?

Uno de los valores de la Palabra es que eleva la conciencia en relación a los asuntos morales. Antes que me convirtiera a Cristo, yo hice cosas que si alguien me hubiera dicho que eran pecado, le hubiera respondido, "usted está bromeando, ¿cierto?" Yo tenía normas bastante distintas sobre lo que era el bueno o malo.

Fue solo luego de llegar a Cristo y comencé a leer las Escrituras que aprendí lo que era el pecado en verdad. Como me dijera un amigo en cierta ocasión, "hombre, yo ni siquiera sabía que tenía problemas matrimoniales, sino luego que me convertí. Pensaba que era como todo el mundo vivía. Entonces, cuando leí Efesios cinco, fue que comencé a darme cuenta cuán arruinado estaba mi matrimonio".

3. ¿Hay alguna promesa que reclamar?

La Palabra de Dios está llena de promesas –promesas realizadas por la Persona que no miente y es completamente capaz de cumplirlas. ¿Recuerda la historia de Nehemías 1? Nehemías le reclamó a Dios sus promesas relativas a la restauración de la tierra, si el pueblo confesaba y se arrepentía de sus pecados. Dios honró su Palabra. Él incluso usó a Nehemías como parte de la respuesta a su propia oración.

Por supuesto, no todas las promesas en las Escrituras han sido dadas para usted y para mí. Hubo ciertas promesas que Dios hizo a determinadas personas en particular, en vez de al pueblo en general. Otras las dio a cierto grupo de gente, tales como al pueblo de Israel. No podemos reclamar promesas que no fueron realizadas a nosotros. Pero podemos, definitivamente, reclamar las promesas hechas a la iglesia, tanto como las hechas a los "justos" en Proverbios y otras porciones de la literatura sapiencial.

4. ¿Hay una oración que repetir?

Abraham nos enseña algo acerca de la oración en Génesis 18. También Nehemías. Le aliento a que realice un estudio de las grandes oraciones de la Biblia: por ejemplo, la oración de confesión de David en el Salmo 51; la oración de acción de gracias de Ana por el nacimiento de Samuel (1 S. 2:1-10); la oración de Jonás hecha desde el vientre del pez (Jon. 2); la oración de María en Lucas 1:46-55; cuando Pablo oró por los efesios en la Carta a los Efesios 3:14-21; la oración de Jesús en el Huerto de Getsemaní (Mt. 26:36-46; Mr. 14:32-42; Lc. 22:39-46); y la oración del Señor, que en verdad es la oración de los discípulos, y por lo tanto, nuestra oración (Mt. 6:5-15).

Mientras estudie estos pasajes, pregúntese, ¿Qué hay en estas oraciones que yo debería integrar en mis oraciones?

5. ¿Hay un mandamiento que obedecer?

La Biblia está llena de claros y potentes mandamientos. Hay cincuenta y cuatro en el libro de Santiago, solamente. De igual manera, las secciones "prácticas" en las epístolas de Pablo, –Romanos 12-15; Gálatas 5-6; Efesios 4-6; Colosenses 3-4– son primordialmente exhortativos.

En cierta ocasión le preguntaron a un catedrático experimentado y sabio, cómo determinar la voluntad de Dios. Su respuesta fue: "Noventa y cinco por ciento de la voluntad de Dios está revelado en los mandamientos de las Escrituras. Si usted invierte tiempo con ellos, no tendrá mucho problema descubriendo el cinco por ciento restante".

6. ¿Hay una condición que cumplir?

Muchas de las promesas de Dios están basadas en condiciones establecidas en el texto. Por ejemplo, Jesús dijo "Si permanecen en mí y mis palabras permanecen en ustedes, pidan lo que quieran, y se les concederá" (Jn. 15:7). ¿Notó las condiciones? "Si permanecen en mí y [si] mis palabras permanecen en ustedes". Jesús realiza una promesa: "pidan lo que quieran, y se les concederá". Pero las condiciones deben cumplirse.

7. ¿Hay un versículo que memorizar?

Obviamente, todo versículo de las Escrituras puede ser memorizado. Pero algunos cargan más significado que otros. Debido a esto es que le recomiendo que inicie un programa de memorización bíblica. Tal vez usted pueda utilizar algo como el "sistema de memorización temática" que mencioné en el capítulo anterior. Luego de completarlo, usted puede desarrollar su propia lista de memorización, que llegará a ser personal y significativa para usted.

Le animo también a que memorice porciones largas de la Palabra. Cuando mis hijos eran tan solo unos muchachitos, tenían un maestro de Escuela Dominical que reconocía el valor de la memorización bíblica. Él solía realizar competencias para ver cuántas Escrituras podían memorizar. Eventualmente, estaban memorizando capítulos completos de la Biblia, tales como el Salmo 1, Isaías 53, y hasta Juan 14. Todo perfecto, palabra por palabra. Así que es posible y los beneficios son sin medida.

8. ¿Hay un error que rectificar?

Uno de los avances que he observado entre los cristianos, en el lapso de mi vida, es el renovado énfasis en las personas y las relaciones. Ese es el resultado que la verdad bíblica produce –amor e interés por las personas y sus necesidades.

No obstante, durante el mismo período también he observado la desafortunada pérdida de conocimiento teológico y doctrinal básico. Muchos cristianos tienen ideas confusas sobre verdades esenciales de la fe, tales como la resurrección de Cristo, el nacimiento virginal, la inerrancia de las Escrituras, y el ministerio del Espíritu Santo.

El estudio bíblico personal puede contribuir a revertir esa carencia. Mientras investiga la Palabra de Dios, pregúntese: ¿Qué doctrinas y verdades está enseñando este pasaje? ¿Qué error teológico está sacando a la luz? Entonces pregunte, ¿Qué cambios necesito realizar en mi manera de pensar para lograr alienarme con lo que enseñan las Escrituras?

9. ¿Hay un desafío que encarar?

¿Ha leído alguna vez una porción de la Biblia y sentido la convicción de que necesita actuar en consecuencia a lo que leyó? El Espíritu Santo es quien lo ha provocado. Cuando usted lee la Palabra, Él le desafía a que responda en alguna manera concreta en su vida, o en cierta situación que está enfrentando. Tal vez es una relación que necesita ser sanada. Quizá necesita alejarse de algo que está alejándole de los caminos del Señor. O puede ser que sea un hábito que necesita comenzar a cultivar. Cualquiera sea el caso, el Espíritu Santo emplea las Escrituras para promover cambios en su vida.

La pregunta es, ¿está usted abierto a los cambios? ¿Está usted listo a tomar los desafíos? Le garantizo que si se acerca a la Palabra de Dios honesta y dócilmente, el Espíritu no le dejará irse decepcionado.

INTÉNTELO

Las nueve preguntas de este capítulo son algunas de las que debe desarrollar el hábito de realiza cada vez que llegue a la Palabra de Dios. Pero quiero que reciba un poco de práctica en una sección del evangelio de Lucas.

Comience en 14:25 y continúe hasta el 17:10, Jesús da una serie de parábolas e instrucciones. La clave para entender el contexto es observar qué tres grupos de gente son los oyentes de Jesús: una gran multitud (14:25) que incluye numerosos desprestigiados (15:1), los discípulos (16:1; 17:1), y los fariseos (16:14). Utilice las destrezas de observación e interpretación que ya tratamos para entender esta porción del Nuevo Testamento. Entonces, responda las nueve preguntas basado en el texto:

¿Hay algún ejemplo que deba seguir?

¿Hay algún pecado que evitar?

¿Hay alguna promesa que reclamar?

¿Hay alguna oración que repetir?

¿Hay algún mandamiento que obedecer?

¿Hay alguna condición que cumplir?

¿Hay algún versículo que cumplir?

¿Hay algún error que rectificar?

¿Hay algún desafío que encarar?

42

AHORA Y ENTONCES

Recuerda a Ken en el capítulo 1? Ken tiene la mayor estima por la Biblia. Al preguntarle si él cree que la Biblia es la Palabra de Dios, responde: "Definitivamente". ¿Es autoritativa en asuntos de fe y práctica? "Sin lugar a dudas".

¿Pero qué pasa cuando Ken va a su lugar de trabajo? Deja la Palabra en la casa –no sólo físicamente sino mentalmente. Él no pretende disminuir el valor las Escrituras. Pero la verdad es que nunca se le ocurre que su conducta en los negocios deja mucho que decir. ¿Por qué? Porque percibe a la Biblia como irrelevante en ese contexto. "El mundo de los negocios no es la clase de Escuela Dominical", me dijo. "Uno enfrenta cosas que ni siquiera son mencionadas en la Biblia. Así que no se aplica a la vida diaria".

Ken no está solo en esta idea. El destacado encuestador George Gallup, Jr. ha encontrado que sólo 57 por ciento de los norteamericanos ahora creen que "la religión puede responder a los problemas de actualidad". Esto es una caída desde el 81 por ciento en 1957. Al mismo tiempo, quienes piensan que la religión está fuera de época, han crecido del 7 al 20 por ciento. Sin lugar a dudas, esto se debe que las encuestas de Gallup han concluido que, "no hay diferencia" entre los valores laborales de quienes asisten a la iglesia y quienes no lo hacen.

¿Qué podemos decir al respecto? ¿Siente usted que su fe es tan relevante como un himnario, cuando se trata de su trabajo y otros asuntos del día a día? ¿O está usted entre quienes quisieran aplicar su fe a los asuntos de actualidad, pero no saben cómo hacerlo? Después de todo, ¿usted no encuentra los temas candentes de nuestra sociedad tratados en las páginas milenarias de las Escrituras? ¿Cómo lograr la conexión?

Permítame sugerir que es preciso comenzar por examinar el contexto –ambos, tanto el contexto original de las Escrituras, como el contemporáneo, en el cual vivimos hoy. El contexto hace una profunda diferencia en cómo una persona aplica la verdad bíblica.

LA VERDAD INMUTABLE EN UN MUNDO CAMBIANTE

¿Recuerda Génesis 2:24, donde Dios estableció la institución matrimonial?

Por eso el hombre deja a su padre y a su madre, y se une a su mujer, y los dos se funden en un solo ser.

¿A qué se habrá parecido el matrimonio de Adán y Eva antes de la caída? Imagine el nivel de comunicación, confianza, compañerismo e intimidad que debieron haber experimentado. Pero pecaron. Entonces tuvieron un conjunto diferente de dinámicas que manejar –desconfianza, egoísmo, orgullo y lujuria. No obstante Dios dejó intacta su expectativa de que vivieran como una sola carne. Ese es un contexto totalmente nuevo.

Avancemos hasta Moisés mientras él relata el relato del Génesis al pueblo de Israel. Están saliendo de Egipto, donde la poligamia es común. Por ese motivo, incluso los mismos patriarcas de Israel tenían concubinas. ¿Cómo se veía la relación de "una sola carne", dado este legado? Una vez más, el contexto había cambiado.

Luego encontramos a Jesús discutiendo sobre el matrimonio con los fariseos (Mt. 9:1-9). Para su tiempo, el divorcio era algo común. La pregunta de presión era cómo podía un hombre librarse de un matrimonio, en vez de quedarse en él. Jesús cita Génesis 2 para reforzar la santidad del vínculo matrimonial. Aparentemente sus palabras impresionaron a sus oyentes. "Si así es el matrimonio, ¿entonces por qué casarse?" preguntaron los discípulos, incrédulos. Era la misma verdad bíblica pero en otro contexto.

Más tarde Pablo escribe a los Efesios, la que tal vez era la más rica de las ciudades romanas. Éfeso era la Orlando de sus días, la capital turística del primer siglo. Para el tiempo que Pablo arribó a la escena (Hch. 19), la institución matrimonial se había degradado a una condición deplorable, particularmente entre la clase más adinerada. Refiriendo a las mujeres de sus días, el filósofo romano Séneca asevera, "Se divorcian para volver a casarse. Se casan una vez más para volver a divorciarse".[8] Su hijo, igualmente cínico, define a la mujer casada y fiel, como aquella que solamente tiene dos amantes.[9]

Pablo ya había causado un disturbio en Éfeso con sus enseñanzas nuevas y extrañas para los habitantes (Hch. 19:23-41). Ahora él impresiona a los nuevos creyentes efesios con su carta. Al igual que Jesús, cita Génesis 2:24 y entonces dice, "En todo caso, cada uno de ustedes ame también a su esposa como a sí mismo, y que la esposa respete a su esposo" (5:33). ¿Cómo mantener una relación de "una sola carne" en el contexto de Éfeso durante el primer siglo?

¿Cómo luce el matrimonio bíblico en el contexto del siglo veintiuno? Más de la mitad de los matrimonios culminan en divorcio. La infidelidad sexual está en incremento, a pesar de la incidencia del sida y otras enfermedades de transmisión sexual. Dos tercios de las parejas casadas con hijos tienen ingresos de dos sueldos, con todas las demandas que coloca en cuanto al tiempo y la energía emocional. Más y más se hallan familias mezcladas y las relaciones particulares que ellas crean. ¿Cómo practica una pareja un matrimonio de una sola carne en el clima cultural actual?

El asunto es que la Palabra de Dios es eterna e inmutable, pero nuestro mundo no lo es. Por lo tanto, vivir la verdad de Dios demanda que la conectemos al conjunto de circunstancias particulares que vivimos. Por favor, preste atención a lo siguiente: No cambiamos la verdad para amoldarla a patrón cultural, sino que adaptamos nuestra aplicación de la verdad a la luz de nuestras necesidades.

CONTEXTO, CONTEXTO, CONTEXTO

¿Cómo puede suceder eso? ¿Cómo podemos tomar un mensaje que fue escrito allá por el años 100 d.C, o anteriormente, y darle utilidad en el 2100 d.C, o más aún? La clave es el contexto. ¿Cuál era el contexto por aquel entonces? ¿Cuál es nuestro contexto actual?

Ya vimos la importancia del contexto en el paso de interpretación. Ahora la descubrimos para el paso de la aplicación. Cuanto más sabemos acerca de la cultura en la cual el pasaje fue escrito y para el cual fue originalmente aplicado, más acertado será nuestra comprensión, y por lo tanto, podremos con mayor posibilidad aplicarlo a nuestro contexto cultural.

Pero eso no es todo. Debemos comprender también nuestra cultura. De modo similar a la búsqueda de comprensión relativa a las culturas antiguas, necesitamos procurar entender la nuestra. ¿Cuáles son los puntos de presión? ¿Dónde necesitamos más la implementación de la verdad bíblica? ¿Cuáles son las dinámicas culturales que dificultan la práctica de la verdad, o que a veces, incluso, la hacen parecer imposible? ¿Qué influencia nuestras actitudes y conductas espirituales? ¿Qué estarían escribiendo los apóstoles si escribieran a las iglesias de nuestros días? ¿Dónde estaría Cristo activo si caminara entre nosotros hoy?

Es interesante notar que cuando David estaba poniendo su ejército junto para establecer un reino, reclutó el hijo de Isacar. El texto los describe como "hombres expertos en el conocimiento de los tiempos, que sabían lo que Israel tenía que hacer" (1 Cr. 12:32). Hoy en día podríamos usar a muchos más hijos de Isacar en el cuerpo de Cristo –gente que comprende tanto la Palabra como el mundo, gente que sabe lo que Dios quiere que hagan en su sociedad, gente que no son tan sólo bíblicas sino además contemporáneas.

LOS ESTUDIOS CULTURALES

De todas maneras, comprender nuestra cultura no es tan simple como pudiéramos pensar. Solamente porque vivimos en esta sociedad no significa que estamos conscientes de cómo opera. De hecho, la mayoría de nosotros vivimos sin darle atención a las fuerzas que nos influencian. Podemos realizar un estudio de nuestra cultura tal cual estudiamos las culturas del mundo bíblico.

Por lo tanto deseo sugerirle un conjunto de preguntas para evaluar el contexto cultural contemporáneo. Son apenas algo más de las seis claves de observación que vimos anteriormente. ¿Quién? ¿Qué? ¿Dónde? ¿Cuándo? ¿Por qué? ¿Cómo? Ya hemos visto cómo utilizarlas para estudiar sociedades del mundo antiguo. Pero también se aplican para el estudio de situaciones modernas.

Por supuesto que el problema al realizar estas preguntas respecto a nuestro propio entorno, la tendencia se inclina hacia las respuestas superficiales. Recuerde, uno de los asesinos del estudio bíblico es la actitud de: "Ya lo sé. Ya conozco eso como la palma de la mano". Lo mismo se aplica al estudio de nuestra propia sociedad. Nunca piense que entiende por completo el mundo en que vive.

Hay muchos más asuntos que considerar, pero estos le propinarán un buen inicio:

El poder

¿Dónde está concentrado el poder? ¿Quién está a cargo? ¿Cómo logran el control? ¿Cómo lo mantienen? ¿Qué tan efectivos son para mantener el control? ¿De dónde provienen los desafíos a la autoridad? ¿Quién toma las decisiones para nuestra sociedad completa? ¿Quién toma las decisiones en la esfera local e individual?

La comunicación

¿Cuáles son los medios de comunicación? ¿Cómo son distribuidas las noticias? ¿Quién tiene acceso a ellas? ¿Quién tiene acceso a los medios de comunicación? ¿Cómo determina nuestra sociedad la credibilidad y confiabilidad de la información? ¿Cómo moldean los medios de comunicación los mensajes que son comunicados?

El dinero

¿Qué lugar tiene el dinero en nuestros valores? ¿Cómo se gana la vida la gente? ¿Con quiénes negocia nuestra sociedad? ¿Cuáles son los medios de transporte? ¿Cómo llega la gente de un lugar a otro? ¿Qué recursos tenemos? ¿Cuáles son los avances tecnológicos de nuestra sociedad?

Las etnias

¿Qué pueblos constituyen nuestra cultura? ¿De dónde provienen? ¿Qué trasfondo histórico y valores traen? ¿Cómo se organiza socialmente nuestra sociedad? ¿Cómo se estratifica? ¿Cómo se determina el estatus? ¿Quién está en la cima? ¿Quién está debajo? ¿Por qué? ¿Con cuáles barreras raciales y problemas contiende la gente? ¿Cómo afecta esto su vida diaria? ¿Qué tradiciones y valores caracterizan las varias subculturas?

Los géneros

¿Cuáles son los papeles de hombres y mujeres? ¿Cómo se relacionan los sexos? ¿Qué problemas enfrenta cada sexo?

Las generaciones

¿Qué valor le otorga nuestra sociedad a la familia? ¿Cómo se estructuran las familias? ¿Dónde viven? ¿Cuáles son sus historias? ¿Cómo mantienen la influencia? ¿Cómo se trasmite el poder de una generación a la otra? ¿Cómo se socializan y educan las generaciones jóvenes? ¿Qué les enseñan? ¿Quién les enseña? ¿Cómo se convierte en adulto una persona en esta sociedad?

La religión y su cosmovisión

¿Cuáles son las religiones dominantes? ¿De dónde provienen? ¿En qué condición están actualmente? ¿Cuáles son sus tendencias? ¿Qué grupos están creciendo más rápido? ¿Por qué? ¿Qué presupuestos filosóficos dan por sentado las personas que las dirigen? ¿Qué perspectivas tiene en relación al mundo y la vida? ¿Qué exposición al evangelio ha tenido esta cultura? ¿Cuál ha sido su respuesta?

Las artes

¿Qué tipo de artes produce nuestra cultura? ¿Qué nos dice ese arte acerca de nosotros? ¿Qué dice acerca del mundo? ¿Qué lugar le damos al artista en nuestra sociedad?

La historia y el tiempo

¿Qué mitos y leyendas han llegado a nuestros días? ¿Qué historias son contadas una y otra vez? ¿Quién escribe la historia? ¿Qué historias no han sido contadas? ¿Cómo se mide el tiempo? ¿Qué lugar se les da a los ancianos? ¿Qué representan los niños? En relación a esto, ¿quién representa a los niños?

El lugar

¿Dónde está la cultura situada geográficamente? ¿Qué factores topográficos y climatológicos afectan la vida diaria? ¿Qué tanto nos mudamos en relación a otras culturas? ¿Por cuánto tiempo viven las familias en el mismo lugar? ¿Qué tierras han pasado a través de las generaciones? ¿Qué gente ha sido desplazada? ¿Qué lugares tienen aspectos prominentes en la historia cultural? ¿Qué momentos y memorias resaltan?

UTILIZACIÓN DE LOS DATOS

Si usted responde diligentemente a preguntas similares a estas tras observar el mundo circundante, ganará algunos conocimientos profundos respecto a cómo opera nuestra sociedad. ¿Pero cómo relacionar esos datos con la verdad bíblica? ¿Cómo aplicar la Palabra de Dios en el contexto cultural suyo? Después de todo, no existe una correspondencia idéntica entre los versículos de la Biblia y la vida cotidiana? ¿Cómo realizar dicha conexión? Descubrámoslo en el siguiente capítulo.

INTÉNTELO

Uno de los temas controversiales para los cristianos del primer siglo fue si convenía comer carne sacrificada a los ídolos, o no. Pablo dedica un capítulo completo al asunto en Romanos 14. Pero al menos que comprendamos el contexto cultural y porqué esto era controversial, nunca llegaremos a comprender ni a aplicar esta porción de las Escrituras. Así que deseo darle un proyecto para que desarrolle. Una vez que usted entienda lo que estaba sucediendo durante el primer siglo en Roma, usted apreciará porqué Pablo incluyó este material y qué significado tiene para nuestros días.

Comience estudiando Romanos 14. Utilice todas las herramientas de observación esbozadas anteriormente. No salte a conclusiones interpretativas hasta después de haber bombardeado el texto con un aluvión de preguntas de observación.

Una vez que esté listo para comenzar con la interpretación, los dos ejercicios más provechosos, muy probablemente sean la comparación y la consulta. Compare Romanos 14 con otros pasajes de la Biblia que traten el asunto, tales como 1 Corintios 8. Utilice una concordancia para encontrar tanto como pueda acerca del lugar que ocupaban los ídolos en la mente de los primeros cristianos.

Para la consulta, busque, por ejemplo, en un diccionario bíblico que le de un buen resumen de la religión romana y su adoración de dioses y diosas.

Mientras trabaja con el texto bíblico y los recursos secundarios, edifique una base de datos acerca de la cultura romana durante el primer siglo, utilizando el tipo de preguntas de este capítulo. Si realiza un estudio concienzudo, como si pudiera retroceder al año 60 d.C y sentirse en casa, verá porqué el tema de la carne sacrificada a los ídolos causó tantos problemas en el iglesia primitiva. También logrará reconocer paralelos en nuestra propia sociedad y dónde Romanos 14 podría encajar hoy en día.

43

EL PRINCIPIO DE LAS COSAS

Qué tiene la Biblia que decir respecto a la ingeniería genética, la lluvia ácida, y el poder nuclear? ¿Qué acerca del aborto, la eutanasia y el control de la natalidad? ¿Hay algo respecto a la educación pública, la reforma en las prisiones, o el seguro de salud universal? ¿Iremos a la Biblia para buscar ayuda sobre problemas del transporte, la vivienda, y el desecho de la basura? ¿Podemos hallar algún versículo sobre el sida, la artritis, o la enfermedad de Alzheimer?

No estoy bromeando. Si vamos a leer la Biblia en una mano y el periódico en la otra, debemos encarar este tipo de situaciones. Debemos preguntarnos qué relación existe entre la verdad revelada y el mundo tal cual lo conocemos hoy. De otro modo, regresamos al dilema de Ken: La Biblia solo tiene relevancia como guía devocional; no tiene competencia en asuntos de la vida práctica.

De todas maneras, cualquier lector sensible reconocerá de inmediato el problema confrontado. No existe una relación exacta entre los versículos de la Biblia y los dilemas de la vida contemporánea. No podemos simplemente "conectar" a la fuerza textos bíblicos al responder a las necesidades que confrontamos. La vida es demasiado compleja como para hacerlo.

Tampoco fue ese el propósito de la Biblia. No es un texto de biología, psicología, negocios, economía ni historia. Cuando refiere a estas áreas, habla certeramente pero no detalladamente. El asunto central de la Biblia es Dios y su relación con la humanidad. Además, es mayormente nuestra responsabilidad trabar en sus implicancias para la vida cotidiana. Debemos pensar al respecto y tomar las decisiones –decisiones bíblicamente fundadas.

LA IMPORTANCIA DE LOS PRINCIPIOS

Esto no lleva al dictamen mencionado anteriormente: una interpretación, muchas aplicaciones. Sin lugar a dudas, existen muchos asuntos específicos que la Biblia nunca menciona, temas que no fueron dilemas ni controversias en los días en que ésta fue escrita. Pero eso no significa que no tenga nada que decir al respecto. Al contrario, la Biblia nos dice las verdades o principios fundamentales que Dios quiere que apliquemos a través de la diversidad de necesidades humanas.

¿Qué quiero decir por "principio"? Un principio es una declaración sucinta de una verdad universal. Cuando hablamos de principios, nos movemos desde lo específico hacia lo general. Por ejemplo, Proverbios 10:2 dice: "Rugido de león es la furia del rey; quien provoca su enojo se juega la vida".

Técnicamente hablando, uno podría argüir que este verso no se aplica para quienes vivimos en una república democrática, sino en una monarquía autoritaria. No tenemos un rey, así que no tenemos que preocuparnos por su enojo. Pero eso sería una lectura bastante estrecha del pasaje. Además sería una mala interpretación del género literario, que es un proverbio. Los proverbios invariablemente realizan declaraciones generales mediante casos específicos. Acá, por lo tanto, el asunto es la relación con el gobierno. El principio es respetar la autoridad y poder del gobierno.

¿Aborda esto cada posibilidad respecto al gobierno? Por supuesto que no y no deberíamos esperar que lo hiciera. Ni siquiera las bibliotecas legales con miles de libros pueden lograrlo. Pero el principio nos orienta hacia la dirección correcta. No indica la actitud apropiada que debe caracterizar nuestra relación con el gobierno. Nuestra conducta específica puede variar de situación a situación, pero en cada caso debemos mostrar respeto por las autoridades civiles que Dios ha establecido.

Vemos otro ejemplo de la necesidad de principios generales en 1 Corintios 8. El asunto aquí no es la carne sacrificada a los ídolos. Eso ya no es una controversia para nuestra sociedad. Percibo que es la preocupación por algunos cristianos de hoy en día en lugares donde la idolatría es prevalente. Pero para nosotros, es sin consecuencias. ¿Coloca eso a 1 Corintios 8 como irrelevante? No, porque nos da principios para temas más amplios en asuntos de conciencia, tolerancia, respeto por otros creyentes, y sensibilidad por sus trasfondos. Definitivamente estos temas no son irrelevantes.

Ahora supóngase que leemos una biografía, digamos que la vida de Daniel. Recuerda que dijimos que una de las cosas en las cuales fijarse son los aspectos ciertos a la vida real. ¿Qué hay en la experiencia de Daniel que resuena en nuestras vidas reales? Uno de los hechos más destacables es que este hombre piadoso sirvió en un entorno increíblemente impío.

¿Qué diferencia hace el ejemplo de Daniel para nuestros días? Bien, ¿en qué tipo de ambiente laboral trabaja usted? Tal vez no sea tan perverso como el de la antigua Babilonia; pero usted ha experimentado la decepción y el fraude en su compañía. Es posible que haya sido el blanco político de alguien que codicia su posición. Quizá alguien le está complicando la vida porque usted es cristiano. ¿Piensa usted que la historia de Daniel contiene algunos principios aplicables a su situación? ¿Piensa que podría aprender a cómo encarar y manejar sus desafíos? ¿Le parece que hay alguna lección que aprender acerca de vivir como persona de Dios en un sistema secular o maligno?

PRINCIPIOS QUE GOBIERNAN LOS PRINCIPIOS

Si puede discernir los principios durante su estudio de las Escrituras, tendrá algunas herramientas poderosas que le ayudarán a aplicar la verdad bíblica. Llenará el vacío entre el mundo antiguo y su situación propia con la inmutable Palabra de Dios. ¿Pero cómo podemos determinar que sus percepciones son correctas? ¿Cómo protegerse del error y el extremismo al generalizar a partir de un texto? ¿Qué le asegura que será práctico? No hay garantías, pero acá tiene tres normas generales para considerar.

I. Los principios deben relacionarse con las enseñanzas generales de las Escrituras

Este principio nos lleva a la práctica de comparar Escrituras con Escrituras. Mientras declara un principio a partir de un pasaje, piense en otros pasajes que refuerzan esa verdad.

Por ejemplo, yo generalicé, a partir de Proverbios 20:2, que los creyentes deben mostrar respeto por autoridades gubernamentales. Si ese fuera el único versículo en la Biblia sobre el tema, debería ser cauteloso de no llevar demasiado lejos el asunto. Pero una concordancia me dice que hay varios pasajes más que refuerzan el principio, tales como Romanos 13:1-1 y 1 Pedro 2:13-17. Así que me siento confiado al aplicar Proverbios 20:2 en la manera indicada.

Similarmente, Pablo trata el dilema de la carne sacrificada a los ídolos en Romanos 14. Daniel tiene contraparte en José, Ester y Nehemías, quienes también sirvieron gobiernos paganos manteniendo su integridad y carácter piadoso. Por lo que hay bastante respaldo para realizar una aplicación a partir de estos textos.

La gente se mete en problemas encontrando un "principio" a partir de un versículo y luego intentar construir una doctrina completa basados en una referencia.

Por ejemplo, un hombre joven insistió en que Dios quería que la gente ande descalza. Su razonamiento fue el siguiente: Génesis 3:22 dice que Dios usó piel de animales para vestir a Adán y Eva, pero el texto nunca menciona sandalias ni zapatos; por lo tanto, es claro que Dios nunca pretendió que la gente usara zapatos hechos de piel animal. Este no es tan sólo un argumento basado en el silencio, y desconoce la existencia de otros texto que contradicen su aplicación (Mr. 6:8-9; Jn. 1:27; Hch. 12:8), sino que suena ridículo. Tiene muy poco sentido doctrinal o práctico.

Otro error ocurre cuando alguien utiliza las Escrituras para justificar lo que las Escrituras condenan. En una ocasión un estudiante estaba convencido que debía casarse con cierta mujer. "Dios me dijo que me casara con ella", me explicaba, y entonces mencionó un versículo en particular.

Tengo un conjunto de problemas con el asunto, comenzando por el hecho que la mujer era incrédula. Le dije, "si usted escoge casarse con ella, será su decisión. Pero no meta a Dios entre medio. Él ha dicho claramente, "no se unan en yugo desigual", así que es poco probable que le haya dicho algo diferente a usted".

Debemos tener cuidado al generalizar las Escrituras. No quiero decir que no se pueda aplicar la Palabra ampliamente, sino que debemos aplicarla sensible y consistentemente.

2. Los principios deben referir a necesidades, intereses, preguntas y problemas de la vida real contemporánea

Revisar un principio a la luz del marco general de las Escrituras es tan sólo la mitad del camino. Como lo dice John Sttot, no es difícil ser contemporáneo si no se importa por ser bíblico, y no es difícil ser bíblico si no se interesa por ser contemporáneo. Pero ser ambas cosas –bíblico y contemporáneo– es un arte.

Acá es donde nuestros estudios sobre la cultura entran en juego. Si usted ha realizado su tarea de investigar la sociedad, ya tiene alguna idea de lo que se trata. Debe saber dónde están los peligros, dónde están las heridas y decadencias, dónde los quebrantos y grandes dolores. Debe saber quien está alejado de Dios, quien duda de Él, quien está enojado o decepcionado con Dios. Debe tener una idea dónde está el pueblo de Dios activo actualmente, dónde tocan las necesidades y dónde pierden el rumbo.

En breve, si desea convertirse en un estudiante de su cultura, debe saber dónde están las necesidades y problemas de ella. Al saberlo, podrá buscar verdades generales de las Escrituras que quizá apliquen a dichas situaciones. Tal vez fueron usadas distinto por personas del mundo antiguo, pero todavía continúan siendo ciertas, por lo que aún se aplican a los dilemas que enfrentan la gente hoy en día.

Por ejemplo, un hombre inició un estudio de Nehemías. Una de las primeras cosas que encontró fue la oración del capítulo 1. Observó que Nehemías estaba hablando con Dios sobre la gente que estaba atribulada en Jerusalén. De pronto le vino, "Oh, ¿cuándo fue la última vez que oré por las personas en mi compañía?"

Él era el propietario de una pequeña planta de manufactura. Así que realizó una lista de todos sus empleados y otra de sus proveedores. Luego hizo otra de sus competidores y comenzó a orar, hablando con Dios sobre sus relaciones con las demás personas, mencionando sus necesidades. Esto se convirtió en una práctica regular que continúa hasta el día de hoy. Todo inició con el reconocimiento de un simple principio de la Palabra –Dios quiere que oremos por la gente y los problemas que nos rodean– y después su aplicación de aquel principio a su situación.

3. Los principios deben indicar un curso de acción

El experto en administración Peter Drucker indica aún la mejor idea del mundo es inútil hasta que alguien la pone a funcionar. Tarde o temprano debe producir acción; lo cual es muy cierto de los principios bíblicos. Para ser efectivos, deben producir acción.

Es fácil permanecer hipotético, arañar la Vía Láctea con especulaciones teológicas. Ese fue el problema en el que incurrió Pablo en Atenas (Hch. 17:21). A la gente allá le encantaba sentarse y filosofar. Pero la Palabra de Dios no fue dada para alimentar nuestra curiosidad sino para transformar nuestra vida. Mientras buscamos principios en las Escrituras, debemos constantemente preguntarnos, ¿Qué voy a hacer con esta verdad? ¿Dónde, cuándo, y cómo voy a aplicarla?

Voy a sugerir una simple plantilla en el próximo capítulo. Pero primero permítame decirle cómo funciona en la experiencia personal. Recuerdo a uno de los Dallas Cowboys que estaba mientras dictaba un estudio bíblico sobre el libro de Efesios. Entonces llegamos al pasaje sobre el matrimonio en el capítulo 5, la sección que mencioné en el capítulo anterior. Nunca olvidaré lo maravillado que estaba este hombre enorme y fuerte, cuando percibió el significado de lo que Pablo estaba diciendo.

"¿Quiere decir que tengo que amar a mi esposa?", preguntó incrédulamente. "¿O sea que tengo que decírselo?"

Él estaba captando la idea del significado de la exhortación. Yo sé qué les habrá parecido o qué hicieron los hombres de Éfeso cuando la leyeron por primera vez, pero este hombre estaba extrayendo un principio básico para su matrimonio. Pensaba aplicar el principio de una manera específica en su propia relación.

Fue a su casa y le dijo a su esposa que la amaba. No estaba mal para un hombre que no se lo había dicho desde el día de la boda. Pero toda la tarde estuvo vacilando, intentando encontrar el coraje para decírselo. Finalmente decidió aventurarse. Así que se levantó, caminó alrededor de la mesa, abrazó a su esposa y literalmente la levantó de la silla. (Más tarde ella me contó que pensaba que había perdido la cabeza).

"Esposa", masculló, "sólo quiero decirte una cosa... te amo", y le dio un gran beso.

Posiblemente no le parezca demasiado a usted, pero para este hombre fue una experiencia completamente nueva. Representó un gran cambio en su vida. Dio un gran paso en su matrimonio al tomar acción en respuesta a un principio bíblico.

MULTIPLICANDO LA VERDAD

Una vez asistí a una conferencia dictada por quien fuera Secretario de Estado, Henry Kissinger. En su discurso habló sobre la explosión natural de eventos en la esfera global. Todo opera en crisis, dijo, y por supuesto, presenta severos desafíos para nosotros los líderes. ¿Cómo pueden mantenerse? Él explicó que debido a que los eventos sucedían sumamente rápido, no tenían tiempo para pensar, sino apenas para reaccionar. Por lo tanto, se debe operar con las reservas de conocimientos y experiencias traídas al trabajo. No se tiene el lujo de poder realizar estudios extensos y completos.

Pienso que hay una lección para la vida cristiana en esto, definitivamente necesitamos tomar tiempo para estudiar la Palabra de Dios intensamente. No obstante, con frecuencia encaramos situaciones que nos privan de la reflexión, y sólo podemos reaccionar. Por ejemplo, cuando tenemos un encuentro con un compañero de trabajo. Cuando somos tentados en engañar a un cliente o competidor. Cuando nuestros hijos nos hacen una pregunta penetrante en un momento preciso que los dejamos en la escuela, o cuando recibimos un llamado telefónico de un amigo que confronta una decisión difícil y nos pide una opinión.

En situaciones como estas, tenemos que depender de las reservas de conocimiento y experiencias que poseemos en ese momento. Seguramente, si dispusiéramos de un espacio mayor de tiempo, lograríamos elaborar algo más elegante y refinado. Pero la vida con frecuencia nos niega ese tiempo extra. Así que el desafío es, ¿qué conocimientos de la Palabra y demás información bíblica tenemos para enfrentar esos momentos? Cuando no tenemos tiempo para un estudio intenso de la Palabra, ¿qué usaremos?

Si nos aferramos a los principios de las Escrituras, tendremos un poderoso conjunto de recursos para lidiar con múltiples situaciones de la vida. Como verá, los principios nos permiten multiplicar la verdad.

Hay una interpretación, pero muchas aplicaciones. Quizá no tengamos un versículo que encaje con las circunstancias del momento, pero aún así, podremos recorrer una senda piadosa al explorar la verdad que ya conocemos.

INTÉNTELO

La habilidad de emitir principios a partir de las Escrituras es una de las destrezas más poderosas que usted puede desarrollar en términos de aplicación. Sin embargo, aprender a hacerlo requiere un poco de práctica. No puede salirse con algo que únicamente tiene sentido para usted y luego bendecirlo con un prefacio de "la Biblia dice..."

No, elaborar principios útiles y precisos demanda comprensión del texto y discernimiento perceptivo de su propio contexto. Acá tiene varias preguntas para ayudarle a desarrollar y aplicar bíblicamente principios sólidos.

¿Qué puede descubrir acerca del contexto original en el cual este pasaje fue escrito y aplicado?

Teniendo en cuenta aquel contexto original, ¿qué significa este texto?

¿Qué verdades fundamentales, universales son presentadas en este pasaje?

¿Puede usted declarar esa verdad en una o dos oraciones simples, de modo que cualquiera pueda comprenderlo?

¿Qué dilema o situación de su propia cultura es abordado por este principio?

¿Cuáles son las implicaciones de este principio cuando se aplica a su vida y el mundo que le rodea? ¿Qué valores refuerza? ¿Qué diferencia hace?

Ahora emplee estas preguntas para emitir principios prácticos a partir de los siguientes pasajes bíblicos: Proverbios 24:30-34; Juan 13:1-17; y Hebreos 10:19-25.

44

UN PROCESO QUE TRANSFORMA LA VIDA

El retiro de la iglesia había llegado a su fin. Los participantes estaban cargando sus maletas a los vehículos y despidiéndose. Qué fin de semana sobresaliente han tenido, con bastante diversión, buena comida y un rico tiempo de estudio de la epístola a los Filipenses. El pastor Jones lucía una amplia sonrisa mientras recibía palabras de agradecimiento de sus agradecidos miembros.

Entonces llegó Larry, un hombre de la congregación. "Pastor", le dijo, "este fin de semana ha sido… bueno, ha cambiado mi vida. Nunca volveré a ser el mismo".

"Me alegra oír eso, Larry", replicó el ministro. "Dígame, ¿qué fue lo más significante para usted?"

"Bueno, no estoy seguro. En realidad, todo." Sonrió. "Simplemente me he dado cuenta de cuánto tengo todavía que aprender. Cuando llegue a casa comenzaré a leer más la Biblia, y voy a cambiar mi trato con los demás. También pienso que me inscribiré para ayudar en la Escuela Dominical. Revisaré mis dádivas a la iglesia. Fui realmente tocado por su mensaje sobre las misiones".

"Parece que se lleva bastante de este retiro", dijo entusiasmado el pastor Jones. "Estaré orando por usted". Los dos hombres estrecharon sus manos, despidiéndose.

En la superficie este cambio suena extraordinario. En vista de los que el pastor Jones enseñó sobre Filipenses, Larry identificó algunas áreas específicas donde necesitaba crecimiento espiritual y acción. Grandiosos. Pero la luz se opaca cuando sabemos que Larry ha estado por lo menos una docena de retiros similares a este durante varios años, y ha expresado cosas similares. ¿Pero ha cambiado acaso? No, ni siquiera un poquito. Simplemente se deja llevar por el entusiasmo del momento, y después, al llegar a la casa sus buenas intenciones se evaporan sin que comience jamás un proceso de cambio.

¿POR DÓNDE COMIENZO?

El problema de Larry es padecido por incontable cantidad de personas –la carencia de un plan. También podemos enunciarlo como interrogación: ¿por dónde comienzo? Esa es la pregunta determinante de la aplicación.

Cualquiera pueda venir con un grandioso esquema de cambio. Una persona dice que quiere ganar el mundo para Cristo. Otro quiere estudiar cada libro de la Biblia durante los próximos cinco años. Alguien más planea memorizar cien versículos. Mientras otra dice que será una esposa cristiana ejemplar. ¡Maravilloso! ¿Por dónde piensa comenzar?

Hasta que responda esta pregunta, todo lo demás son apenas buenas intenciones. Intenciones que equivalen a un cheque sin valor. Después de todo, ¿de qué sirve que sueñe con ganar el mundo para Cristo si no comparte el evangelio con sus compañeros de oficina? ¿Cómo piensa estudiar la Biblia completa si ni siquiera sabe qué verso va a estudiar mañana? ¿Cómo podrá memorizar cien versículos cuando ni siquiera ha memorizado uno? ¿Por qué en vez de fantasear con un matrimonio cristiano ejemplar, no comienza por algo sencillo como lavar los platos, si es el esposo, o alentar a su esposo, si es la esposa?

Demasiada "aplicación" se queda en la esfera de las buenas intenciones porque hablamos sobre el final del viaje sin antes especificar cuando, donde y cómo daremos el primer paso. Como alguien bien a dicho, no planeamos para fracasar, fracasamos en planificar.

Así que deseo darle un marco sencillo para que utilice al planificar su propio proceso de la transformación de su vida. Obviamente, la vida es demasiado compleja, y muchos elementos de crecimiento no pueden ser diagramados fácilmente. Pero también sé que muchos cristianos están estancados en su desarrollo cristiano porque no saben como comenzar. Ellos conocen las gloriosas promesas que supuestamente recibirán algún día. Pero el asunto central es, ¿qué harán hoy para encausarse a aquella dirección?

Acá tiene tres pasos para trasladar las buenas intenciones al terreno de la acción transformadora.

I. Tome la decisión de cambiar

En otras palabras, defina su mente. Determine qué tipo de cambio necesita realizar, y entonces decida proseguir. Es mayormente el establecimiento de los objetivos. O sea, ¿cómo será usted diferente luego de efectuar estos cambios? ¿Cómo se verá al final del proceso?

Robert Mager, especialista en aprendizaje y educación, dice que objetivos bien establecidos describen qué estará haciendo una persona una vez que logre el resultado procurado. Por ejemplo, el objetivo de este libro es ayudar a realizar preguntas de observación al texto bíblico, explicar el significado de un pasaje bíblico, y entonces, describir modalidades prácticas para utilizarlas en la vida práctica. Esta declaración apunta hacia conductas específicas, que pueden ser medidas si deseáramos alcanzar los objetivos propuestos. Digamos, por ejemplo, que podemos escucharlo interrogando al texto. Podemos leer la interpretación del texto que usted escribió; así como también, podríamos ver su agenda de actividades mostrando cómo piensa llevar todo a la acción.

¿Qué objetivos está preparando para lograr el cambio? Describa lo que estará haciendo cuando alcance su objetivo. ¿Desea ser un mejor padre? ¿A qué se parece eso de "mejor padre"? ¿Podría decirlo en términos gráficos y conductas apreciables? Por ejemplo, un "mejor padre" puede involucrar pasar más tiempo con sus hijos, si usted es el padre. Podría significar organizar y administrar las actividades familiares si es la madre.

Podemos medir estas conductas, y podemos usarlas para planear (vea debajo).

Cuanto más claro y demostrables sean los objetivos, más probable será que los alcance. Objetivos nebulosos llevan a resultados nebulosos. Si usted dice que va a "evangelizar más", tendrá dificultades para saber si ha evangelizado más, o no lo ha hecho. Pero si dice que va a comenzar una conversación acerca de Cristo con sus vecinos, Juan y María, sabrán exactamente si ha logrado su objetivo.

¿Parece esto demasiado rígido y limitante? Si así fuera, le sugiero que considere si no está apuntando hacia un cristianismo "descafeinado" –uno que promete no despertarle durante la noche. Como verá, Dios nos da su Palabra no para mantenernos cómodos, sino para conformarnos al carácter de Cristo; cosa que va mucho más allá de sentimientos piadosos y buenas intenciones. Penetra nuestra agenda de actividades, la billetera, las amistades, el trabajo y la familia. Si nuestra fe no realiza diferencias prácticas aquí, ¿entonces, qué diferencia hace?

Objetivos claramente definidos nos ayudan a ver la verdad en acción, en vez de ideas abstractas. También nos mantienen con expectativas alcanzables, dentro de nuestras posibilidades. ¿Es su objetivo desarrollar una compasión como la de la Madre Teresa? Maravilloso. Pero no haga de eso su objetivo. Un mejor lugar para comenzar es dando sopa en su barrio. Determine algunas maneras prácticas para alcanzar sus necesidades. Eso es alcanzable, es algo que usted puede hacer ahora mismo. Es un paso realista hacia la dirección correcta.

2. Emerja con un plan

Este es el paso donde usted se pregunta cómo. ¿Cómo voy a realizar esta tarea? Si realizó un buen trabajo estableciendo los objetivos, este paso será bastante sencillo. Si no fue así en el pasado, quizá necesite revisar sus objetivos, haciéndolos claros y más alcanzables.

Un plan es un curso específico de acción que dice cómo usted va a alcanzar sus objetivos –específicos. Véalo como todo aquello que necesitará hacer. ¿Quiénes son las personas involucradas? ¿Qué recursos necesitará? ¿Cuándo va a integrarlos a su agenda? ¿Cuál es el mejor tiempo?

A manera de ejemplo, suponga que su objetivo es llegar a ser un mejor padre mediante pasar más tiempo con sus hijos. ¿Cómo va a lograrlo? Puede ser que requiera comer una pizza con su hijo y contarle acerca de su propia infancia. Ese pude ser un plan excelente. ¿Pero qué requerirá? ¿Cuándo será el mejor momento? ¿Estará su hijo de acuerdo? ¿A qué lugar irán para conversar? ¿Qué le piensa decir?

Ahora supongamos que usted es una madre, para quien ser "una mejor madre" incluye organizar y administrar la agenda familiar. ¿Cómo piensa lograrlo? Tal vez pueda colocar un calendario en la cocina. ¿Así que cuándo va a conseguir el calendario? ¿De qué tamaño necesita ser? ¿Qué tan seguido lo va a actualizar? ¿Cómo sabrá que poner?

Una vez más, suponga que necesita entrar en conversación acerca de Cristo con sus vecinos Juan y María. Usted sabe que ellos tienen algunas preguntas en mente. ¿Cómo piensa comenzar la conversación? Quizá una posibilidad sea obsequiarles un ejemplar de C. S. Lewis, *Mero Christianismo* para estimular la discusión. Si fuera así, ¿cuándo les entregará el libro? ¿Cómo planea darles seguimiento? ¿Los invitará a cenar? ¿Cuándo entonces? ¿Estarán ellos dispuestos?

Planear un curso de acción significa emerger con un conjunto de medios específicos para alcanzar sus objetivos y entonces pensar qué necesita para poner a funcionar ese plan. Asigne nombres, fechas, horario, y lugares a sus intenciones. Cuanto más específico sea su plan, aumentan las probabilidades de que lo logre.

3. Déle seguimiento al plan

En otras palabras, inícielo. ¿Puede un llamado telefónico poner a funcionar su plan? Entonces tome el teléfono. ¿Puede comenzar por ajustar su agenda de actividades? Bien, ajústelas. ¿Planea evaluar sus dádivas acorde a su presupuesto? Siéntese y actualice su presupuesto y adquiera la información que necesita.

El primer paso es siempre el más difícil. Déle, no lo deje de lado. Si ha llegado a esta altura del proceso, recompense sus esfuerzos con un seguimiento sólido. Otórguese el respeto que merece al llevar a cabo sus compromisos.

Hay tres estrategias que le pueden ayudar en este proceso. La primera es considerar utilizar una lista de actividades, especialmente si su plan requiere repetir actividades o seguir una secuencia de pasos progresivos. Por ejemplo, si planea memorizar las Escrituras, será sabio hacer la lista de los versículos que intenta memorizar, y las fechas para la cuales considera que deberá haberlos memorizado. Entonces, a medida que va memorizando los versículos, puede ir marcándolos en su lista. Con el paso del tiempo, verá y celebrará el progreso, alentándole en su esfuerzo.

Una segunda estrategia es establecer algunas relaciones para rendirles cuenta. Esto puede ser algo formal o informal. Una rendición de cuentas informal podría ser decirle a su esposa o a un amigo cercano lo que usted planea llevar a cabo. Luego, a medida que avanza a través del proceso, pude mantenerles al tanto de sus progresos, sus luchas y victorias.

De todas formas, para el crecimiento espiritual a largo plazo, le recomiendo rendir cuentas de manera formal a un grupo de apoyo. Jeanne y yo hemos sido parte de tales grupos durante años, y no lo cambiaríamos por nada. Un grupo de gente mutuamente comprometida trae aliento y sabiduría al proceso de crecimiento. Las dinámicas de grupo ayudan a realizar un seguimiento de los avances logrados.

Una tercera estrategia para asegurar que sacará adelante sus planes es evaluar el progreso. Mantener un diario es una manera estupenda de lograrlo. A medida que establece los objetivos y progresa en sus logros, escríbalo en su diario. Registre porqué desea hacer los cambios, porqué ve el curso de acción de la manera que lo hace, y qué ha aprendido en el trayecto recorrido. Luego puede regresar y leer dónde ha estado antes, y notará el progreso ganado y lo que aún le queda por recorrer.

Otra forma de lograrlo es apartarse periódicamente para reflexionar y evaluar. Tome su diario, su Biblia, su calendario, y cualquier otro registro acumulado durante los últimos meses. Realícese preguntas tales como: ¿Cuáles han sido mis tres mayores desafíos al caminar con el Señor durante estos meses? ¿Cómo he respondido? ¿Qué victorias puedo celebrar? ¿Qué fracasos necesito considerar? ¿Qué respuestas a mis oraciones he recibido? ¿He cambiado para bien o empeorado? ¿En qué manera? ¿Cómo he gastado mi dinero? ¿Qué ha sucedido con mis relaciones?

La idea es encontrar maneras de medir su progreso a medida que avanza por la vida. Conózcase a usted mismo y cómo Dios ha guiado sus experiencias.

DIOS ESTÁ OBRANDO EN USTED

En un capítulo previo mencioné el temor que la última parte de Filipenses 2:12 solía infundirme cuando yo era muchacho: "lleven a cabo su salvación con temor y temblor". El proceso de planificación que menciono en este capítulo es una forma de "trabajar en la salvación". Usted debe tomar responsabilidad de realizar los cambios y tomar ciertas acciones para lograr crecer como creyente.

Pero nunca olvide el otro lado: "pues Dios es quien produce en ustedes tanto el querer como el hacer para que se cumpla su buena voluntad" (Fil. 2:13). Mientras establece objetivos, hace planes y los lleva a cabo, Dios está a su lado. Esa es una cosa muy alentadora de la vida espiritual –usted nunca está solo. Dios provee sus recursos para ayudarle en el proceso. Él no tomará decisiones por usted ni hará lo que usted bien puede realizar. Pero Él obra en maneras conocidas y desconocidas para ayudarnos a llegar a ser como Cristo.

INTÉNTELO

Déjeme realizarle la pregunta que propuse al inicio de este capítulo. Tal vez ha identificado un área en su vida que necesita cambios sustanciales. Quizá, incluso, sepa qué pasos debe dar. Pero el asunto es, ¿por dónde piensa comenzar? ¿Cómo va a trasladar sus buenas intenciones a acciones transformadoras?

Deseo desafiarle a que tome un aspecto en su vida que necesita cambio, basado en el estudio de la Palabra de Dios. Entonces prosiga a través de los tres pasos del proceso delineado en este capítulo para llegar a un plan de acción que logrará el cambio.

Tal cual dije, este es un desafío personal. Recuerde que el propósito del estudio de la Biblia es producir una vida a la semejanza de Cristo. Acá es donde eso debe suceder. Si ha llegado hasta aquí, continúe con la aplicación de la Palabra a su vida. Permítale hacer una diferencia.

45

TRES SUGERENCIAS PARA COMENZAR

A W. Tozer, quien por muchos años fuera un tábano para el Cuerpo de Cristo, dice lo siguiente:

Una mentalidad religiosa, caracterizada por la timidez y falta de coraje moral nos ha dado una cristiandad débil, intelectualmente empobrecida, insulsa, repetitiva, y para muchas personas, llanamente aburrida. Esto es un sabotaje a la misma fe de nuestros padres en línea directa descendiendo desde Cristo y sus apóstoles. Hemos alimentado a cucharadas esta comida insípida a nuestra juventud hambrienta, y para hacerlo tragable, la sazonamos con entretenimientos carnales, arrebatados del mundo. Es más fácil entretener que instruir. Es más simple seguir el gusto degenerado del público que pensar por nosotros mismos. Así que demasiados líderes evangélicos permiten atrofiar sus mentes mientras continúan manteniendo sus dedos insensibles operando artificios religiosos para atraer a una multitud de curiosos.

Me temo que demasiados feligreses de hoy en día son oyentes pero no discípulos. Espectadores pero no estudiantes. ¿Por qué? Porque quienes enseñamos les damos flores cortadas, que fácilmente se secan y deshojan, en vez de mostrarles cómo cultivarlas por ellos mismos –para que descubran de primera mano la verdad que Dios ha revelado en su Palabra.

Por supuesto, que el propósito de este libro es introducirle al gozo de meterse en la Biblia por sus propios medios. Le aseguro que usted apenas ha tocado la superficie. Apenas hemos dado un paso dentro de una gran casa. Ahora la pregunta es, ¿cómo puede usted conservar estas ganancias? ¿Cómo puede permanente lo que ha comenzado a aprender en este proceso? Permítame ofrecerle tres sugerencias para construir los fundamentos que libro procura establecer.

COMIENCE UN PROGRAMA DE ESTUDIO BÍBLICO

Una vez vi un póster que me fascinó: "De aquí a veinte años, ¿que querrás haber hecho hoy? Bajo esta pregunta, en letras negrillas, decía: "Hazlo ahora". Supongo que de aquí a veinte años usted querrá haber comenzado un programa personal de estudio bíblico. ¿Por qué no comenzarlo ahora mismo?

Determine sus objetivos

Todo lo que necesita hacer es resolver cuatro problemas. Primero, debe establecer sus objetivos. ¿Qué es lo que quiere? No sólo para ahora, sino al final de su vida. Mucha gente culmina en la cumbre profesional de sus respectivas carreras pero en la base de la vida, allá abajo, en cuanto a su realización. Pregúntese a usted mismo, ¿Deseo tener un programa de estudio bíblico personal? ¿He visto la necesidad crucial de ello mediante este libro?

Establezca sus prioridades

Segundo, debe establecer sus prioridades. ¿Qué tanto lo desea? ¿Qué precio está dispuesto a pagar? Hay muchas cosas que quisiera hacer, pero no las deseo lo suficiente como para estar dispuesto a pagar el precio que se requiere. Pregúntese, ¿Deseo desarrollar un programa de estudio bíblico personal? Si es así, ¿qué precio estoy dispuesto a pagar?

Establezca un calendario

La tercera cosa necesaria es una agenda o calendario. O sea el preguntarse, ¿qué medios puedo emplear para mantener mis prioridades y lograr mis objetivos? Desafortunadamente para muchas personas el factor tiempo es como un demonio supervisor, como alguien mirando por sobre el hombro, siempre listo para bofetearlo y gritarle, "Oye, quita esa actividad", "ahora es tiempo de hacer esta otra cosa". Pero en realidad una agenda es simplemente un herramienta para alcanzar lo que ha decidido lograr y que está dispuesto a pagar el precio.

Desarrolle disciplina

La cuarta cosa que necesita es disciplina. En última instancia, es un fruto del Espíritu. Él puede proveer las dinámicas para mantener su agenda en pie, sostener sus prioridades, y alcanzar sus objetivos. Pero seguido la gente me dice, "estoy seguro que quiero estudiar la Palabra de Dios, pero no estoy seguro si dispongo del tiempo suficiente". Yo respondo que tienen el tiempo suficiente para hacer lo que es esencial. El asunto importante es, ¿ha determinado si el estudio de la Biblia es esencial? ¿Lo ha hecho su objetivo? ¿Está dispuesto a pagar el precio?

Recuerdo a una ama de casa con la que hablé algún tiempo atrás. Tenía cinco hijos –no era precisamente alguien que no tuviera nada que hacer. Ella deseaba comenzar con su programa de estudio bíblico, "daría cualquier cosas para disponer del tiempo", dijo ella.

—Vea si puede rescatar quince minutos diarios.

—No estoy segura si pudiera hacerlo, respondió.

Pero no lo dejó de lado. Cierto día se me acercó diciendo, "Adivine qué, he descubierto un tiempo en que mis hijos están en la escuela o durmiendo una siesta, y tengo mis veinte minutos".

Conocí un hombre de negocios que era la cabeza de tres compañías internacionales. Tampoco estaba buscando "matar el ocio", ni el aburrimiento. Pero igual que la ama de casa, me dijo: "Hendricks, me encantaría tener mi propio estudio de la Biblia. Pero no tengo tiempo".

"Permítame hacerle un propuesta", le dije. "¿Estaría dispuesto a orar que Dios le de ese tiempo? Si Él lo hace, ¿estudiará su Palabra?"

"Bueno", respondió, "supongo que no puedo rechazar eso".

Así que cierto día él estaba en una autopista de Dallas, desperdiciando el tiempo en el congestionado tráfico, cuando de pronto se le ocurrió: ¿Qué estoy haciendo aquí durante la hora de mayor tráfico? Yo soy el presidente de la compañía. Tengo que determinar cuándo llego y cuando regreso a casa. Así que cambió sus horarios, llegando media hora antes y regresando media hora antes a su casa.

Como resultado ganó veinte minutos durante su viaje al trabajo por la mañana y otros veinte por la tarde. Luego me dijo, "Hendricks, lo tengo". Al principio pensé que él había recibido algún tipo de revelación, pero él estaba emocionado de que finalmente había logrado su tiempo. Mantuvo su palabra: inmediatamente comenzó a leer las Escrituras por sí mismo, para su gran beneficio.

Cuando era estudiante en el Seminario, un hombre escogido por Dios llamado Harry Ironside, solía venir y enseñarme. Recuerdo una ocasión cuando alguien le dijo, "Doctor Ironside, entiendo que usted se levanta cada mañana para leer y estudiar su Biblia".

—"Claro", dijo, "he estado haciendo eso durante toda mi vida".

—"Bueno, ¿y cómo lo logra? ¿Acaso ora al respecto".

—No –respondió él– sólo me levanto.

Como verá, muchos de nosotros estamos esperando que Dios haga lo que Él está esperando que nosotros hagamos. Le aseguro que Dios no va a sacarle de entre las sábanas. Usted es quien tiene que decidir qué tanto desea estudiar la Palabra, y si es así, cuándo lo hará.

En esencia, lo que importa no es cuándo tiene usted su estudio bíblico, sino que lo tenga, y que sea regular, consistentemente.

Una palabra de advertencia: Sepa que si asume este compromiso, Satanás hará cualquier cosa para desajustar su agenda. Usará todo tipo de trucos. Por lo cual debe preguntarse, ¿dónde está mi corazón? ¿Cuál es mi objetivo y mi prioridad? De ese modo, si se sale de la rutina, no será tentado a pensar que perdió la salvación. Al siguiente día, siempre puede regresar al carril.

Comenzando

Ahora bien, si decide comenzar un programa de estudio de la Biblia, necesita responder a ciertas preguntas. ¿Por donde comienzo? Un buen lugar sería un libro pequeño. De ese modo podrá deslizarse fluidamente. A veces, algunas personas inician con gran entusiasmo. "Voy a comenzar por Jeremías", dicen. Yo no se lo recomendaría.

Le sugiero que comience con un libro del Nuevo Testamento, como Filipenses que tiene cuatro capítulos, 104 versículos. También podría ser Santiago; cinco capítulos, 108 versículos. Usted puede incluir libros pequeños como estos dentro de su horario, y dentro de relativamente poco tiempo, estará teniendo un buen progreso.

Entonces, si desea estudiar algo más espeso, vaya al Antiguo Testamento e intente con el libro de Jonás. Tiene una narración hermosa y sencilla de seguir con sólo cuatro capítulos. De esta manera podrá gradualmente abrirse paso hasta materiales más extensos y complejos.

Pero supongamos que usted dice, "Oiga, yo en verdad quiero comenzar por algo fuerte". Muy bien, entonces intente el libro de Nehemías, especialmente si está involucrado con el mundo de los negocios o le interesa el liderazgo. Ese libro tiene más principios prácticos para la organización y administración que diez libros juntos en la librería. Si está empezando, seleccione un libro que está orientado a la realidad, como éste.

Cualquiera sea el estudio que usted decida empezar, tome un cuaderno de notas. "Pero lo que escribiré no será nada impresionante", tal vez me diga. Pero el asunto es, ¿qué si el Espíritu Santo le da algunas ideas? Si así sucede, no lo desperdicie. Todos comenzamos en el mismo lugar, en cero. El expositor más renombrado de todos los tiempos debe comenzar en el mismo lugar que los demás –el abecedario inicial del material. Es un buen hábito escribir lo que Dios le dice. Regístrelo, y vea la posibilidad de compartirlo con alguien más, porque entonces, lo retendrá.

FORME UN GRUPO PEQUEÑO DE ESTUDIO BÍBLICO

En nuestro país amamos elogiar el individualismo y la iniciativa propia. Pero el hecho es que la mayoría de nosotros funcionamos como parte de un equipo, no como llaneros solitarios. Esto es cierto respecto al estudio de la Biblia.

El grupo pequeño de estudio bíblico es de tremenda motivación. Es más, eso lo hace de mayor valor. Muchos de nosotros nos aterra la idea de meternos en la Palabra por cuenta propia. "No puedo hacerlo", dice la gente. En verdad sí pueden, pero necesitan el aliento de otros que están en el mismo proceso.

Nada motiva tanto como compartir los descubrimientos realizados, con otras personas, y que alguien le diga, "Eso es fantástico. ¿Puede alguien más notarlo?" Pronto la persona regresará con más cosas que compartir, llena de entusiasmo. Además, está estimulando a los demás para que encuentren tesoros en la Palabra.

Otra de las ventajas de un grupo pequeño de discusión es que permite la participación variada. Eso es uno de mis alicientes en las clases.

Enseño a grupos compuestos por cien y doscientos estudiantes. Pero francamente, prefiero sentarme en una mesa con seis u ocho estudiantes y realmente sumergirme con ellos en el pasaje. De esta manera, cada persona se involucra y todos se benefician del proceso.

Este tipo de aprendizaje es menos amenazante. En un grupo grande, algunas personas que tienen excelentes aportes que contribuir, nunca dirán nada debido a que la dimensión del grupo les intimida. Pero en un grupo pequeño se sentirán cómodos y se abrirán.

Entonces llegamos a la pregunta, ¿cuál es el tamaño ideal para un grupo de estudio? Pienso que entre seis u ocho personas es lo ideal. Si tiene seis personas y piensa que es demasiado grande, divídalo en dos a la hora de la discusión. Luego reúnanse todos nuevamente para compartir los descubrimientos.

¿Qué sucede si no puede hallar seis participantes? Comience con los que tiene. ¿Tiene una persona más? ¿Dos? Comience con ellos. ¿Está casado? Comience el estudio con su cónyuge. Comiéncelo con su familia. Algunos de los mejores momentos que tendrá con su familia serán durante su estudio de la Biblia.

Esto es cierto para mí. Sin lugar a dudas, el mejor estudio bíblico que haya tenido ha sido junto a mi esposa, Jeanne. Seleccionamos un pasaje. Los estudiamos por separado. Después nos juntamos y compartimos los resultados. Nos enriquece. A veces me dice lo que ha descubierto y pienso que es como si yo nunca lo hubiera leído antes. Es grandioso, ella tiene ideas profundas.

El liderazgo es la clave

Así que un pequeño grupo de estudio bíblico puede ser increíblemente beneficioso. Pero la clave es siempre el dirigente. Como con cualquier otro equipo, los buenos estudios de la Biblia son el resultado de un buen liderazgo. Si usted es el líder, permítame darle algunas sugerencias: no la tenga miedo a las preguntas difíciles.

Yo estaba en una clase estudiando Marcos, y de pronto una dama preguntó: "¿cuantos dioses hay?" Estábamos hablando de Dios el Padre, Dios el Hijo y Dios el Espíritu Santo, y ella estaba confusa.

¿Puede imaginar si en una iglesia promedio alguien se pusiera en pie y realizara esa pregunta? Le diré lo que nosotros hicimos –la convertimos en una heroína. "Magnífico, Marta, repite la pregunta". Como notará, aquí esta señora estaba captando el tema.

¿Qué sucede cuando usted no puede responder una pregunta? Simplemente, dígaselo a la persona. "Yo no lo sé". De este modo nunca perderá el aprecio.

El mejor profesor que haya tenido jamás, fue un hombre brillante y más allá de las palabras, en cierta ocasión recibió una pregunta muy difícil, una que no pudo responder. "Joven, esa es una de las preguntas más perceptivas que yo jamás haya recibido. Mi respuesta sería bastante superficial, si le diera alguna. Así que pensaré un poco y regresaré con una respuesta. ¿Alguna otra pregunta de este tipo?"

Le aseguro que la estatura de aquel hombre se elevó más que nunca, porque todos habíamos tenido profesores (como usted también los ha tenido) que respondían a esas preguntas difíciles: "Bueno... hasta ahora... por lo tanto... consecuentemente...". Ellos sabían que no sabían la respuesta.

Usted nunca pierde terreno ante la gente al decir, "Yo sé. Pero intentaré ver si encuentro una respuesta apropiada". Escriba la pregunta y luego investigue. De esta manera el grupo se animará a realizar buenas preguntas.

COMIENCE UN GRUPO PEQUEÑO

Si planea iniciar un grupo pequeño de estudio bíblico, acá tiene algunas sugerencias:

1. Liderazgo es la clave
Si hubiera un solo factor determinante en el grupo pequeño de estudio de la Biblia, ese sería el líder. Los líderes de estudio bíblico deben ser personas que disfrutan involucrar a otros en el proceso, sin dominarlos con sus propias ideas. Deben ser confiables, organizados, capaces de mantener una discusión en el carril, y dispuestos a prepararse de antemano para cada reunión. Deben ser gente tranquila, confiada en sus habilidades para manejar las Escrituras. Ayudará bastante si pudieran pensar con los pies en la tierra, y por supuesto, deben ser gente que ame la Palabra de Dios.

2. Determine el propósito del grupo
Los grupos de estudio bíblico se reúnen por diversos motivos: para enfocarse en una comprensión más profunda del texto; para aplicar la verdad bíblica a sus necesidades y problemas; para usar la Palabra como punto de inicio a un tiempo de oración, para presentar las Escrituras a los incrédulos. Cualquiera sea el propósito de su grupo, asegúrese de dejárselo saber claramente a quienes recluta.

3. Reclute gente que quiera estudiar la Biblia
El propósito de reclutar un grupo de personas no es llenar una habitación de cuerpos, sino producir transformación de vidas en los participantes. Invite a los candidatos que están genuinamente interesados en la Biblia, no en un club social o un día de campamento teológico. En general, cuanto más homogéneo sea el grupo, será más fácil para los participantes.

4. Asegúrese que cada persona tiene la oportunidad de participar
La meta del líder es que cada persona se involucre en la Palabra y los unos con los otros. El peligro que se debe evitar es que cualquiera domine el proceso –incluyendo al líder.

5. Aliente la discusión
El formato más efectivo para los grupos pequeños es la discusión, no la conferencia. Cada uno necesita la oportunidad de decir algo. El líder puede facilitarlo mediante una simple preparación de la discusión, bien organizada. Debe imprimir el texto al principio de la hoja (para asegurarse que cada persona

utiliza la misma traducción), y luego varias preguntas debajo. Desarrolle el arte de realizar preguntas abiertas, ese tipo de preguntas que no tiene un respuesta "correcta" y que no se puede responder con un simple "sí" o un "no".

6. Apéguese a la Biblia

Este es un aspecto para mantener la discusión en curso. Los participantes surgirán con preguntas genuinas que requerirán la dispersión del tema, pero usted nunca debe permitir que el asunto se aleje demasiado del pasaje. Si la gente llega esperando un estudio de la Biblia, deben ser premiados con un rico tiempo en las Escrituras, no un debate teológico.

7. Muestre entusiasmo

Una de las mejores formas de motivar a las personas en su estudio de la Biblia es celebrar sus descubrimientos. Entusiásmese con las ideas y aportes de la gente, más allá de cuán pequeños parezcan.

8. Mantenga el grupo pequeño

Seis a ocho personas es ideal. Si tiene más, mejor divídalo en otros grupos pequeños. Recuerde, le menta es cien por cien de participación, y eso es bastante difícil de lograr si el grupo crece demasiado.

9. Divida el tiempo entre los pasos de observación, interpretación y aplicación

Los grupos de estudio tienden a adolecer del mismo problema que el estudio individual de la Biblia: pasan un tiempo largo en la interpretación, y desatienden la observación y la aplicación. Balancee las tres. Si llega el final de la hora y se ve diciendo, "Bueno, tendremos que hablar de qué diferencia hace esto en nuestras vidas durante la próxima reunión", es una señal de que probablemente ha pasado demasiado tiempo en la interpretación.

10. Mantenga su compromiso... al propósito y el tiempo

Asegúrese que el grupo se mantiene en el curso determinado, que alcanza los objetivos por el cual fue formado. En cuanto al tiempo refiere, delimítelo. Inicie y culmine cuando dijo que lo iniciaría y terminaría. Al establecer el grupo, una fecha para terminar el grupo. La gente tiene dificultades para mantener compromisos con plazos indefinidos, y usted tendrá una mejor respuesta de la gente si le da la oportunidad de terminar o continuar.

COMPARTA SUS RESULTADOS CON OTROS

Hay tres palabras que puede escribir sobre le proceso presentado en este libro: "Utilícelo o piérdalo". La mejor manera de mantener lo que ha aprendido de este material es compartirlo. Si ha significado algo para usted, entonces es demasiado bueno como para quedarse con él. Usted está en deuda. Tiene que compartirlo con alguien más. Nada es más emocionante que involucrar a otros en la Palabra.

Existen varias maneras de compartir el fruto de su estudio bíblico. Primero, puede compartirlo mediante la enseñanza. Podría ser en una clase de Escuela Dominical, una clase de evangelismo infantil, o un estudio bíblico hogareño.

Tal vez deba pensar en un estudio bíblico en su lugar de trabajo. Quizá usted es un abogado o médico o está en los negocios. ¿Por qué no reunir un grupo de abogados, médicos o empresarios y decirles, "Vamos a comenzar un grupo de estudio bíblico cada miércoles por la tarde. Traigan su comida, y estudiaremos la Biblia. Tan solo con el texto. No hablaremos de religión, o temas controversiales, ni política. Simplemente vamos a hablar de las Escrituras. ¿Qué dice la Biblia?"

Otra manera de compartir los resultados –el definitivo– es vivirlos. El mayor impacto que puede hacer en otras personas, es vivir una vida transformada. Impresiones sin expresiones es igual a depresiones.

Walt Disney fue uno de los genios creativos del siglo pasado. Tras su muerte, apareció una caricatura en el *Dallas Morning News*. Era bien simple: El Raton Mickey y el Pato Donald, llorando. No tenía palabras, las palabras eran innecesarias. La simple caricatura lo decía todo.

¿Qué de usted? ¿Está su vida diciéndoles a otros que necesitan saber acerca de su compromiso con Cristo, sus valores y creencias? Pienso que la mayor necesidad entre el pueblo de Dios es meterse en las Escrituras por sus propios medios. Debido a que no lo están haciendo, están perdiendo la chispa de su vida espiritual. Están aplastados y tibios. Nada es más repulsivo. La gente está hastiada de palabras, pero hambrienta de autenticidad.

Un Capellán del Senado, Richard Halverson, dijo: "La gente no está particularmente interesada en nuestras ideas; están interesadas en nuestras experiencias. No están buscando teorías, sino convicciones. Desean penetrar nuestra retórica para descubrir la realidad de nuestras vidas".

En Esdras 7:10 tenemos un modelo del valor del estudio personal de la Biblia. El texto dice: "Esdras se había dedicado por completo a estudiar la ley del SEÑOR, a ponerla en práctica y a enseñar sus preceptos y normas a los israelitas". ¡Que sus seguidores aumenten!

¿Está usted listo para comprometerse?

Las buenas intenciones no le comprometerán al estudio de la Biblia. Demanda una decisión de su parte, seguido por la acción determinada.

Algo que probablemente le ayudará a formalizar este compromiso, es ir más allá que tan simplemente pensarlo. Aquí tiene una declaración para ayudarle a pensar acerca de lo que implica su compromiso a realizarlo. Tal vez hasta quiera elevarlo como una oración a Dios, pidiéndole Su ayuda para cumplirlo.

Yo, _____ [su nombre], he determinado comenzar un programa personal de estudio bíblico. Voy a comenzar el _____ [fecha] a las _____ [hora] en _____ [lugar], utilizando _____ [versión].

Durante mi estudio pasaré por los pasos de observación, interpretación y aplicación, como está delineado en este libro. Me doy cuenta que la meta de leer la Biblia es una relación cercana a Dios y a una vida en transformación, según Su voluntad y Su Palabra. Para dicho fin, yo me comprometo a leer y obedecer la Biblia, con la ayuda de Dios.

_____
[firma]

_____
[fecha]

NOTAS

[1] Robert A. Traina, Methodical Bible Study: A New Approach to Hermeneutics (Wilmore, KY: Robert A. Traina, 1952), pp. 97-98.

[2] Frank Morison, Who Moved the Stone? (London: Faber and Faber, 1930), p. 9.

[3] Frank Morison, Who Moved the Stone? (London: Faber and Faber, 1930), p. 11.

[4] Frank Morison, Who Moved the Stone? (London: Faber and Faber, 1930), pp. 11-12. Itálicas añadidas.

[5] Lewis Carroll, Alice in Wonderland (Alicia en el país de las maravillas) (Philadelphia: John C. Winston, 1923), p. 198.

[6] C. S. Lewis, A Preface to Paradise Lost [El paraíso perdido] (London: Oxford, 1942), p. 1.

[7] R. C. Sproul, Knowing Scriptures [Cómo conocer la Escrituras] (Downers Grove, Ill.: InterVarsity, 1977), pp. 35-36.

[8] Jerome Carcopino, Daily Life in Ancient Rome: The People and the City at the Height of the Empire, (La vida cotidiana en Roma en el apogeo del imperio) (New Haven, Yale, 1940), p. 100.

[9] Hill Durant, Cesar and Christ: A History of Roman Civilization and of Christianity from Their Beginnings to A.D. 325, (César y Cristo) (New York: Simon and Schuster, 1944), p. 370.